Stefan Dörr

Chemie für das berufliche Gymnasium Ernährung/Hauswirtschaft

1. Auflage

Bestellnummer 92371

Haben Sie Anregungen oder Kritikpunkte zu diesem Produkt?
Dann senden Sie eine E-Mail an 92371@bv-1.de.
Autoren und Verlag freuen sich auf Ihre Rückmeldung.

www.bildungsverlag 1.de

Bildungsverlag EINS GmbH
Sieglarer Straße 2, 53842 Troisdorf

ISBN 978-3-427-**92371**-8

Inhaltsverzeichnis

1 Vom Aufbau der Atome – Geschichtliche Entwicklung des Atommodells

• **Demokrit** (ca. 460–370 v. Chr.) war griechischer Philosoph und lebte in der Hafenstadt Abdera in der nördlichen Ägäis.
• gr. **atomos** – unteilbar
• Kleine philosophische Anmerkung zum Weiterdenken: Überlegen Sie sich bitte, dass ein Kohlenstoffatom, das heute in Ihrem Herzmuskel sitzt, schon vor Jahrmillionen vielleicht Bestandteil eines Dinosauriers war!

Der Gedanke des Atoms geht auf den griechischen Philosophen **Demokrit** zurück. Er fragte sich, was passieren würde, wenn man Materie, z.B. einen Stein, immer weiter zerkleinerte? Zunächst würde man kleinere Steine erhalten, dann Kiesel, dann Sand und immer so weiter. Da sich aber Materie nicht durch immer weiteres Zerkleinern in Nichts auflösen lässt, mussten am Ende Teilchen übrig bleiben, die sich nicht weiter teilen ließen. Diese Teilchen nannte er **Atome**. Zudem ging er von „Haken" und „Ösen" aus, mit deren Hilfe sich die unendlich vielen Atome unterschiedlichster Größe und Form zu den unterschiedlichsten Körpern (z.B. Mensch, Apfelbaum, Kuh) zusammensetzen lassen.

> Demokrit: Atome sind unteilbare, massive und unvergängliche Teilchen.

Nach diesem eigentlich einzigartigen philosophischen Gedankenexperiment geriet die Idee Demokrits aber für lange Zeit in Vergessenheit. Die Alchimisten des Mittelalters waren mehr darauf bedacht, ein Elixier zu finden, mit dem man aus unedlen Metallen Gold herstellen konnte („Stein der Weisen"). Erst im 19. Jahrhundert widmete man sich wieder eingehender dem Atombau und entwickelte, unterstützt von der aufblühenden Technik, immer genauere und verfeinerte Modelle vom Aufbau der Atome.

1.1 Dalton (1807) – Kugelteilchen-Modell

• **John Dalton** wurde am 6. September 1766 in Eaglesfield geboren. Schon mit zwölf Jahren wurde er Lehrer in seiner Heimatstadt. Dalton litt an Farbenblindheit, noch heute wird die Rotgrünblindheit als Daltonismus beschrieben. Er widmete sich v. a. dem Aufbau der Materie. Am 27. Juli 1844 starb er in Manchester.

Der Brite John **Dalton** ging wie Demokrit davon aus, dass die Atome massive, unteilbare Kugeln sind. Durch Versuche konnte er zeigen, dass sich Stoffe immer in ganz bestimmten Relationen, d.h. Verhältnissen zueinander verbinden. So beträgt z.B. das Verhältnis der Atome im Eisenoxid (Fe_2O_3) immer 2 Eisen- zu 3 Sauerstoffatomen. Er schloss daraus:

Abb. 1.1 J. Dalton

> Atome desselben Elements sind untereinander gleich. Unterschiedliche Elemente enthalten Atome unterschiedlicher Größe.

Mithilfe des daltonschen Atommodells können die Aggregatzustände erklärt werden (vgl. Tab. 1.1 und Abb. 1.2).

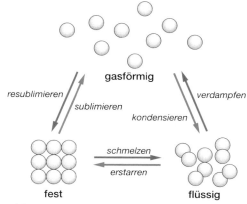

Abb. 1.2 Aggregatzustände

Tab. 1.1 Aggregatzustände

Aggregatzustand	Teilchenmodell
fest	Die Teilchen sind regelmäßig geordnet, da zwischen ihnen starke Anziehungskräfte herrschen.
flüssig	Die Anziehungskräfte sind geringer, die Teilchen frei gegeneinander verschiebbar. Sie passen sich so der Form des Gefäßes an, in dem sie sich befinden.
gasig/gasförmig	Die Teilchen sind frei beweglich, es herrschen nur geringe oder keine Anziehungskräfte mehr.

Ob ein Stoff fest, flüssig oder gasförmig vorliegt, hängt von den Druck- und Temperaturverhältnissen um ihn herum ab und von den Kräften, die zwischen den Atomen und Molekülen des Stoffs wirken.

zwischenmolekulare Kräfte – S. 43

> Der Aggregatzustand eines bestimmten Stoffs hängt bei gegebenem Druck nur von der Temperatur ab.
> Schmelz- und Siedepunkt sind charakteristische Eigenschaften eines Stoffs.

Die **Phasenumwandlungen** (vgl. Tab. 1.2 und Abb. 1.2) zwischen den drei Aggregatzuständen sind rein physikalische Vorgänge. Der Stoff verändert dabei seine chemischen Eigenschaften nicht. Wasser bleibt Wasser, sei es in Form von festem Eis, als flüssiges Wasser oder als Wasserdampf. Bei den Umwandlungen verändern sich Ordnungszustand und (kinetische) Energie der Atome. Die kinetische Energie nimmt vom festen über den flüssigen zum gasförmigen Aggregatzustand zu, der Ordnungsgrad nimmt auf diesem Weg ab. Während einer Phasenumwandlung bleibt die Temperatur der Substanz trotz Energiezufuhr oder -abgabe konstant. Die zugeführte Energie wird dabei den Teilchen zugeführt, die dadurch eine höhere kinetische Energie erhalten.

Tab. 1.2 Phasenumwandlungen

Umwandlung von ...	nach ...	heißt ...
fest	flüssig	Schmelzen
flüssig	gasförmig	Verdampfen
gasförmig	fest	Resublimieren
fest	gasförmig	Sublimieren
gasförmig	flüssig	Kondensieren
flüssig	fest	Erstarren

Schmelztemperatur/-punkt (Fp, Smp.) und **Siedetemperatur/-punkt (Kp, Sdp.)** sind kennzeichnend für einen Stoff. Da sie für jeden Stoff bei gegebenem Druck charakteristisch sind, können sie als Reinheitskriterium eingesetzt werden. Ist ein Stoff mit einem anderen Stoff verunreinigt, so werden dadurch sein Schmelz- und Siedepunkt verändert. Salzhaltiges Wasser gefriert erst bei Temperaturen $< 0\,°C$, was man im Winter beim Salzstreuen ausnutzt.

Die Eigenschaft von Atomen sich auch wie elektrisch geladene Teilchen (Ionen) zu verhalten, die elektrische Leitfähigkeit von Stoffen sowie die Phänomene der radioaktiven Strahlung sind mit dem Atommodell nach Dalton nicht erklärbar.

1.2 Thomson (1900) – „Rosinenkuchen"-Modell

Nach der Entdeckung der Ladungsträger (Elektronen und Protonen) entwickelte **Thomson** ein verfeinertes Atommodell: Er stellte sich Atome ebenfalls als massive Kugel vor, in die jedoch wie in einem **Rosinenkuchen** gleich viele positive und negative Ladungen verteilt sind, sodass sie nach außen elektrisch neutral sind. So konnte nun auch die elektrische Leitfähigkeit von Lösungen erklärt werden: Ein Überschuss an positiven (bzw. negativen) Ladungen im Atom führt zu positiv (bzw. negativ) geladenen Atomen, die im elektrischen Feld zur Kathode (bzw. Anode) wandern.

1.3 Rutherford (1911) – Planeten- oder Kern-Hülle-Modell

• **Becquerel** war der erste Wissenschaftler, der feststellte, dass Uranerz unsichtbare Strahlen aussendet. Er prägte die Einheit Becquerel (Bq = Ereignis/s).

Für die Entwicklung des Atommodells von **Ernest Rutherford** waren die Entdeckung der Radioaktivität durch **Antoine Henri Becquerel** (1896) und weitere Versuche zur Radioaktivität durch das Ehepaar **Pierre** und **Marie Curie** entscheidend.

Abb. 1.3 E. Rutherford

Rutherfords Streuversuch

In einem speziell entwickelten Versuchsaufbau (vgl. Abb. 1.4) beschoss Rutherford eine dünne Goldfolie mit α-Teilchen. Mit einem rundherum angebrachten Röntgenfilm konnte er auftreffende α-Teilchen nachweisen.

Rutherford erwartete, dass bei einem so dichten Element wie Gold der Großteil der α-Teilchen auf Atomkerne treffen und folglich reflektiert werden müsste.

Doch als er den Röntgenfilm auswertete, entdeckte er Erstaunliches: Der größte Teil der α-Strahlen hatte die Goldfolie einfach durchdrungen (Zone I). Ein kleiner Teil wurde durch einen Kern abgelenkt (Zone II) und nur ein verschwindend kleiner Teil hatte einen Atomkern direkt getroffen und war reflektiert worden (Zone III).

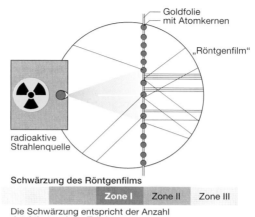

Schwärzung des Röntgenfilms

| Zone I | Zone II | Zone III |

Die Schwärzung entspricht der Anzahl detektierter alpha-Teilchen.

Abb. 1.4 Rutherfords Streuversuch

• Das Ehepaar **Curie** (1898) untersuchte die von Uranerz ausgesandten Strahlen im Magnetfeld genauer und konnte sie in α-**Strahlen** $\Big(=$ Heliumkerne $\Big(^4_2\,\mathrm{He}^{2+}\Big)\Big)$, β^--**Strahlen** ($=$ Elektronen (e^-)) und γ-**Strahlen** ($=$ elektromagnetische Strahlen (z.B. Licht)) unterscheiden.

• **Ernest Rutherford** wurde am 30. August 1871 bei Nelson (Neuseeland) geboren und studierte an der Universität Neuseeland und in Cambridge. 1908 erhielt er den Nobelpreis für Chemie. 1914 wurde er zum Ritter geschlagen und 1931 zum Lord ernannt. Am 19. Oktober 1937 starb er und wurde in der Westminster Abbey begraben.

Er schloss daraus:

■ Der größte Teil des Atoms muss **masselos** („ghostless") sein, denn die meisten α-Teilchen hatten ihn einfach durchdrungen. Die gesamte Masse eines Atoms steckt folglich in einem **Kern von subatomarer Größe**. Der Kern ist von einem starken elektrischen Feld umgeben, dessen Stärke nach außen entsprechend dem coulombschen Gesetz quadratisch mit dem Abstand abnimmt ($F \sim 1/r^2$).

■ Da einige der positiven α-Teilchen abgelenkt wurden, muss der **Atomkern** ebenfalls **positiv** geladen sein, denn nur gleiche Ladungen stoßen sich ab. Rutherford konnte nachweisen, dass der Atomkern so viele positive Ladungen trägt, wie die **Ordnungszahl** des Elements im Periodensystem angibt. So kann also die Abfolge der Elemente im Periodensystem erklärt werden.

■ Da aber Stoffe nach außen immer elektrisch neutral erscheinen, müssen um den positiven Atomkern entsprechend viele elektrisch **negative Ladungen** gruppiert sein. Von diesen negativen Ladungen nahm Rutherford an, dass sie auf **beliebigen Bahnen** um den Atomkern kreisen wie Planeten um die Sonne.

> Rutherford geht von einem gegenüber der Hülle verschwindend kleinen, positiv geladenen Kern aus, den eine negativ geladene Hülle aus Elektronen umgibt. Dabei besitzen Kern und Hülle eine Relation von 1 : 10.000.

Da soviel positive Ladungen auf engstem Raum sich eigentlich gegenseitig abstoßen müssten, ging Rutherford von weiteren (Elementar-)Teilchen, den Neutronen, aus, die den Zusammenhalt der Protonen im Kern vermitteln. Damit kann man sich ein Atom aus folgenden Elementarteilchen aufgebaut denken: Protonen, Elektronen und Neutronen (vgl. Tab. 1.3). Heute weiß man, dass jedes dieser drei Elementarteilchen wiederum aus drei Teilchen, den **Quarks**, aufgebaut ist.

Tab. 1.3 Elementarteilchen

	Proton	**Neutron**	**Elektron**
Symbol	p^+	n^0	e^-
absolute Masse (in g)	$1{,}672 \cdot 10^{-24}$	$1{,}672 \cdot 10^{-24}$	$9{,}1 \cdot 10^{-28}$
relative Masse (in u)	1	1	verschwindend gering (ca. $\frac{1}{2000}$ des Protons)
Elementarladung	$+1$	0	-1
Ladung in Coulomb	$1{,}6 \cdot 10^{-19}$	0	$1{,}6 \cdot 10^{-19}$
	bilden den Atomkern		**bilden die Hülle**

Nach dem von Rutherford postulierten Atommodell müssten beschleunigte elektrische Ladungen, wie sie die Elektronen darstellen, auf ihrer Kreisbahn um den Kern elektromagnetische Energie abstrahlen, an (kinetischer und potenzieller) Energie verlieren und irgendwann in den Kern „fallen". Dem aber widerspricht die Tatsache, dass Atome stabil sind. Auch die unterschiedliche Reaktivität (z. B. bei Helium und Chlor) lässt sich mit dem Modell nicht erklären.

1.4 Bohr (1913) – Schalenmodell

- h = Planck'sches Wirkungsquantum ($6{,}626 \cdot 10^{-34}$ J · s), f = Frequenz, c = Lichtgeschwindigkeit ($2{,}99 \cdot 10^{8}$ m/s), λ = Wellenlänge
- Wählt man z. B. eine Wellenlänge λ zwischen 400 und 800 nm, so handelt es sich bei den Energiequanten um Photonen, also um sichtbares Licht.
- Das **Planck'sche Wirkungsquantum** h hat einen unvorstellbar kleinen Zahlenwert. Das ist der Grund, warum wir im Alltag nichts von der Quantelung mitbekommen.

Der entscheidende Fehler in Rutherfords Atommodell diente dem dänischen Physiker **Niels Bohr** für seine weitergehenden Überlegungen. Bohr benutzte dabei die von Planck (1900) aufgestellte **Quantentheorie**: Diese Theorie besagt, dass Energie nicht kontinuierlich, sondern immer in kleinen „Energiepaketen", sogenannten **Quanten**, vorkommt. Die Energie solcher Quanten ist definiert durch:

$$E = h \cdot f = h \cdot \frac{c}{\lambda}$$

Bohrsche Postulate

Bohr geht von einem Grundzustand eines Atoms aus, der dadurch charakterisiert ist, dass er den **energieärmsten Zustand von Kern und Hülle** darstellt. Durch Zuführen von Energie (z. B. durch Hitze oder Beschuss mit radioaktiver Strahlung) kann die Elektronenhülle des Atoms angeregt werden. Die Gesamtenergie E_1 des angeregten Atoms ist um den Energiebetrag der Anregung E_{Anreg} höher als die Energie des Grundzustands E_0: $E_1 = E_0 + E_{Anreg}$
Was er dabei feststellte, war, dass die Elektronenhülle nicht Energie einer beliebigen Größe aufnahm, sondern nur ganz bestimmte Energiebeträge. Bohr schloss daraus, dass für die Elektronen nur ganz bestimmte Energiezustände möglich sind. Darauf aufbauend formulierte Bohr seine drei, klassisch nicht begründbaren Annahmen, die sogenannten **bohrschen Postulate**.

Bohrsche Postulate

1 Die Elektronen bewegen sich nicht frei um den Kern, sondern auf ganz bestimmten Bahnen, denen eine diskrete (= bestimmte) Energie zugeordnet werden kann. Elektronen, die sich auf einer dieser Bahnen bewegen, strahlen keine Energie ab.

2 Geht ein Elektron von einer Bahn höherer Energie auf eine Bahn niedrigerer Energie, so muss das Elektron Energie abgeben, die der Energiedifferenz zwischen den beiden Bahnen entspricht. Geht es den Weg umgekehrt, muss es den entsprechenden Energiebetrag aufnehmen. Der Übergang erfolgt nicht kontinuierlich, sondern in Form eines Quantensprungs.

3 Auf welcher Bahn sich die Elektronen befinden, wird durch den Bahndrehimpuls bestimmt. Er ist ein ganzzahliges Vielfaches von $h/2\pi$.

Abb. 1.5 Niels Bohr

• **Niels Bohr** (vgl. Abb. 1.5) wurde am 7. Oktober 1885 in Kopenhagen geboren, wo er auch studierte. Später arbeitete er an der Universität Cambridge und in Manchester, dort zusammen mit E. Rutherford. Für seine Arbeit auf dem Gebiet der Atomphysik erhielt er 1922 den Nobelpreis. Als die Nationalsozialisten 1940 Dänemark besetzten, flohen Bohr und seine Familie über Schweden und England in die USA. Später widmete er sich der friedlichen Nutzung der Kernenergie, u. a. in Dänemark. Er starb am 18. November 1962 in Kopenhagen.

Der Verlauf der **Ionisierungsenergie** (IE) eines Atoms bestätigt Bohrs Theorie: Durch Kathodenstrahlen lassen sich Elektronen aus einem neutralen Atom „herausschießen". Es bleibt ein positiv geladenes Kation zurück. Die Energie, die man dafür benötigt, nennt man Ionisierungsenergie (IE). Das Beispiel des Aluminiums zeigt (Abb. 1.6): Die IE für das äußerste Elektron (13) ist relativ gering. Je weiter man nach innen kommt, desto größer wird die IE, weil die Anziehung durch den positiven Atomkern stärker wird. Es fällt auch auf, dass die Ionisierungsenergie in bestimmten Abständen einen Sprung macht (zwischen Elektron 2 und 3 und zwischen Elektron 10 und 11). Dieser Energiesprung entspricht dem Übergang (Quantensprung) zwischen den von Bohr postulierten Bahnen.

Elektron

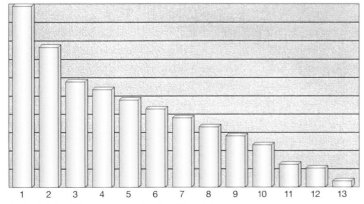

Abb. 1.6 Ionisierungsenergie des Aluminiums

- Die maximal mögliche Zahl von Elektronen auf einer Schale erhält man nach der Formel **2 · n²**, wobei n der Nummer der Schale entspricht. Die erste Schale (n = 1) fasst somit maximal 2, die zweite (n = 2) 8, die dritte (n = 3) 18 Elektronen usw.
- Voll besetzte Schalen findet man bei den Edelgasen, halb besetzte bei den Elementen der IV. Hauptgruppe (z. B. Kohlenstoff oder Silicium).
- Besonders reaktive Elemente findet man in der I., II. und III. sowie in der V., VI. und VII. Hauptgruppe des PSEs.
- Periodensystem der Elemente (PSE) – vgl. S. 23

Die Elektronen lassen sich also aufgrund ihrer Ionisierungsenergie in Gruppen aufteilen. Jeder Gruppe ist eine festgelegte Bahn (**Schale**) zugeordnet, auf der sich die Elektronen um den Kern bewegen. Auf dieser Bahn heben sich die nach außen gerichtete Zentrifugalkraft und die nach innen gerichtete Anziehungskraft des Atomkerns gerade auf. Zwischen den Bahnen ist kein Aufenthalt der Elektronen möglich. Diese Bahnen oder Schalen können mit 1, 2, 3 … oder auch mit den Buchstaben K bis Q gekennzeichnet werden. Im Periodensystem der Elemente (PSE) findet man sie von oben nach unten angeordnet.

Atome mit voll oder halb besetzter Schale sind besonders stabil und die entsprechenden Elemente sind deshalb ausgesprochen reaktionsträge. Besonders reaktiv sind dagegen Atome, denen noch ein oder zwei Elektronen zu einem dieser beiden Zustände fehlen.
Mithilfe des bohrschen Atommodells können die unterschiedlichen Ionisierungsenergien und die unterschiedliche Reaktivität von Atomen erklärt werden.

Allerdings kann die Anordnung der Nebengruppenelemente im Periodensystem nicht ausreichend erklärt werden. Außerdem widerspricht das Modell der von Heisenberg aufgestellten Unschärfetheorie. Auch die unterschiedlichen Bindungswinkel in Molekülen können mit diesem Atommodell nicht erklärt werden.

Exkurs: „Spektrallinien"

Versuch:

Glühen Sie ein Magnesiastäbchen über dem Bunsenbrenner aus und feuchten Sie es anschließend mit Salzsäure (HCl) an. Mit dem noch feuchten Stäbchen nehmen Sie von einem Uhrglas etwas Natriumchlorid auf und bringen es in die nicht-leuchtende Brennerflamme. Die Flammenfärbung wird zunächst mit dem unbewaffneten Auge, dann durch ein Spektroskop betrachtet.
Verfahren Sie ebenso mit Calciumchlorid ($CaCl_2$), Bariumchlorid ($BaCl_2$), Kaliumchlorid (KCl), Lithiumchlorid (LiCl) und Magnesiumchlorid ($MgCl_2$).
Beobachten Sie dabei die charakteristischen Flammenfärbungen durch die Alkali- und Erdalkalimetalle (vgl. Abb. 1.7).

| ziegelrot | gelb | grün | grün | violett | weiß |
| Calcium | Natrium | Barium | Kupfer | Kalium | Magnesium |

Abb. 1.7 Spektralfarben ausgewählter Metalle

Theorie:

Im bohrschen Atommodell kreisen die Elektronen auf Bahnen mit ganz diskreter Energie um einen Atomkern, der die gesamte positive Ladung trägt. Der Übergang eines Elektrons von einer Bahn zur anderen erfolgt nicht kontinuierlich, sondern in Form von Quantensprüngen.

Durch Einstrahlen von elektromagnetischen Wellen (z. B. Licht, γ-Strahlen) oder einfaches Erhitzen können die Elektronen angeregt werden. Die dann energiereicheren Elektronen „springen" auf eine Bahn mit höherer Energie.

Da aber in der Natur ein Bestreben hin zu möglichst energiearmen Zuständen besteht, fallen die Elektronen bald auf ihr altes Niveau zurück. Dabei müssen sie die Energie wieder abgeben. Die abgegebene Energie ist nun aber nicht beliebig, sondern entspricht genau der Differenz zwischen den beiden Bahnen (vgl. Abb. 1.8). Da Energie, Frequenz und Wellenlänge miteinander verknüpft sind, entspricht eine Energie zwischen 1,55 und 3,10 eV einer Wellenlänge zwischen 400 und 800 nm und damit sichtbarem Licht.

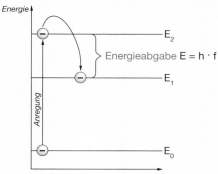

Abb. 1.8 Entstehung von Spektrallinien

Energie	Frequenz
$E = h \cdot f$	$f = \dfrac{c}{\lambda}$
h = plancksches Wirkungsquantum $(6{,}626 \cdot 10^{-34}\,\text{J} \cdot \text{s})$	c = Lichtgeschwindigkeit $(2{,}9979 \cdot 10^{8}\,\text{m/s})$
$E = h \cdot f = h \cdot \dfrac{c}{\lambda}$	Energie, Frequenz und Wellenlänge verknüpft

Springt ein Elektron also von einer energetisch hohen Schale auf eine energetisch niedrigere Schale und gibt dabei Energie von 2,5 eV ab, was einer Wellenlänge von ca. 500 nm entspricht, so würde man grünes Licht wahrnehmen. Da nun bei jeder Anregung mehrere Elektronen „springen", überlagern sich die einzelnen Spektralfarben und man nimmt nur die entsprechende Mischfarbe wahr. Mit einem (Hand-)**Spektroskop**, einem Gerät, welches ein Glasprisma enthält, kann man diese Mischfarben wieder in die einzelnen Spektralfarben zerlegen.

Zerlegt man auf diese Weise Tageslicht, so erhält man ein **kontinuierliches Spektrum** (Regenbogen), d.h. eine nicht unterbrochene Abfolge der Spektralfarben (rot – orange – gelb – grün – blau – violett). Der Grund: die einzelnen Spektralfarben werden vom Prisma unterschiedlich stark gebrochen, was wiederum eine Folge der unterschiedlichen Ausbreitungsgeschwindigkeiten der Lichtwellen ist: blaues Licht wird stärker gebrochen als rotes.

Trennt man das von angeregten Atomen ausgesandte Licht mit dem Spektroskop auf, so erhält man kein kontinuierliches Spektrum, sondern nur Banden in bestimmten Farbbereichen (die einer bestimmten Wellenlänge entsprechen). Man spricht von einem **Linienspektrum**. Für Natrium gibt es z.B. nur eine Bande bei ca. 560 nm (gelb). Diese Banden entsprechen der Energiedifferenz der beiden Bahnen, zwischen denen die Elektronen springen. Für jedes Element erhält man so charakteristische Banden bei entsprechenden Wellenlängen.

1.5 Orbitalmodell

Bei einem so kleinen Teilchen wie dem Elektron ist es schlicht unmöglich, Ort und Geschwindigkeit und damit eine genaue Bahn anzugeben. Anders gesagt: bestimmt man den genauen Aufenthaltsort eines Elektrons, so ist es gleichzeitig unmöglich, eine Aussage über seine Geschwindigkeit zu machen und umgekehrt. Grund dafür ist, dass sich Elektronen in manchen Fällen wie ein korpuskuläres Teilchen, in anderen Fällen wie eine Welle verhalten (**Welle-Teilchen-Dualismus**). Dieser Sachverhalt wird mathematisch in der von dem Physiker **W. von Heisenberg** (1901–1976) 1927 aufgestellten **Unschärfetheorie** (oder Unschärferelation) ausgedrückt.

Aufenthaltswahrscheinlichkeit anstelle von genauen Bahnen

Die mathematische Beschreibung der Aufenthaltsräume, die Schrödinger-Gleichung, ist äußerst komplex:

$$\frac{\delta^2 \Psi}{\delta x^2} + \frac{\delta^2 \Psi}{\delta y^2} + \frac{\delta^2 \Psi}{\delta z^2} + \frac{8\pi^2 m}{h^2}\left(E + \frac{e^2}{r}\right)\Psi = 0$$

Das Orbitalmodell basiert auf der Welleneigenschaft von Elektronen. Anstelle von Bahnen werden mithilfe der Wellengleichung (Schrödinger-Gleichung) sogenannte **Aufenthaltswahrscheinlichkeiten** für Elektronen in einem bestimmten Abstand vom Kern angegeben. Dabei handelt es sich um einen dreidimensionalen Raum, in dem das Elektron mit einer 90 %igen Wahrscheinlichkeit angetroffen werden kann. Streng genommen sind Elektronen bei dieser Betrachtungsweise keine Teilchen mehr, sondern Wolken negativer Ladung; die Orbitale sind entsprechend **Ladungswolken**.

Die Abb. 1.9 zeigt das Orbitalmodell am Beispiel des Wasserstoffatoms. Im Mittelpunkt befindet sich der positive Atomkern, umgeben von einem Elektron. Die Grafik darunter zeigt die Häufigkeit, mit der das Elektron an einem bestimmten Ort angetroffen werden kann. Nun ist es sehr unwahrscheinlich, dass sich das Elektron genau in der Mitte beim Atomkern befindet. Entfernt es sich weiter vom Atomkern, so ergibt sich ein Bereich im Abstand r_0, in dem es sich am häufigsten aufhält. Man kann sich leicht vorstellen, dass sich in diesem Bereich die Anziehungskraft des positiven Atomkerns und die nach außen ziehende Fliehkraft des kreisenden Elektrons gerade aufheben. In einem Abstand größer r_0 hält sich das Elektron wiederum weniger häufig auf. Mit statistischen Mitteln lässt sich berechnen, dass sich das Elektron in einem kugelförmigen Raum mit dem Radius r_0 mit einer 90 %igen Wahrscheinlichkeit aufhält. Der Abstand r_0 entspricht genau dem von Bohr berechneten Bahnradius.

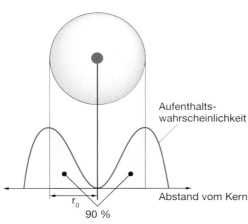

Aufenthaltswahrscheinlichkeit

r_0

90 %

Abstand vom Kern

Abb. 1.9 Aufenthaltswahrscheinlichkeit beim Wasserstoffatom

Orbitalformen und beschreibende Quantenzahlen

Die Aufenthaltsräume (Ladungswolken) wurden später in Anlehnung an Bohr als Orbitale bezeichnet. Innerhalb einer Schale (K, L, M, …) können nun verschiedene kleinere Energieeinheiten abgegrenzt werden, z. B. das s-, p- oder d-Orbital. Die Energie nimmt dabei vom s- über das p- zum d-Orbital zu. In jeder Schale gibt es deshalb eine unterschiedliche Anzahl solcher Energieniveaus (vgl. Tab. 1.3).

Jedes dieser Orbitale kann maximal zwei Elektronen aufnehmen.

Tab. 1.4 Schalen und ihre möglichen Orbitale

Schale	mögl. Orbitale	maximale Elektronenzahl
K	s	$1 \cdot 2 = 2$
L	s, p_x, p_y, p_z	$4 \cdot 2 = 8$
M	s, p_x, p_y, p_z, d_{xy}, d_{xz}, d_{yz}, $d_{x^2y^2}$, d_{z^2}	$9 \cdot 2 = 18$
N	zusätzlich f-Orbitale	$23 \cdot 2 = 46$

Die Form der Orbitale lässt sich durch sogenannte **Polardiagramme** darstellen (vgl. Abb. 1.11): s-Orbitale sind kugelförmig, p-Orbitale hantelförmig und d-Orbitale rosettenförmig. Mathematisch können die Orbitale durch verschiedene Variablen, die **Quantenzahlen**, beschrieben werden (vgl. Tab. 1.4). Durch die vier Quantenzahlen kann man nun einem Elektron einen ganz bestimmten Platz mit ganz diskreter Energie zuweisen.

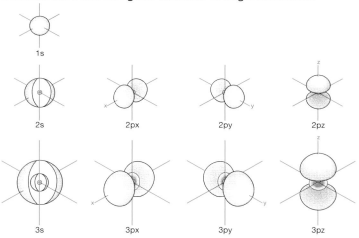

Abb. 1.10 Polardiagramme

Tab. 1.5 Quantenzahlen und ihre Bedeutung

Quantenzahl	gibt Auskunft über ...
Hauptquantenzahl, n	... das Hauptenergieniveau (K, L, M ...) und bestimmt somit die Orbitalgröße. Sie entspricht der von Bohr postulierten Schale.
Nebenquantenzahl, l	... die Form eines Orbitals (s = kugelförmig, p = hantelförmig, d = doppel-hantelförmig, f = rosettenförmig). Jedes einzelne dieser Orbitale (s, p, d) fasst maximal zwei Elektronen mit entgegengesetztem Spin.
Magnetquantenzahl, m	... die Orientierung eines Orbitals im Raum.
Spinquantenzahl, s	... die Spinrichtung (Drehrichtung, „links- oder rechtsrum") eines Elektrons. 1925 entdeckten Uhlendeck und Goudsmit, dass ein Elektron einen Eigendrehimpuls besitzt, der durch Drehung des Elektrons um seine eigene Achse zustande kommt und Elektronenspin genannt wird. Um vielleicht ein Bild davon zu bekommen, stellen Sie sich einen Globus vor, den Sie einmal mit und einmal gegen den Uhrzeigersinn drehen können. Je nach Drehrichtung zeigt beim Elektron der Spin nach „oben" oder „unten" (vgl. Abb 1.11).

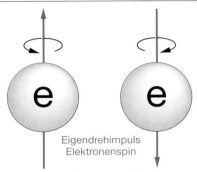

Eigendrehimpuls
Elektronenspin

Abb. 1.11 Spinquantenzahl

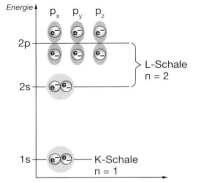

Abb. 1.12 Elektronenverteilung nach dem Orbitalmodell

Wie muss man sich nun den Aufbau der Orbitale mit dem Orbitalmodell vorstellen (vgl. Abb. 1.12)?
Die **K**-Schale ($n = 1$) besteht nur aus einem s-Orbital, welches für maximal zwei Elektronen Platz bietet. Die K-Schale ist also mit 2 Elektronen schon voll besetzt.
Die **L**-Schale ($n = 2$) fasst dagegen bereits 8 Elektronen und besteht aus einem s- und drei p-Orbitalen. Die drei p-Orbitale stehen senkrecht aufeinander und zeigen in die drei Richtungen des Raumes (x, y, z). Sie tragen entsprechend die Bezeichnungen p_x, p_y und p_z. Die L-Schale fasst damit maximal 8 Elektronen.
Die **M**-Schale ($n = 3$) besitzt bereits ein s-, drei p- und fünf d-Orbitale und kann so 18 Elektronen aufnehmen (vgl. Tab. 1.4).

Zur Besetzung der Orbitale mit Elektronen müssen noch folgende **Regeln** beachtet werden:
- **Pauli-Prinzip (Pauli-Verbot):**
  In einem Orbital können sich maximal zwei Elektronen mit entgegengesetztem Spin aufhalten.
- **Hundtsche-Regel:**
  Orbitale mit gleichem Energieniveau (z. B. p_x, p_y, p_z) werden zuerst einfach, dann erst doppelt besetzt.

Elektronenkonfiguration

Unter der **Elektronenkonfiguration** versteht man die Verteilung der Elektronen eines Elementes auf die verschiedenen Orbitale. Dabei beginnt man immer mit dem energieärmsten Orbital (s-Orbital) und füllt dann die folgenden Orbitale entsprechend zunehmender Energie auf. Dabei sind Pauli-Verbot und hundtsche Regel unbedingt zu beachten. Die Angabe der Elektronenkonfiguration kann auf zweierlei Arten erfolgen:
- Kästchen-Schreibweise
  Dabei wird jedes Orbital als Kästchen dargestellt und die enthaltenen Elektronen entsprechend ihrem Spin ($\uparrow$ oder $\downarrow$) eingezeichnet.

> **Beispiele:**
> Natrium 1s[↑ ↓] 2s[↑ ↓] p_x[↑ ↓] p_y[↑ ↓] p_z[↑ ↓] 3s[↑ •]
> Chlor   1s[↑ ↓] 2s[↑ ↓] p_x[↑ ↓] p_y[↑ ↓] p_z[↑ ↓] 3s[↑ ↓] p_x[↑ ↓]
> p_y[↑ ↓] p_z[↑ •]

- herkömmliche Schreibweise
  Die Anzahl der Elektronen in jedem Orbital wird durch einen Exponenten angegeben. Vor allem bei höheren Elementen ergeben sich durch diese Art der Notation relativ lange Ausdrücke. Dies lässt sich vermeiden, indem man die bereits vollbesetzten Orbitale durch das Symbol des nächst

zurückliegenden Edelgases (in eckiger Klammer) ersetzt und dann die restlichen Orbitale anhängt, z. B. bei Arsen:

$1s^2\ 2s^2p6\ 3s^2p^6d^{10}\ 4s^2p^3 \rightarrow$ lässt sich vereinfachen zu $\rightarrow$ [Ar] $3d^{10}\ 4s^2p^3$

Abfolge der Orbitale

Für höhere Elemente ergibt sich nun eine kleine Besonderheit, die es zu beachten gilt: Die Orbitale werden nicht immer in der Reihenfolge $s \rightarrow p \rightarrow d$ und dann das s-Orbital der nächst höheren Schale gefüllt; sondern nach dem 3p-Orbital folgt zunächst das 4s- und dann das 3d-Orbital. Alle d-Orbitale (und f-Orbitale) werden also erst eine „Runde" später aufgefüllt. Dadurch entstehen im Periodensystem die sogenannten Nebengruppen-Elemente (vgl. Kap. 2.2, Abb. 2.3).

Calcium ($_{20}$Ca)
$1s^2\ 2s^2p^6\ 3s^2p^6\ 4s^2$

Eisen ($_{26}$Fe)
$1s^2\ 2s^2p^6\ 3s^2p^6\ 4s^2\ 3d^6$

Beispiel 1:

Natrium ($_{11}$Na)

Elf Elektronen des Natriums müssen auf die verschiedenen Orbitale verteilt werden. Man beginnt dabei immer innen mit der energieärmsten Schale und füllt von ihr ausgehend nach außen auf.

K-Schale:	1 s-Orbital erhält 2 Elektronen	$\rightarrow 1s^2$
L-Schale:	1 s-Orbital erhält 2 Elektronen	$\rightarrow 2s^2$
	3 p-Orbitale erhalten 6 Elektronen	$\rightarrow 2p^6$
M-Schale:	1 s-Orbital erhält noch das letzte Elektron	$\rightarrow 3s^1$

So erhält man für die Elektronenverteilung des Natriums folgende Kurzschreibweise (Elektronenkonfiguration): $1s^2\ 2s^2p^6\ 3s^1$.

Beispiel 2:

Chlor ($_{17}$Cl)

Für Chlor ergibt sich folgende Elektronenkonfiguration:
$1s^2\ 2s^2p^6\ 3s^2p^5$

Ausführlich aufgelistet bedeutet dies:

K-Schale:	1 s-Orbital mit 2 Elektronen
L-Schale:	1 s-Orbital mit 2 Elektronen und 3 p-Orbitale mit je zwei Elektronen (= 6 Elektronen)
M-Schale:	1 s-Orbital mit 2 Elektronen und 3 p-Orbitale mit 5 Elektronen, von denen nach der hundtschen Regel zwei gepaart sind und eins ungepaart ist.

Übungsaufgaben

1 Beschreiben Sie in Stichworten die Entwicklung des Atombaus im 19. Jahrhundert und gehen Sie dabei auf die Leistungsfähigkeit und Schwächen der entwickelten Atommodelle ein.

2 Vervollständigen Sie folgende Tabelle.

Elementarteilchen	Masse (in u)	Ladung	Vorkommen
Proton			
		0	Atomkern
	praktisch null	−1	

3 Nimmt man einen Beutel Tiefkühlpommes oder Speiseeis aus dem Tiefkühlfach, so bilden sich an einem schwülen Sommertag scheinbar aus dem Nichts heraus Eiskristalle an der Verpackung.
   a) Woher kommt dieses Eis?
   b) Handelt es sich dabei um eine chemische Reaktion?
   c) Wie nennt man diese „Erscheinung" mit dem Fachbegriff?

4 Von welchen Faktoren hängt der Aggregatzustand eines Stoffs bzw. eines Stoffgemischs ab?

5 Die Abbildung zeigt ein sogenanntes Phasendiagramm für Kohlenstoffdioxid und Wasser. Hierbei ist der Aggregatzustand in Abhängigkeit von Druck und Temperatur dargestellt.

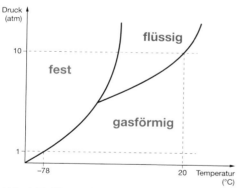
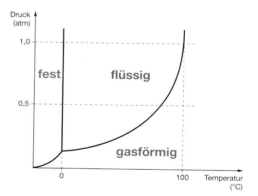

Abb. 1.13 Phasendiagramme

a) Erläutern Sie die Grafiken.
b) Lösen Sie folgende Fragen mithilfe der Grafik.
   – In welchen Aggregatzuständen kann Kohlenstoffdioxid bzw. Wasser bei einem Druck von 1 bar (Normaldruck) vorkommen?
   – Nennen Sie ein Druck-Temperatur-Paar, bei dem Kohlenstoffdioxid fest ist.
   – Welchen der beiden Parameter (Druck/Temperatur) muss man ändern, damit Kohlenstoffdioxid sublimiert?
   – Kann Wasser bei 0 °C gasförmig vorliegen?
   – Am sogenannten **Trippelpunkt** liegt Wasser fest, flüssig und gasförmig vor. Schätzen Sie das zugehörige Druck-Temperatur-Paar aus der Grafik ab.

6 Durch ein geschickt erdachtes Experiment konnte E. Rutherford 1911 zeigen, dass Atome größtenteils leer sind.
   a) Skizzieren Sie den Aufbau der Apparatur zum Rutherford-Versuch.

b) Zeichnen Sie einen Filmstreifen (als Rechteck) mit der Schwärzung, wie ihn Rutherford bei seinem Experiment vorgefunden hat und werten Sie das Ergebnis aus.

c) Erläutern Sie, wie sich Rutherford aufgrund seiner Versuchsergebnisse den Aufbau eines Atoms vorstellte.

7 Zeichnen Sie ein Atommodell des Sauerstoffatoms wie Bohr es sich vorstellte und beschriften Sie folgende Strukturen: Atomkern, Orbital, Elektron.

8 Schreiben Sie die Elektronenkonfiguration (in herkömmlicher und Kästchenschreibweise) folgender Elemente auf: Lithium, Sauerstoff, Phosphor, Magnesium, Aluminium, Stickstoff, Kohlenstoff.

9 Lösen Sie den kleinen Theaterkrimi auf der folgenden Abbildung.

Abb. 1.14 Theaterkrimi

10 Erhitzt man Metalle in der Bunsenbrennerflamme und beobachtet das von ihnen dabei ausgesandte Licht durch ein Spektroskop, so kann man Spektrallinien wahrnehmen.

a) Erklären Sie den Unterschied zwischen einem kontinuierlichen Spektrum und einem Linienspektrum.

b) Erklären Sie auf der Ebene der Elementarbausteine das Zustandekommen der Spektrallinien.

c) Berechnen Sie die Energiemenge, die frei wird, wenn ein angeregtes Atom eine Spektrallinie von 600 nm aussendet.

11 Zu welchem Atommodell gehören die Quantenzahlen und wozu dienen sie?

12 Worin besteht der grundlegende Unterschied zwischen dem Atommodell von Bohr und dem Orbitalmodell.

13 Warum nimmt die Ionisierungsenergie bei weiter innen gelegenen Elektronen zu?

2.1 Einleitung

Das Periodensystem ist ein wichtiges Hilfsmittel des Chemikers. Aus ihm können viele Eigenschaften von Atomen herausgelesen werden. Heute sind 109 Elemente bekannt, die mit den Ordnungszahlen 1–109 bezeichnet werden; die Reihenfolge ist nicht alphabetisch. Die ersten 92 Elemente (92 = Uran) kommen natürlich vor, alle höheren Elemente sind Produkte kernchemischer Reaktionen und stark radioaktiv. Der Grund dafür liegt darin, dass Atomkerne nicht beliebig groß werden können. Mit zunehmender Größe nimmt deren Instabilität zu. Bereits ab der Ordnungszahl 84 (Polonium) zerfallen die Atome unter Aussendung radioaktiver Strahlen.

1896 entwickelten Mendelejew und Meyer (vgl. Abb. 2.1) unabhängig voneinander ein Periodensystem, in dem die Elemente aufgrund ähnlicher chemischer und physikalischer Eigenschaften geordnet waren. Ihre Untersuchungen waren so exakt, dass man sogar die Existenz bis dahin unbekannter Elemente voraussagen konnte.

Die Elemente im Periodensystem sind nach steigender **Kernladungszahl** (= Ordnungszahl) angeordnet. Bringt man die Elemente in diese Reihenfolge und fasst Elemente mit ähnlichen chemischen Eigenschaften in Gruppen zusammen, so erhält man das Periodensystem der Elemente (PSE): ein zweidimensionales Schema, das sich am einfachsten an Hand der Elektronenkonfiguration verstehen lässt.

- Dimitrij Iwanowitsch Mendelejew (geboren am 27. 1. 1834 in Tobolsk, Russland, gestorben am 20. 1. 1907 in St. Petersburg) war russicher Chemiker. Mit seiner Publikation beendete er 1896 eine 50-jährige Suche nach dem Zusammenhang zwischen Atomgewicht und den chemischen Eigenschaften der Elemente. Mit seiner Doktorarbeit „Über die Verbindung von Alkohol und Wasser" konnte er die russische Wodka-Herstellung qualitativ verbessern. 1867 wurde er Professor an der Universität St. Petersburg.

Abb. 2.1 D. I. Mendelejew

- Lothar Meyer (geboren am 19. 8. 1830 in Varel, Oldenburg, gestorben am 11. 4. 1895 in Tübingen) war deutscher Arzt und Chemiker. Neben der Entwicklung des PSE widmete er sich u. a. der Strukturaufklärung des Benzols. 1876 übernahm er als Professor die Leitung des chemischen Instituts der Universität Tübingen.

Abb. 2.1a Lothar Meyer

2.2 Aufbau des Periodensystems

2.2.1 Kennzeichnung im Periodensystem

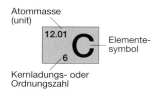

Atommasse (unit)

Elementesymbol

Kernladungs- oder Ordnungszahl

Abb. 2.2 Kohlenstoff im PSE

Jedes Element ist im PSE in einem Kästchen untergebracht. Darin befindet sich zunächst das **Elementsymbol**. Links unten findet man die **Kernladungs-** oder (weil sie als Ordnungsprinzip dient) **Ordnungszahl Z**. Sie gibt an, wie viel Protonen sich im Kern befinden. Entsprechend viele Elektronen kreisen beim elektrisch neutralen Atom um den Kern.

- Elementsymbole: z.B. C für Kohlenstoff – vgl. Kapitel 5.1
- Elementarteilchen – vgl. Kapitel 1.3

Die **Atommasse** findet man (links) oben. Sie setzt sich aus der Masse der Protonen und Neutronen zusammen. Zieht man von ihr die Kernladungszahl ab, erhält man die Anzahl der Neutronen. Elektronen spielen für die Masse des Atoms keine Rolle. Gelegentlich sind auch der volle Name des Elements, seine Elektronegativität oder andere Eigenschaften angegeben. Machen Sie sich unbedingt mit den Symbolen und Zahlen auf Ihrem Periodensystem vertraut. Das Periodensystem besteht aus sieben waagrecht verlaufenden **Perioden** (sie entsprechen den Schalen K–Q) und 16 senkrecht verlaufenden **Gruppen** (8 **Hauptgruppen** Ia bis VIIIa, und 8 **Nebengruppen** Ib bis VIIIb). Zu den Nebengruppen werden auch die **Lanthanoide** und **Actinoide**, Elemente, die dem Lanthan ($_{57}$La) und Actinium ($_{89}$Ac) folgen, gerechnet. Sie haben eine Bedeutung als Kontrastmittel in der Radiologie, z.B. zur Darstellung des Darms oder von Gefäßen.
Nach **neueren Empfehlungen** sollen die Gruppen durchlaufend mit 1–18 nummeriert werden. Die Hauptgruppen würden dann die Nummern 1, 2 und 13–18 tragen, die Nebengruppen die Nummern 3–12.

2.2.2 Periodensystem und Elektronenkonfiguration

Die Zuordnung der Elemente zu den Perioden und Gruppen erhält man, indem man für jedes Element schrittweise die Elektronen in den zur Verfügung stehenden Orbitalen unterbringt und die Elemente von links nach rechts anordnet. So erhält man die **Perioden**. Ist eine Schale voll, beginnt man eine Zeile tiefer von vorn. So kommen automatisch Elemente mit gleich vielen Elektronen in der äußersten Schale senkrecht untereinander zu liegen. Dadurch entstehen die **Gruppen**.
Die **erste Periode** (= 1. Schale) macht nun gleich eine Ausnahme, weil sie bereits mit 2 Elektronen voll besetzt ist. Ihr steht nur ein s-Orbital zur Verfügung. In der ersten Periode stehen deshalb nur Wasserstoff ($1s^1$) und Helium ($1s^2$). Helium steht im PSE aber in der achten Gruppe und nicht in der zweiten, wie es eigentlich logisch wäre. Der Grund dafür liegt darin, dass Helium eine vollbesetzte Schale besitzt und damit zu den Edelgasen der VIII. Gruppe zu zählen ist (s.u.).
In der **zweiten Periode** (= 2. Schale) können nun neben s- auch p-Orbitale mit Elektronen gefüllt werden. Hier findet man also 8 Elemente: vom Lithium ($1s^2 2s^1$) bis zum Neon ($1s^2 2s^2 p^6$).

In der **dritten Periode** (= 3. Schale) werden wieder zunächst die s- und dann die p-Orbitale gefüllt. Nun folgt aber eine kleine Besonderheit: Bevor die 3d-Orbitale gefüllt werden, werden zunächst die energieärmeren 4s-Orbitale gefüllt. So entstehen die Nebengruppen-Elemente. Die Reihenfolge der Orbitale zeigt Abb. 2.3.

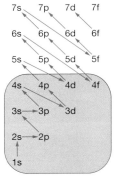

Abb. 2.3 Reihenfolge der Besetzung von Atomorbitalen

Die ab der 4. Schale auftretenden f-Orbitale werden erst in der 6. und 7. Periode aufgefüllt. Dadurch entstehen die **Lanthanoid-** und **Actinoid-Gruppe**.

Umgekehrt kann aus der Stellung eines Elements im PSE die entsprechende Elektronenkonfiguration abgelesen werden. Für Aluminium (Al) erhält man: $1s^2\, 2s^2 p^6\, 3s^2 p^1$.

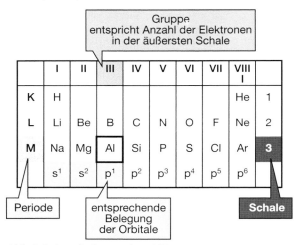

Abb. 2.4 Ausschnitt aus dem PSE

> Durch Ordnen der Elemente nach steigender Kernladungszahl (Ordnungszahl) und Zusammenfassen chemisch ähnlicher Elemente in Gruppen erhält man das Periodensystem.

2.2.3 Hauptgruppenelemente

Die Elektronen der äußersten Schale nennt man **Valenzelektronen**. Ihre Anzahl ist verantwortlich für die chemischen Eigenschaften eines Elements und kann aus der Gruppennummer abgeleitet werden. So hat z. B. Kohlenstoff in der IV. Gruppe vier Valenzelektronen, Stickstoff (V. Gruppe) fünf. Elemente mit der gleichen Anzahl Valenzelektronen stehen im PSE untereinan-

der und besitzen ähnliche chemische Eigenschaften (vgl. Tabelle 2.1). Die acht
Hauptgruppen des PSE tragen folgende Namen:

I	Alkalimetalle	V	Stickstoff-Gruppe
II	Erdalkalimetalle	VI	Chalkogene
III	Erdmetalle (Bor-Gruppe)	VII	Halogene
IV	Kohlenstoff-Gruppe	VIII	Edelgase

Ausnahmen bilden die Nebengruppenelemente und Helium. **Helium** steht in
der VIII. Gruppe, obwohl es nur 2 Valenzelektronen besitzt. Das s-Orbital des
Heliums ist bereits mit 2 Elektronen gesättigt und gehört damit dem Charakter nach zu den Edelgasen.

> Die Anzahl der Valenzelektronen entspricht der Gruppennummer und
> beeinflusst den „Charakter" des Elements.
> Elemente mit ähnlichen chemischen Eigenschaften stehen damit im
> PSE untereinander.

Tab. 2.1 Charakteristische Eigenschaften ausgewählter
Hauptgruppenlemente

Haupt-gruppe	Name	Eigenschaften
I	Alkalimetalle (Li, Na, K, Rb, Cs, Fr)	Äußerst reaktive Metalle, reagieren leicht mit Wasser (nicht mit den Händen anfassen!) in einer heftigen Reaktion zu Hydroxiden (z.B. NaOH) und mit Luftsauerstoff zu Oxiden (z.B. Li_2O). Sie werden aufgrund ihrer Reaktivität in reaktionsträgem Petroleum aufbewahrt. Sie sind so weich, dass sie mit einem Messer geschnitten werden können.
II	Erdalkalimetalle Be, Mg, Ca, Sr, Ba, Ra	Sie kommen häufig in der Erdschicht vor (z.B. Ca, dritthäufigstes Metall in der Erdrinde) und haben daher ihren Namen erhalten. Sie sind härter und besitzen größere Dichten als Alkalimetalle. Sie reagieren mit Luftsauerstoff und Wasser, allerdings weitaus wenig heftig als Alkalimetalle.
IV	Chalkogene (= Erzbildner) O, S, Se, Te, Po	Erze sind die Oxide von Metallen (z.B. Eisenerz Fe_2O_3). **Sauerstoff** ist nach Fluor das elektronegativste Element. Der Metallcharakter nimmt innerhalb der Gruppe von oben nach unten zu. Selen und Tellur sind Halbmetalle, Polonium ist ein echtes Metall.
VII	Halogene (= Salzbildner) F, Cl, Br, I	Ebenfalls sehr reaktionsfreudige Elemente, da sie leicht ein Elektron aufnehmen. **Fluor** ist das elektronegativste Element (4,0). Halogene reizen die Augen und die Schleimhäute. Halogene finden v.a. zur Desinfektion Anwendung (z.B. Chlor in Schwimmbädern, Jod als Wundtinktur).
VIII	Edelgase	Besonders stabile Elemente. Ihre acht Valenzelektronen sind gepaart und bilden ein sogenanntes **Oktett**. Die Elemente zeichnen sich deshalb durch eine große Reaktionsträgheit aus und wurden, weil es sich nur um gasförmige Stoffe handelt, **Edelgase** genannt. Neon: $1s\,[\uparrow\downarrow]\,2s\,[\uparrow\downarrow]\,p_{x,y,z}\,[\uparrow\downarrow]\,[\uparrow\downarrow]\,[\uparrow\downarrow]$ **Oktett**

> Bilden die acht Valenzelektronen vier Paare à zwei Elektronen, so nennt man diese Elektronenkonfiguration ein Oktett. Dieser Zustand ist besonders stabil; die entsprechenden Elemente sind reaktionsträge (z. B. Edelgase).

2.2.4 Nebengruppenelemente

In den Nebengruppen bleibt die Zahl der Valenzelektronen konstant. Nur weiter innen liegende Orbitale (d- und f-Orbitale des nächst tieferen Energieniveaus) werden aufgefüllt. Alle Nebengruppenelemente sind Metalle; meist mit 2 Valenzelektronen.

> In den Hauptgruppen werden innerhalb einer Periode von links nach rechts die äußeren Orbitale aufgefüllt.
> In den Nebengruppen werden innerhalb einer Periode von links nach rechts weiter innen liegende (energetisch niedrigere) Orbitale aufgefüllt.

2.3 Isotope

Ein Element wird nur durch seine Protonenzahl charakterisiert, d. h. die Protonenzahl macht ein Element zu dem, was es ist. Daraus folgt, dass Atome mit 6 Protonen in ihrem Kern nur Kohlenstoffatome sein können. Aber schon zwei Protonen mehr machen aus Kohlenstoff den gasförmigen Sauerstoff. Die Neutronenzahl spielt dabei keine Rolle. Sie kann innerhalb desselben Elements schwanken. Atome desselben Elements mit unterschiedlicher Neutronenzahl nennt man **Isotope**.

> Atome mit gleicher Protonen- aber unterschiedlicher Neutronenzahl nennt man Isotope. Eine Sorte von Isotopen nennt man Nuklid.

So kommt beispielsweise Chlor natürlicherweise in zwei verschiedenen Nukliden vor. Zu 24,6 % in einer schweren Form $^{37}_{17}Cl$ und zu 75,4 % in der leichten Form $^{35}_{17}Cl$. Im Periodensystem ist deshalb die durchschnittliche Masse des natürlich vorkommenden Isotopengemisches angegeben, die sich wie folgt berechnet:

$$\frac{75,4 \cdot 35}{100} + \frac{24,6 \cdot 37}{100} = 35,5 \rightarrow {}^{35,5}_{17}Cl$$

Auch **Wasserstoff** kommt in der Natur in drei Formen vor: als „normaler" Wasserstoff (mit einem Kern aus einem Proton), als schwerer Wasserstoff (mit einem Kern aus einem Proton und einem Neutron) und als doppelt-schwerer Wasserstoff (mit einem Kern aus einem Proton und zwei Neutronen). Schwerer und doppelt-schwerer Wasserstoff werden auch als Deuterium und Tritium bezeichnet.

Tab. 2.2 Isotope des Wasserstoffs

Wasserstoff (H)	Deuterium (D)	Tritium (T)
1 Proton 0 Neutronen	1 Proton 1 Neutron	1 Proton 2 Neutronen
Masse: 1	Masse: 2	Masse: 3
$^{1}_{1}H$	$^{2}_{1}H$ oder $^{2}_{1}D$	$^{3}_{1}H$ oder $^{3}_{1}T$

2.4 Periodizität von Eigenschaften

2.4.1 Atom- und Ionenradien

Die Atomradien nehmen **innerhalb einer Gruppe** von oben nach unten zu (Grund: Zunahme der Elektronenschalen) und **innerhalb einer Periode** von links nach rechts ab (Grund: stärkere Anziehung durch den Kern bei gleichbleibender Schalenanzahl).
Gleiches gilt für die Radien der Kationen bzw. Anionen. Die Radien der Kationen sind aber stets kleiner und die Radien der Anionen größer als die der entsprechenden Atome.

Tab. 2.3 Atom- und Ionenradien (in pm $= 10^{-12}$ m)

I		II		III		IV		V		VI		VII	
H	37												
Li	152	Be	112	B	79	C	77	N	70	O	66	F	64
Li^+	68	Be^{2+}	30							O^{2-}	146	F^-	133
Na	186	Mg	160	Al	143	Si	117	P	110	S	104	Cl	99
Na^+	98	Mg^{2+}	65	Al^{3+}	45	Si^{4+}	38	P^{5+}	35	S^{2-}	190	Cl^-	181
K	227	Ca	197							Se	114	Br	111
K^+	133	Ca^{2+}	94							Se^{2-}	202	Br^-	196

2.4.2 Elektronenaffinität (EA)

Die Elektronenaffinität beschreibt die Energie, die frei wird (negative Werte) bzw. benötigt wird (positive Werte), wenn ein gasförmiges Atom oder ein Ion ein Elektron aufnimmt. Der Absolutwert der Elektronenaffinität (EA) nimmt innerhalb einer Periode von links nach rechts zu und innerhalb einer Gruppe von oben nach unten ab.

2.4.3 Ionisierungsenergie (IE, Ionisierungspotenzial)

Die Ionisierungsenergie ist die Energie, die benötigt wird, um ein Elektron aus dem Coulombfeld (= Anziehungsbereich) des positiven Kerns vollständig zu entfernen. Es bleibt ein positiv geladenes Kation zurück.

Bildung von Ionen – vgl. Kap. 3.3

> Die Ionisierungsenergie nimmt innerhalb einer Periode von links nach rechts zu (Grund: steigende Kernladung) und innerhalb einer Gruppe von oben nach unten ab (Grund: zunehmender Atomdurchmesser).

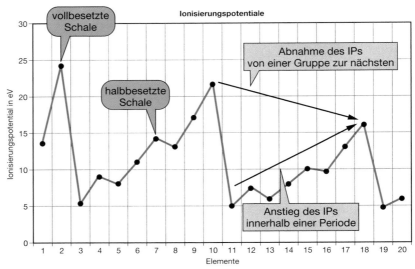

Abb. 2.5 Ionisierungspotenzial der Elemente 1–20

Die Abbildung 2.5 zeigt die Ionisierungsenergien der ersten 20 Hauptgruppenelemente. Es ist deutlich zu erkennen, wie innerhalb einer Periode die IE zu- und über die Gruppen abnimmt. Deutlich wird aber auch, dass halb- und vollbesetzte Orbitale (Oktett) besonders stabile Zustände sind. Elemente mit diesen Zuständen haben vergleichsweise hohe Ionisierungsenergien.

2.4.4 Elektronegativität (EN)

• Bindungsarten – vgl. Kap. 3ff.
• Polare Bindung – vgl. Kap. 3.2

Die von L. Pauling eingeführte Elektronegativität (EN oder χ) ist ein Maß dafür, wie stark ein Atom in einer kovalenten Bindung das Bindungselektronenpaar zu sich zieht. Dadurch entstehen polare Bindungen.

> Die Elektronegativität nimmt innerhalb einer Periode von links nach rechts zu und innerhalb einer Gruppe von oben nach unten ab.

Bei den Zahlenwerten handelt es sich um relative Zahlen. Fluor wurde als elektronegativstem Element willkürlich die Zahl 4 zugeordnet. Experimentell kann man die EN-Werte aus dem Ionisierungspotenzial (IP) und der Elektronenaffinität (EA) folgendermaßen berechnen (R. Mulliken):

$$\chi = \frac{IP + EA}{2}.$$

Tab. 2.4 EN-Werte einiger Elemente

H 2,1						
Li 1,0	Be 1,5	B 2,0	C 2,5	N 3,0	O 3,5	F 4,0
Na 0,9	Mg 1,2	Al 1,5	Si 1,8	P 2,1	S 2,5	Cl 3,0
K 0,8	Ca 1,0	Ga 1,6	Ge 1,8	As 2,0	Se 2,4	Br 2,8
Rb 0,8	Sr 1,0	In 1,7	Sn 1,8	Sb 1,9	Te 2,1	J 2,5
Cs 0,7	Ba 0,9	Tl 1,8	Pb 1,8	Bi 1,9	Po 2,0	At 2,2

2.4.5 Metallischer Charakter

Der metallische Charakter der Elemente nimmt innerhalb einer Periode von links nach rechts ab und innerhalb einer Gruppe von oben nach unten zu. Für den nichtmetallischen Charakter gilt entsprechend das Umgekehrte.
Demzufolge stehen im PSE die typischen Metalle links und unten und die typischen Nichtmetalle rechts und oben, z.B. Barium (Metall) und Chlor (Nichtmetall).

Zwischen den beiden Extremen Metall – Nichtmetall liegen die **Halbmetalle** (B, Si, Ge, As und Te). Sie stehen in ihrem Verhalten zwischen den beiden Gruppen. Eine scharfe Trennlinie gibt es aber nicht.

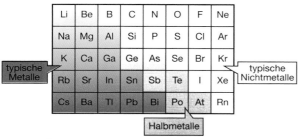

Abb. 2.6 Übergang zwischen metallischem und nichtmetallischem Charakter

Tab. 2.5 Charakteristische Eigenschaften von Metallen und Nichtmetallen

Metalle	Nichtmetalle
■ etwa 75 % aller Elemente ■ hohe thermische und elektrische Leitfähigkeit ■ metallischer Glanz ■ kleine EN-Werte, geringe Ionisierungsenergien ■ Metalloxide bilden in Wasser Laugen ■ reagieren mit Nichtmetallen zu Ionenverbindungen (Salzen), sind in Salzen meist positiv geladen ■ sind dehn- und verformbar ■ kristallisieren in Metallgittern	■ etwa 1/4 aller Elemente ■ nicht elektrisch leitfähig (Isolatoren), geringe oder keine thermische Leitfähigkeit ■ relativ hohe Ionisierungsenergien Elektronegativitäten (außer Edelgase!) ■ Nichtmetalloxide reagieren mit Wasser zu Säuren ■ bilden untereinander kovalente Bindungen aus (z.B. CO_2, H_2, HCl)

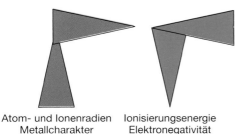

Atom- und Ionenradien   Ionisierungsenergie
Metallcharakter   Elektronegativität
                              Elektronenaffinität

Abb. 2.7 Periodizität von Eigenschaften

Übungsaufgaben

1 Definieren Sie folgende Begriffe: Isotop, Periode, Gruppe, Ionisierungsenergie, Elektronegativität, Oktett.

2 Nebenstehende Abbildung zeigt die Ionisierungsenergien der ersten 20 Elemente. Interpretieren Sie den Verlauf der Kurve.

3 Erläutern Sie die Ordnungsprinzipien, die zur Anordnung der Elemente im PSE führen.

4 Weshalb gibt es in der ersten Periode nur zwei, in der zweiten Periode dagegen bereits acht Elemente?

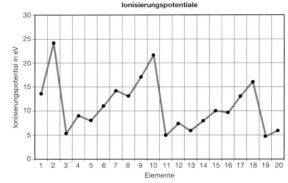

Abb. 2.8 Ionisierungspotenziale

5 Elemente, die im PSE untereinander stehen, bilden eine Gruppe.
   a) Inwiefern ähneln sich die Elemente einer Gruppe?
   b) Nennen Sie die Namen der I., II., VII. und VIII. Hauptgruppe und zählen Sie jeweils eine charakteristische Eigenschaft dieser Gruppen auf.

6 Die Abbildung zeigt ein Element mit seiner Beschriftung im PSE. Beschriften Sie die Angaben A bis D.

7 Gegeben seien folgende Elemente: Lithium, Sauerstoff, Magnesium, Chlor und Argon.
   a) Ordnen Sie die Elemente den Gruppen im PSE zu und nennen Sie eine charakteristische Eigenschaft dieser Gruppe.
   b) Geben Sie in der Kästchenschreibweise die Elektronenkonfiguration dieser Elemente an und markieren Sie die Valenzelektronen grün.
   c) Welches der Elemente hat …
   – … den größten Radius?
   – … die größte Ionisierungsenergie?

8 Nennen Sie typische Eigenschaften, welche die Metalle von den Nichtmetallen abgrenzen.

9 Nennen Sie eine Gemeinsamkeit …
   a) … aller Elemente der II. Hauptgruppe.
   b) … aller Elemente der 3. Periode.

10 Stickstoff kommt in der Natur in zwei Formen vor: zu 99,64 % als ^{14}N und zu 0,36 % als ^{15}N. Berechnen Sie die durchschnittliche Masse des Elements.

11 Kohlenstoff hat eine durchschnittliche Masse von 12,022. Berechnen Sie den prozentualen Anteil der natürlichen Isotope ^{12}C und ^{14}C.

3

Bindungslehre

Wie bei einem Bausteinkasten, lassen sich Atome zu verschiedenen Molekülen zusammensetzen. Demokrit ging dabei von „Haken" und „Ösen" aus, welche die Atome in den verschiedenen Dingen zusammenhalten. Heute kennen wir das Korrelat dieser „Haken" und „Ösen": Es sind die **Elektronen**, welche die Bindung zwischen den Atomen herstellen.

Der Grund, warum Atome überhaupt untereinander Bindungen eingehen, liegt nicht darin, ganze Schülergenerationen durch die Vielzahl von Molekülen zu ärgern, sondern in der Suche der Atome nach einem **möglichst energiearmen Zustand**. Solche energiearmen Zustände sind **voll- und halbbesetzte Elektronenhüllen**. Atome, denen noch Elektronen zu einem dieser Zustände fehlen, besitzen zwei Möglichkeiten:

- Sie können sich mit anderen Atomen, denen auch Elektronen fehlen, Elektronen teilen und gemeinsam benutzen. So entsteht die **Elektronenpaarbindung**.
- Sie können anderen Atomen Elektronen völlig entreißen. So entsteht die **ionische Bindung**.

Die im Folgenden besprochenen Bindungsarten treten in reiner Form nur in einigen Fällen auf. Sehr viel häufiger sind Übergänge zwischen verschiedenen Bindungsarten.

> Die chemische Bindung ist eine Folge der Suche von Atomen nach einem möglichst energiearmen Zustand, d. h. nach einer vollbesetzten Elektronenhülle (Oktett).

3.1 Elektronenpaarbindung

3.1.1 Theorie der Elektronenpaarbindung

Die Elektronenpaarbindung kommt dadurch zustande, dass die beteiligten Atome Elektronen gemeinsam benutzen. Zwischen den beteiligten Atomen entsteht so ein **Bereich mit erhöhter Elektronendichte**, der für die Bindung verantwortlich ist. Im Gegensatz zur ionischen Bindung ist diese Art der Bindung gerichtet, d. h. sie verbindet Atome unter ganz bestimmten Winkeln miteinander. Diese Bindungsart entsteht zwischen Atomen der Nichtmetall-Elemente.

Elektronenpaarbindung = syn. kovalente oder homöopolare Bindung, Atombindung

Wenn sich zwei Wasserstoffatome mit jeweils einem ungepaarten Elektron nahe kommen, dann können sich deren beide kugelförmigen s-Orbitale überlappen. Es entsteht dabei ein völlig neues Orbital: ein **Molekülorbital (MO)**. Das neue Molekülorbital besitzt einen niedrigeren Energiewert als die beiden Atomorbitale (AO) zuvor. Es ist also beim „Knüpfen" der Bindung Energie frei geworden. Diese Energie bezeichnet man als **Bindungsenergie**. Sie beträgt beim Wasserstoffmolekül z. B. 435 kJ/mol. Umgekehrt muss dieser Energiebetrag wieder aufgewendet werden, um die beiden Wasserstoffatome voneinander zu trennen.

> Bindungsenergie ist die Energie, die man aufbringen muss, um zwei Atome in den gasförmigen Zustand zu überführen.

Da man die beiden Elektronen in dem entstandenen Molekülorbital keinem der beiden Wasserstoffe mehr exakt zuordnen kann, verhält es sich so, als ob sie beiden Wasserstoffatomen gleichermaßen gehörten. Beide Wasserstoffatome haben ihr s-Orbital also voll besetzt und entsprechen in ihrer Elektronenkonfiguration jetzt dem Helium: H-H → „1s^2" (= He).

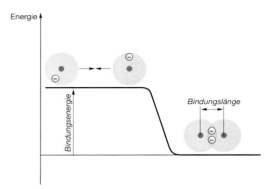

Abb. 3.1 Elektronenpaarbindung

> Die bindende Wirkung der Elektronenpaarbindung kommt durch die Überlappung von Atomorbitalen und die hohe Elektronendichte zwischen den Bindungspartnern zustande.

Bei der Elektronenpaarbindung steuern beide Bindungspartner Elektronen zur Bindungsbildung bei. Die bindenden Elektronen werden dann von den Bindungspartnern gemeinsam benutzt und jeder erreicht für sich eine Edelgaskonfiguration. Der Abstand, den die beiden Atomkerne in der Bindung zueinander haben, wird **Bindungslänge** genannt. Sie ist für jede Bindungsart charakteristisch und entspricht dem energieärmsten Abstand, den die Atome aufgrund von Anziehungs- und Abstoßungskräften im Gleichgewicht einnehmen (vgl. Tab. 3.1 und Abb. 3.2).

Tab. 3.1 Bindungslängen und -energien einiger Bindungen

Bindung	Bindungslänge (pm = 10^{-12} m)	Bindungsenergie (kJ/mol)
H−H	74	436
Cl−Cl	199	242
•O−H	96	464
H−Cl	127	431
C−C	154	346
C=C	135	611
C≡C	121	835

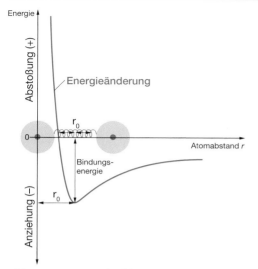

Abb. 3.2 Energieverlauf bei Annäherung zweier H-Atome

3.1.2 Valenzstrichformel – Lewis-Formel

Für die formelhafte Schreibweise von kovalenten Bindungen hat sich eine von Lewis eingeführte Form bewährt. Dabei wird ein **einzelnes, ungepaartes Elektron** durch einen Punkt (•) und ein **Elektronenpaar** durch einen Strich (−) gekennzeichnet. Solche Formeln heißen **Valenzstrichformeln** oder **Valenzstrukturen**. Sie entsprechen nicht dem wirklichen räumlichen Bau von Molekülen.

Für die Bildung des Wasserstoffmoleküls ließe sich folgende Reaktionsgleichung aufstellen: $2 \, H\bullet \rightarrow H-H$

Elektronenpaare, die nicht an der Bindung beteiligt sind, werden als freie (auch einsame) oder **nicht-bindende Elektronenpaare** bezeichnet. Auch sie werden durch einen Strich dargestellt.

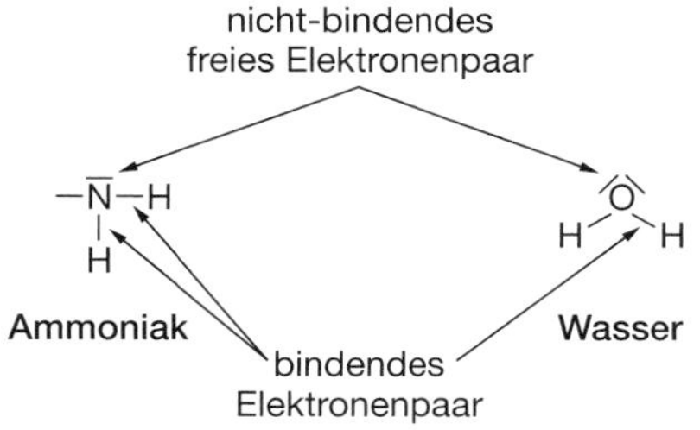

nicht-bindendes
freies Elektronenpaar

$-\overline{N}-H$
$|$
H

$H \overset{\displaystyle \overline{\underline{O}}}{\diagup \diagdown} H$

Ammoniak

Wasser

bindendes
Elektronenpaar

Abb. 3.3 Bindende und nicht-bindende Elektronenpaare

Bindigkeit – Mehrfachbindungen

Atome können, je nachdem wie viele Elektronen ihnen zum Oktettzustand fehlen, unterschiedlich viele Bindungen eingehen. So kann Stickstoff drei Bindungen, Sauerstoff dagegen nur zwei und jeder Wasserstoff nur eine Bindung eingehen (vgl. Abb. 3.3). Man sagt: Stickstoff ist dreibindig, Sauerstoff zweibindig und Wasserstoff einbindig.

> Die Anzahl von Bindungen, die ein Atom eingehen kann (bzw. eingeht), nennt man seine Bindigkeit. Sie entspricht der Anzahl der einfach besetzten Orbitale bzw. der ungepaarten Elektronen.

Die Bindigkeit kann auch aus dem PSE abgeleitet werden: Für die Elemente der I. bis IV. Gruppe entspricht sie der Gruppennummer. Ab der V. Gruppe muss man von 8 die Gruppennummer abziehen, um die Bindigkeit zu erhalten. Edelgase (Gruppe VIII) bilden keine Moleküle.

> **Beispiele:**
>
> | | | |
> |---|---|---|
> | Wasserstoff | I. Gruppe | einbindig |
> | Stickstoff | V. Gruppe | dreibindig (8 − 5 = 3) |
> | Sauerstoff | VI. Gruppe | zweibindig (8 − 6 = 2) |
> | Chlor | VII. Gruppe | einbindig (8 − 7 = 1) |

Hinzu kommt, dass Atome desselben Elements, besonders die der höheren mit zusätzlichen d-Orbitalen, in Abhängigkeit vom Bindungspartner verschiedene Bindigkeiten besitzen können (vgl. Tabelle 3.2).

Tab. 3.2 Bindigkeit wichtiger Elemente

Element	normale Bindigkeit	Ausnahmen
Wasserstoff	immer einbindig (HCl)	
Sauerstoff	zweibindig (CO_2)	dreibindig im H_3O^+-Ion
Kohlenstoff	immer vierbindig (CH_4)	
Stickstoff	dreibindig (NH_3)	vierbindig im Ammonium-Ion (NH_4^+) und in der Salpetersäure (HNO_3)
Phosphor	dreibindig (PH_3)	fünfbindig in PF_5 und Phosphorsäure (H_3PO_4)
Schwefel	zweibindig (H_2S)	vierbindig in schwefeliger Säure (H_2SO_3) sechsbindig in Schwefelsäure (H_2SO_4), Schwefeltrioxid (SO_3) und SF_6

Des Weiteren bilden viele Atome nicht nur Einfachbindungen untereinander aus, sondern auch **Doppel-** oder sogar **Dreifachbindungen**, wenn nicht genügend Bindungspartner zur Verfügung stehen.

Aufstellen von Strukturformeln

An drei Beispielen (Kohlenstoffdioxid, Ethen und Schwefelsäure) soll kurz gezeigt werden, wie man aus einer Summenformel leicht die Strukturformel ableiten kann. Dadurch spart man sich das aufwendige Auswendiglernen von Strukturformeln.

> Regeln zum Aufstellen von Strukturformeln
> - Schreiben Sie sich die beteiligten Atome auf. Überlegen Sie sich dabei bereits, wie das Molekül aussehen könnte und gruppieren Sie die Atome entsprechend.
> - Beschriften Sie nun jedes Atom mit seinen Valenzelektronen. Ein einzelnes ungepaartes Elektron zeichnen Sie als •, ein freies, nichtbindendes Elektronenpaar als −.
> - Nun können Sie die ungepaarten Elektronen der Atome miteinander verbinden, sodass am Schluss nur noch Elektronenpaare bleiben. Die Oktettregel ist so erfüllt.

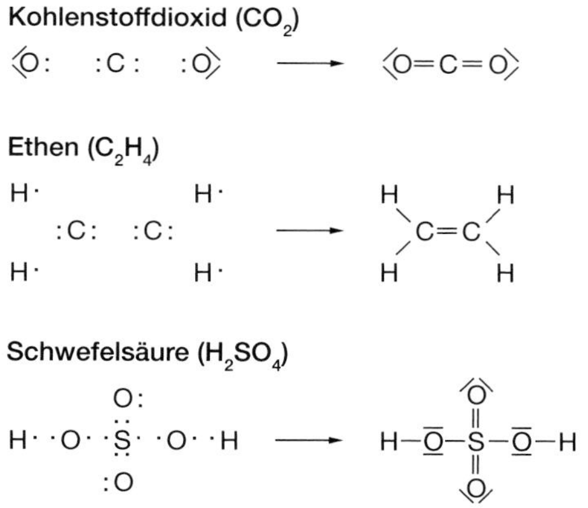

Kohlenstoffdioxid (CO_2)

$$\langle \overset{..}{O}: \quad :C: \quad :\overset{..}{O}\rangle \longrightarrow \langle O=C=O\rangle$$

Ethen (C_2H_4)

$$\begin{matrix} H\cdot & & H\cdot \\ & :C: \quad :C: & \\ H\cdot & & H\cdot \end{matrix} \longrightarrow \begin{matrix} H & & H \\ & C=C & \\ H & & H \end{matrix}$$

Schwefelsäure (H_2SO_4)

$$\begin{matrix} & O: & \\ H\cdot\cdot O\cdot\cdot & \overset{..}{S} & \cdot\cdot O\cdot\cdot H \\ & :O & \end{matrix} \longrightarrow \quad H-\overset{..}{O}-\overset{\overset{O}{\|}}{\underset{\|}{S}}-\overset{..}{O}-H$$

Abb. 3.4 Aufstellen von Strukturformeln

Beispiel 1:
Kohlenstoffdioxid, CO_2
C ist vierbindig → 4 ungepaarte Elektronen.
O ist zweibindig → 2 ungepaarte Elektronen und 2 freie Elektronenpaare.
Die Oktettregel kann nur erfüllt werden, wenn C und O durch zwei Doppelbindungen verbunden werden.

Beispiel 2:
Ethen, C_2H_4
C ist wieder vierbindig → 4 ungepaarte Elektronen.
H ist immer einbindig → 1 ungepaartes Elektron.
Nach Anknüpfen der vier Wasserstoffe bleiben an jedem Kohlenstoff noch zwei Elektronen ungepaart. Durch Ausbilden einer Doppelbindung kann ein stabiles Molekül erreicht werden.

Beispiel 3:
Schwefelsäure, H_2SO_4
H ist einbindig → ein ungepaartes Elektron (insgesamt 2).
O ist immer zweibindig → 2 ungepaarte Elektronen (insgesamt 8), 2 freie Elektronenpaare.
S kann also nicht nur zweibindig sein, sondern liegt sechsbindig vor. Würde man nun die Wasserstoffe direkt an den Schwefel knüpfen, würden nicht genügend Bindungen übrig bleiben, um alle Sauerstoffe unterzubringen. Die Wasserstoffe müssen also am Sauerstoff gebunden sein, sodass OH-Gruppen entstehen, die dann wiederum mit dem Schwefel verknüpft sind. So bleiben am Schwefel vier ungepaarte Elektronen zurück, die leicht durch zwei Doppelbindungen zu den letzten zwei Sauerstoffen untergebracht werden können.

Wasserstoffatome, die sauer regieren sollen, also als H+ abgegeben werden müssen, sind eigentlich immer am Sauerstoff gebunden, da nur hier ΔEN groß genug ist.

3.1.3 Radikale

Radikale sind Atome oder auch Moleküle, die **ungepaarte Elektronen** besitzen. Beispiele sind das Diradikal Sauerstoff (O_2) oder das Stickstoffdioxid. Sie sind hoch reaktiv und entreißen anderen Stoffen leicht Elektronen, um selbs einen stabilen Zustand zu erreichen. Dabei erzeugen sie aber erneut Radikale: Die Atome, denen sie ein Elektron entrissen haben, bleiben als neue Radikale zurück.

Radikale entstehen auch im menschlichen Körper unter Einwirkung des Luftsauerstoffes oder von UV-Licht. Unser Körper besitzt aber eine Maschinerie von Abwehrmechanismen, um die entstandenen Radikale sofort unschädlich zu machen. Solche Stoffe können **Antioxidantien** (z.B. Vitamin C, E und A) oder **Enzyme** (Superoxiddismutase, Peroxidase) sein.

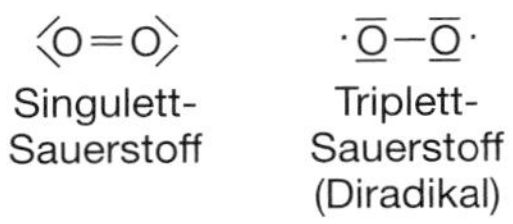

$\langle O = O \rangle$ $\quad$ $\cdot \underline{O} - \underline{O} \cdot$

Singulett-Sauerstoff

Triplett-Sauerstoff (Diradikal)

Abb. 3.5 Sauerstoff als Diradikal

3.1.4 Elektronenpaarabstoßungsmodell (Gillespie-Modell)

Das Valenzelektronenpaarabstoßungsmodell, kurz **VSEPR-Modell** (= **v**alence **s**hell **e**lectron **p**air **r**epulsion), ist ein Modell zur Vorstellung von Bindungswinkeln in einem Molekül. Dabei ist die Valenzschale (= äußerste Schale) von besonderer Bedeutung. Diese kann bindende und nicht-bindende Elektronenpaare enthalten. Das Modell geht von folgender Theorie aus:

> Die Elektronenpaare der Valenzschale teilen sich den ihnen zur Verfügung stehenden Raum so auf, dass sie möglichst weit voneinander entfernt sind.
> (Grund: Abstoßung gleich geladener Teilchen.)

2 Bindungspartner
180° – linear

3 Bindungspartner
120° – gleichseitiges Dreieck

4 Bindungspartner
109° – Tetraeder

Abb. 3.6 VSEPR-Modell

Man kann sich dieses Modell leicht anhand gefüllter Luftballons (Kugeln in der Abb. 3.6) vorstellen, denn auch sie gehorchen im weitesten Sinne diesem Gesetz. Jeder Luftballon entspricht dabei einem Orbital. Hält man zwei aufgeblasene Luftballons an den Knoten zusammen, wie beispielsweise beim Beryllium, so stehen sie etwa 180° zueinander. Sie haben sich den ihnen zur Verfügung stehenden Raum (= 360°) so aufgeteilt, dass sie möglichst weit voneinander entfernt sind. Drei Luftballons werden sich deshalb in einer Ebene in der Form eines gleichseitigen Dreiecks (= 120°) und vier Luftballons in Form eines Tetraeders (= 109°) anordnen (vgl. Abb. 3.6).

Die Stärke der Abstoßung nimmt über folgende Reihe ab:
- nicht-bindendes Elektron – nicht-bindendes Elektron
- nicht-bindendes Elektron – bindendes Elektron
- bindendes Elektron – bindendes Elektron

Durch die Abstoßung der bindenden Elektronenpaare ergeben sich, je nach Anzahl der Valenzelektronen, ganz bestimmte geometrische Figuren:
- 2 Elektronenpaare – linear angeordnet, $\alpha = 180°$
- 3 Elektronenpaare – gleichseitiges Dreieck, $\alpha = 120°$
- 4 Elektronenpaare – Tetraeder, $\alpha = 109°$
- 5 Elektronenpaare – quadratische Pyramide (oder trigonale Bipyramide)
- 6 Elektronenpaare – Oktaeder, $\alpha = 90°$

2 Substituenten > linear gebaut (180°)	3 Substituenten > trigonal (120°)	4 Substituenten > tetraedisch (109° 28')

$\langle O{=}C{=}O \rangle$

F
|
B
/ \
F   F

H
|
H ``C`` H
|
H

Abb. 3.7 Beispiele für die VSEPR

Besitzen die Moleküle zusätzlich freie Elektronenpaare, so verzerren sich die oben angegeben geometrischen Strukturen, z. B. beim Wasser (2 bindende, 2 nicht-bindende Elektronenpaare: 104° statt 109°) oder Ammoniak (NH_3), denn die freien Elektronenpaare sind diffuser verteilt und damit größer als die bindenden Elektronenpaare.

Gestauchter Tetraederwinkel durch den erhöhten Platzbedarf der freien Elektronenpaare.

3.2 Polare Atombindung

Die polare Atombindung ist keine neue Art der Atombindung, sondern ein Spezialfall der kovalenten Bindung. Bildet sich nämlich eine kovalente Bindung zwischen zwei Atomen mit **unterschiedlicher Elektronegativität** aus, so ist das bindende Elektronenpaar nicht mehr statistisch in der Mitte zwischen beiden Partnern lokalisiert, sondern zum elektronegativeren Partner hin verschoben.

Elektronegativität – vgl. Kap. 2.4

Beispiel:
Bindung im Chlorwasserstoffmolekül (HCl)
Das Chlor-Atom ist stark elektronegativ (EN 3,5) und zieht das an der Bindung beteiligte Elektron des Wasserstoffs (EN 2,1) deshalb stärker auf seine Seite. Das bedeutet praktisch, dass sich das Elektron im zeitlichen Mittel häufiger beim Chlor aufhält als beim Wasserstoff. Trotzdem besitzen aber beide Bindungspartner ihre stabile Oktettform.

Die Verlagerung des Bindungselektronenpaars wird durch einen in Richtung des elektronegativeren Bindungspartner weisenden verdickten Bindungsstrich gekennzeichnet (vgl. Abb. 3.8). Der elektronegativere Bindungspartner wird durch die Verschiebung des Bindungselektronenpaars ein bisschen negativer, der andere ein bisschen positiver. Dieses „bisschen" wird **Partialladung** genannt und durch $\delta+$ **bzw.** $\delta-$ gekennzeichnet (vgl. Abb. 3.8). Beachten Sie bitte: Die Partialladungen sind nicht mit den echten Ladungen bei Ionen vergleichbar. Sie entsprechen nur einer Polarisierung, vergleichbar mit den Polen eines Magneten.

$H{-}Cl$

Nicht falsch, entspricht aber nicht der Realität.

$\overset{\delta+}{H} \overset{\delta-}{\rightarrow} Cl$
EN 2,1   EN 3,0

Strukturformel, die der Realität näher kommt.

Abb. 3.8 Polare Atombindung

Solche polaren Atombindungen findet man u. a. auch beim Wassermolekül (H_2O), bei nahezu allen anorganischen Säuren (HNO_3, H_2SO_4, H_2CO_3), bei Halogenalkanen und vielen anderen Stoffen. Besondere Bedeutung besitzen

Halogenalkane –
vgl. Seite 130
Wasserstofabgabe –
vgl. Seite 88
Wasserstoffbrücke –
vgl. Seite 44

Wasserstoffatome, die an elektronegativere Partner (v. a. Sauerstoff) gebunden, und dadurch stark polarisiert sind:

- Sie können leicht als Protonen (H$^+$) abgegeben werden; dies ist die Voraussetzung für Stoffe, um als Säure reagieren zu können.
- Sie ermöglichen die Ausbildung von Wasserstoffbrücken zwischen Molekülen.

Die Polarität einer Bindung ist umso schwächer, je geringer die Differenz der Elektronegativitäten der beteiligten Atome ist. Deshalb definiert man EN-Differenzen (ΔEN) unter 0,5 als unpolar, z.B. die C-H-Bindung (mit ΔEN = 0,4). Liegt (ΔEN zwischen 0,5 und 1,8, ist die Bindung als polar zu betrachten. Ein ΔEN größer 1,8 führt zu ionischen Bindungen (s. u.).

> Reagieren zwei Nichtmetalle miteinander, so bilden sie eine kovalente Bindung aus.
> Für ΔEN < 0,5 gilt, die Bindung ist unpolar.
> Für ΔEN 0,5–1,8 gilt, die Bindung ist polar.
> Ab ΔEN > 1,8 spricht man von Ionenbindungen.

Polare Moleküle können trotzdem nach außen unpolar erscheinen, wenn ihre Ladungsschwerpunkte zusammenfallen. Wenn Sie ein Geo-Dreieck auf einem Stift balancieren wollen, so klappt dies nur, wenn Sie das Dreieck genau unter seinem Schwerpunkt stützen. Der Schwerpunkt ergibt sich dabei durch den Schnittpunkt der Höhensenkrechten. Stützen Sie es an irgendeinem anderen Punkt, gewinnt die Schwerkraft das Spiel.
Bei einem linear gebauten Molekül liegt der Schwerpunkt genau auf der Mitte einer gedachten Verbindungslinie der beiden Atome.

Methan (CH$_4$) – einfachster Kohlenwasserstoff, vgl. Seite 123

> **Beispiel:**
> **Tetrachlormethan,** ein Methan-Abkömmling, bei dem alle Wasserstoffatome durch Chloratome ersetzt sind, besitzt zwar einen $\delta+$-Kohlenstoff und vier $\delta-$-Chloratome, doch die Schwerpunkte zwischen den Chloratomen (oben und unten bzw. links und rechts) fallen genau in der Mitte beim $\delta+$-Kohlenstoff zusammen und heben die Polaritäten auf. So ist Tetrachlormethan trotzdem ein unpolarer Stoff.
> Ebenso verhält es sich bei Kohlenstoffdioxid (CO$_2$).

Fallen dagegen die Ladungsschwerpunkte nicht zusammen (z.B. bei Wasser), so entsteht durch die unsymmetrische Ladungsverteilung ein Molekül mit einem positiven und einem negativen Pol, ein sogenannter **Dipol.** Die entstandenen Moleküle können als **Dipolvektoren** dargestellt werden (vgl. Abb. 3.9). Im elektrischen Feld richten sie sich mit ihrem $\delta+$-Ende zum negativen Bereich, mit ihrem $\delta-$-Ende zum positiven Bereich aus.

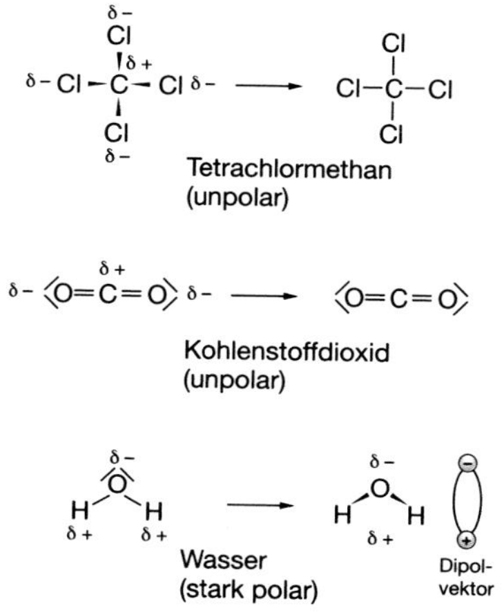

Tetrachlormethan
(unpolar)

Kohlenstoffdioxid
(unpolar)

Wasser
(stark polar)

Dipol-
vektor

Abb. 3.9 Polare und unpolare Moleküle

3.3 Ionische Bindung

3.3.1 Bildung von Ionen

Eine ionische Bindung tritt auf, wenn zwei Elemente mit großem Unterschied in ihrer Elektronegativität miteinander reagieren ($\Delta EN > 1{,}8$). Dann entreißt das elektronegativere Element dem weniger elektronegativen sein(e) Valenzelektron(en).

Das elektronegativere Atom wird so zu einem negativ geladenen **Anion** und das andere Atom zu einem positiv geladenen **Kation**. Beide, Anion und Kation, besitzen nach der Reaktion eine stabile äußere Schale. Bei Hauptgruppenelementen liegt dann eine Elektronenkonfiguration vor, die dem nächst höheren Edelgas (beim Anion) bzw. dem nächst niederen Edelgas (beim Kation) entspricht.

Die Abgabe eines Elektrons (meist von einem Metall) ist immer an die Aufnahme von Elektronen (meist durch ein Nichtmetall) gekoppelt. Die Ladung der entstandenen Ionen ist gleich der Anzahl abgegebener bzw. aufgenommener Elektronen. Sie entspricht der sogenannten **Ionenwertigkeit**.

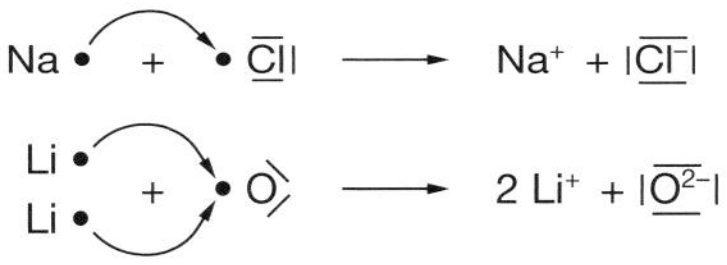

Für die meisten Hauptgruppenelemente kann man die Ionenwertigkeit auch aus dem PSE ablesen: Für Elemente der ersten vier Gruppen entspricht sie der Gruppennummer (z. B. Mg (II) $\rightarrow$ Mg^{2+}, Al (III) $\rightarrow$ Al^{3+}). Für die Gruppen V bis VII,

$$Na\bullet \; + \; \bullet\overline{\underline{Cl}}| \longrightarrow Na^+ + |\overline{\underline{Cl}}|^-$$

$$\begin{matrix} Li\bullet \\ Li\bullet \end{matrix} \; + \; \bullet\overset{..}{O}\rangle \longrightarrow 2\,Li^+ + |\overline{\underline{O}}^{2-}|$$

Abb. 3.10 Bildung von Ionenverbindungen

errechnet sie sich, indem man von 8 die Gruppennummer abzieht (z. B. O (VIII − VI = II) $\rightarrow$ O^{2-}). Für die Nebengruppenelemente und einige Hauptgruppenelemente gilt dies allerdings nicht, sie können verschiedene Wertigkeiten annehmen (z. B. Fe^{2+}, Fe^{3+}).

Beispiele für die Bildung von Ionenbindungen (vgl. Abb. 3.10):

1) Natrium und Chlor

2 Natrium +	Chlor	$\rightarrow$ 2 Natriumchlorid
2 Na$\bullet$	Cl$_2$	2 NaCl (Na$^+$ + Cl$^-$)
EN 0,9	EN 3,0	$\Delta EN = EN_{Cl} - EN_{Na} = 2{,}1$
1s^2 2s^{2}p^6 3s^1	1s^2 2s^{2}p^6 3s^{2}p^5	Na$^+$: 1s^2 2s^{2}p^6 (entspricht Neon) Cl$^-$: 1s^2 2s^{2}p^6 3s^{2}p^6 (entspricht Argon)

2) Lithium und Sauerstoff

2 Lithium +	Sauerstoff	$\rightarrow$ 2 Lithiumoxid
4 Li$\bullet$	O$_2$	2 Li$_2$O (2 Li$^+$ + O^{2-})
EN 1,0	EN 3,5	$\Delta EN = EN_O - EN_{Li} = 2{,}5$
1s^2 2s^1	1s^2 2s^{2}p^4	Li$^+$: 1s^2 (entspricht Helium) O^{2-}: 1s^2 2s^{2}p^6 (entspricht Neon)

Überschreitet also die Differenz der Elektronegativitäten (ΔEN) der beteiligten Elemente einen Wert von 1,8, so entsteht eine ionische Bindung. Der

Zusammenhalt der Ionen erfolgt durch elektrostatische Wechselwirkungen (Anion und Kation ziehen sich an). Die entstandenen Stoffe gehören zur Stoffgruppe der **Salze**. An den beiden Beispielen fällt auch auf, dass die Reaktion immer zwischen einem **Metall** und einem **Nichtmetall** abläuft. Diese beiden Stoffgruppen besitzen die größte EN-Differenz. Die Bildung der Salze aus den Elementen erfolgt häufig in einer heftigen Reaktion.

> Reagiert ein Metall mit einem Nichtmetall, entsteht ein Salz.
> Die Differenz der Elektronegativitäten (ΔEN) ist größer als 1,8.

Salze besitzen hohe Schmelz- und Siedetemperaturen, sind also bei Zimmertemperatur fest. In festem Zustand sind sie elektrische Isolatoren; im flüssigen und gelösten Zustand dagegen leiten sie den elektrischen Strom, weil die Teilchen (Ionen) frei beweglich sind. Man nennt sie dann **Elektrolyte**. Sie sind im Allgemeinen gut wasserlöslich und spröde.

3.3.2 Aufbau von Ionenverbindungen

F = Kraft der Anziehung [N]
ε_0 = Dielektrizitätskonstante des Vakuums
Q, q = Ladung der Ionen [C]
r = Abstand der Ionen (= Summe der Ionenradien)

Ionen sind Ladungsträger. Es wirkt deshalb zwischen ihnen eine Kraft, die nach dem **coulombschen Gesetz** folgendermaßen definiert ist:

$$F = \frac{1}{4\pi\varepsilon_0} \cdot \frac{Q \cdot q}{r^2}$$

Die Kraft und damit die Wirksamkeit des elektrischen Feldes um ein Ion nimmt quadratisch mit dem Abstand ab. Die elektrische Kraft bevorzugt dabei keine Raumrichtung, d.h. sie ist ungerichtet. Dies führt dazu, dass sich möglichst viele Ionen um ein entgegengesetzt geladenes Ion gruppieren. In Natriumchlorid (NaCl) findet man z.B. um ein positiv geladenes Na-Ion sechs negative Chlorid-Ionen (vgl. Abb. 3.11). Die Anzahl von Ionen,

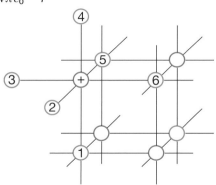

Abb. 3.11 Koordinationszahl

die sich um ein Ion gegensätzlicher Ladung gruppieren, wird **Koordinationszahl (KZ)** genannt. Im Fall von NaCl wäre KZ = 6.

Die Ionen können sich nun aber nicht beliebig nahe kommen, denn gleichartig geladene Ionen stoßen sich wieder ab. So entsteht aufgrund von elektrostatischer Anziehung und Abstoßung ein **Gleichgewichtsabstand** r_0 zwischen den Ionen. Für diesen Abstand ist die (potenzielle) Energie des Gitters am geringsten (vgl. Abb. 3.12). Es entsteht ein regelmäßig organisiertes **Ionengitter**, das auch makroskopisch als **Kristall** beobachtet werden kann. Alle Salze bilden also Kristallgitter aus. Am häufigsten ist dabei der Würfel oder der Oktaeder.

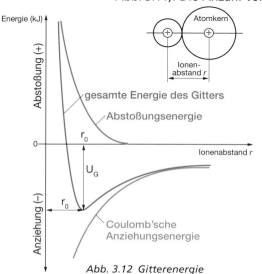

Abb. 3.12 Gitterenergie

Die Energie, die frei wird, wenn sich ein Mol gasförmige Kationen mit einem Mol gasförmiger Anionen vereinigen, wird **Gitterenergie** genannt. Das bedeutet, dass das Ionengitter um diesen Energiebetrag stabiler ist als die freien Ionen (vgl. Abb. 3.13). Umgekehrt muss dieser Energiebetrag wieder aufgewendet werden, um die Ionen gegen ihre elektrostatische Anziehung zu trennen, genauer gesagt in den gasförmigen Zustand zu überführen. Die Gitterenergie ist damit ein **Maß für die Stabilität** eines Ionengitters: Je höher die Gitterenergie, desto höher die Schmelz- bzw. Siedetemperatur eines Salzes (vgl. Tab. 3.4). Sie nimmt mit dem Ionenradius (Durchmesser des Ions) und der Ionenladung (Wertigkeit des Ions) zu.

Mol – vgl. Seite 63

> Die Gitterenergie ist zur Ionenladung direkt und zum Ionenradius umgekehrt proportional.

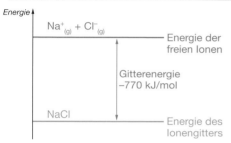

Abb. 3.13 Gitterenergie

Tab. 3.4 Zusammenhang zwischen Schmelztemperatur und Gitterenergie

	Natrium-fluorid (Na^+F^-)	Natrium-chlorid (Na^+Cl^-)	Natrium-bromid (Na^+Br^-)	Magnesium-oxid ($Mg^{2+}O^{2-}$)
Gitterenergie E_G (kJ/mol)	920	780	740	3.900
Schmelzpunkt (°C)	992	801	747	2.800

Zum Vergleich: Bindungsenergie von Molekülen (Elektronenpaarbindung): Cl-Cl 242 kJ/mol, C-H 413 kJ/mol, C-C 348 kJ/mol und O-H 431 kJ/mol.

Besonders hohe Gitterenergien und Schmelztemperaturen besitzen somit Salze mit kleinen, besonders hoch geladenen Ionen, z.B. MgO, Al_2O_3. Zur Beurteilung der Ionenradien ist noch Folgendes zu beachten: (vgl. dazu Tab. 2.3, S. 27)

Der Radius des Kations ist immer kleiner als der entsprechende Atomradius: $r_{Kation} \ll r_{Atom}$
Grund: Stärkere Kernanziehung auf die verbliebenen Elektronen.

Der Radius des Anions ist immer größer als der entsprechende Atomradius: $r_{Anion} \gg r_{Atom}$
Grund: Die zusätzlichen Elektronen stoßen sich ab und benötigen mehr Platz.

In einem Ionengitter sind Anionen und Kationen in einem stöchiometrischen Verhältnis so untergebracht, dass das Salz nach außen elektrisch neutral ist, z.B. NaCl (= 1 Na^+ auf 1 Cl^+) oder Al_2O_3 (= 2 Al^{3+} auf 3 O^{2-}). Da die Anionen

Stöchiometrie – vgl. Seite 59

meist größer sind als die Kationen, sind die Kationen nach dem Prinzip der dichtesten Packung in die Lücken zwischen die Anionen eingebracht (Anionengitter). Es leuchtet nun ein, dass für den Bau eines Ionengitters das Verhältnis der Ionenradien eine entscheidende Rolle spielt.

3.4 Andere Bindungsarten

Neben den bereits besprochenen Bindungsarten gibt es noch die **metallische** und die **koordinative Bindung**.

Metallische Bindung

Wie der Name leicht vermuten lässt, kommt die metallische Bindung in allen Metallen vor. Sie kommt dadurch zustande, dass jedes Metallatom seine Valenzelektronen abgibt und damit allen anderen Partnern zur Verfügung stellt. Das Atom bleibt so als Kation bzw. **Metallatomrumpf** (= Atomkern + weiter innen liegende Elektronen) zurück.

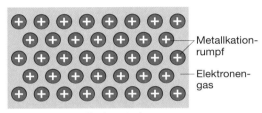

Metallkation-rumpf

Elektronen-gas

Abb. 3.14 Metallische Bindung

Die abgegebenen Elektronen sind über das ganze Gitter verteilt, was für den bindenden Effekt verantwortlich ist. Da die Elektronen frei im ganzen Gitter beweglich sind, spricht man auch vom „**Elektronengas**". Das Elektronengas ist für die hohe elektrische Leitfähigkeit von Metallen verantwortlich (ca. 10^{23} Elektronen pro cm^3). Mit steigender Temperatur nimmt die Wechselwirkung des Elektronengases mit den positiven Metallatomrümpfen zu, was zu einer Verringerung der Leitfähigkeit führt (heißer Draht → hoher Widerstand). Dies gilt nicht für die sogenannten Halbmetalle.

Wie die ionische Bindung bevorzugt die metallische Bindung keine Raumrichtung, ist also nicht gerichtet. Das führt dazu, dass Metalle kristallisieren können (beobachten Sie z. B. Zinkblech). Metalle neigen dabei zu einem Gitter mit hoher Koordinationszahl.

Bindung in Komplexen

Die **koordinative Bindung** findet man in **Komplexen**. Bei dieser Bindungsart wird von einem Bindungspartner, dem Acceptor, eine Elektronenlücke und vom anderen, dem Donator, ein freies Elektronenpaar bereitgestellt. Die bindende Wirkung kommt über dieses Elektronenpaar zustande, das im Gegensatz zur kovalenten Bindung nur von **einem** Partner stammt.

Von besonderer Bedeutung sind in der Natur die Metallkomplexe. Als Beispiele seien hier nur drei wichtige erwähnt:

- das **Hämoglobin**, ein Eisen(II)-Porphyrin-Komplex, der den Blutsauerstoff reversibel binden kann und so für den Sauerstofftransport verantwortlich ist,
- das **Chlorophyll**, ein Magnesium(II)-Porphyrin-Komplex, der bei der Photosynthese der Pflanzen eine Rolle spielt und
- das **Vitamin B$_{12}$**, ein Cobalt(II)-Corrin-Komplex.

Tab. 3.4 Bindungsarten in der Übersicht

Bindungsart	tritt auf zwischen ...	Energie (kJ/mol)	Die Bindung entsteht durch ...	Die bindende Wirkung kommt zustande durch ...	Beispiel
Elektronenpaarbindung	Nichtmetallen (ΔEN < 1,8)	~ 250–950	... Bereitstellung von Elektronen und Orbitalen von beiden beteiligten Atomen.	... hohe Elektronendichte zwischen den beteiligten Atomen.	$H-Cl$, $H-H$, $O=O$, $N\equiv N$
Ionenbindung	Metallen und Nichtmetallen (ΔEN > 1,8)	~ 900–4.000	... Übergang von Elektronen vom weniger elektronegativen zum elektronegativeren Partner.	... elektrostatische Anziehung der gegensätzlich geladenen Teilchen.	$NaCl$, Fe_2O_3, MgO
Koordinative Bindung	Zentralion und Liganden (in Komplexen)	~ 400 (entspricht annähernd kovalenter Bindung)	... Bereitstellung von Orbitalen durch das Zentralion und deren Auffüllen durch Elektronen der Liganden.	... hohe Elektronendichte zwischen den beteiligten Atomen (entspricht der Elektronenpaarbindung).	$[Cu(H_2O)_6]^{2+}$, $[Fe(OH)_3]^{3+}$
Metallische Bindung	Metallen		... Bereitstellen der Valenzelektronen für alle Partner.	... freie Elektronen (Elektronengas) zwischen positiven Atomrümpfen.	

3.5 Zwischenmolekulare Kräfte (ZMK)

Bisher wurde nur betrachtet, wie Bindungen zwischen verschiedenen Atomen gebildet werden und dadurch Moleküle entstehen. Im Folgenden geht es um die Wechselwirkungen zwischen den Molekülen.

3.5.1 Van-der-Waals-Kräfte (vdW-Kräfte)

Die vdW-Kräfte sind die schwächsten Wechselwirkungen zwischen Molekülen. Sie kommen bei **allen** Verbindungen vor. Ihr Zustandekommen kann man sich so erklären, dass die Elektronen einer Verbindung nicht streng lokalisiert sind, sondern sich frei bewegen können. Bei den Bewegungen der Elektronen kann ein Zustand eintreten, bei dem sich viele Elektronen auf einer Seite des Moleküls befinden. Diese Ungleichverteilung ruft auf der Seite, an der sich viele Elektronen befinden, einen negativen Ladungsüberschuss hervor. Auf der anderen Seite besteht dagegen ein Elektronenmangel, also ein positiver Ladungsüberschuss. Man nennt eine Verbindung, die zwei entgegengesetzt geladene Pole besitzt, einen Dipol. Da er aber nur sehr kurz besteht, spricht man von einem **temporären Dipol**. Dieser temporäre Dipol kann in anderen benachbarten Molekülen ebenfalls eine Ungleichverteilung der Elektronen induzieren (= auslösen). So werden immer mehr Moleküle zu temporären Dipolen. Die entgegengesetzt geladenen Pole benachbarter Moleküle ziehen sich an. Da die Dipole aber nur für einen sehr kurzen Zeitraum bestehen, ist die Bindung sehr viel schwächer als die im Folgenden besprochene „echte" Dipol-Dipol-Wechselwirkung.

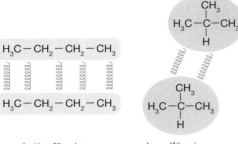

Die vdW-Kraft nimmt mit zunehmender **Größe** (d. h. Masse) des Moleküls zu. Bei Molekülen gleicher Masse ist die vdW-Kraft bei dem Molekül geringer, welches eine kugelige **Gestalt** hat. Der Grund liegt darin, dass bei Molekülen gleicher Masse das kugelige Molekül die kleinere Oberfläche hat und damit die Wechselwirkung der Moleküle beeinträchtigt ist. So hat z. B. n-Butan eine höhere Siedetemperatur als t-Butan (vgl. Abb. 3.15).

kettenförmiges
n-Butan

kugelförmiges
Trimethylmethan

Abb. 3.15 Van-der-Waals-Wechselwirkung

3.5.2 Dipol-Dipol-Wechselwirkung

Polare Atombindung – vgl. Seite 37
ΔEN – vgl. Seite 38

Die Dipol-Dipol-Wechselwirkung tritt zwischen Molekülen auf, die polarisierte Atome enthalten. Dabei entsteht eine Wechselwirkung immer zwischen einem Atom mit $\delta+$ und einem anderem mit $\delta-$. Die Dipol-Dipol-Wechselwirkung ist stärker als die vdW-Kraft, aber schwächer als die Wasserstoffbrückenbindung und die ionische Wechselwirkung. Die wechselwirkende Kraft nimmt zu, je stärker die beteiligten Atome polarisiert sind, d. h. sie ist abhängig von ΔEN.

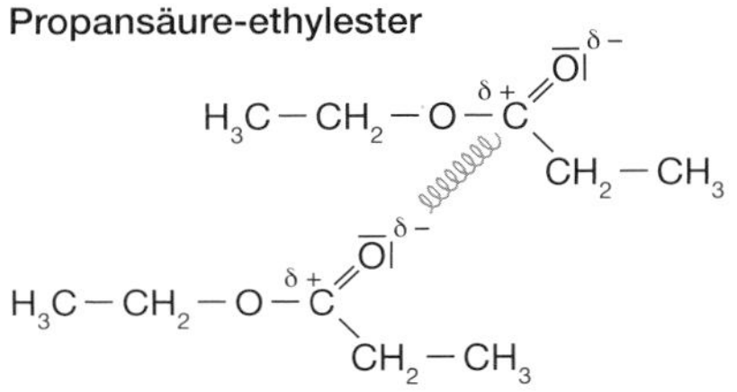

Propansäure-ethylester

Abb. 3.16 Dipol-Dipol-Wechselwirkung

3.5.3 Wasserstoffbrückenbindung (H-Brücken)

Wasser

Alkohole

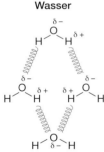

Abb. 3.17 H-Brücken

Amine – vgl. Seite 176
Alkohole – vgl. Seite 141
Säuren – vgl. Seite 161
Zucker – vgl. Teil 2

Eine besondere Form der Dipol-Dipol-Wechselwirkung ist die Wasserstoffbrückenbindung. Sie tritt nur in Verbindungen auf, die positiv polarisierte ($\delta+$) Wasserstoffatome besitzen. Die Wasserstoffatome sind dabei an Sauerstoff-, Stickstoff- oder Schwefelatome gebunden, die entsprechend negativ polarisiert ($\delta-$) sind. **Wasserstoffbrückenbindungen** (oder einfach **H-Brücken**) sind stärker als die herkömmliche Dipol-Dipol-Wechselwirkung, aber schwächer als die ionische Wechselwirkung. Sie haben eine Stärke, die etwa 10–20 % der von Ionenverbindungen entspricht.

Wie stark die H-Brücke ist, ist wie bei der Dipol-Dipol-Wechselwirkung abhängig von der EN-Differenz. Bei Weitem am stärksten ist sie bei einer O-H-Bindung, schwächer bei einer NH-Bindung und SH-Bindung. So erklärt sich die vergleichsweise hohe Siedetemperatur von Wasser (vgl. Exkurs). Außerdem findet man H-Brücken auch z. B. bei Alkoholen und Aminen, bei Harnstoff und Zuckern. Bei den Zuckern sind die H-Brücken sogar so stark, dass beim Erhitzen die C-C-Bindungen vor den H-Brücken gelöst werden. Das erklärt, warum Zucker nicht erhitzt werden kann, ohne dass er sich „zersetzt" (karamellisiert).

Stoffe mit positiv polarisierten Wasserstoffatomen können diese leicht als Protonen abspalten und damit als Säuren reagieren.

Exkurs: „Eigenschaften von Wasser"

Wasser ist ein starker Dipol. Dies hängt zum einen von der großen EN-Differenz zwischen Wasserstoff (EN 2,1) und Sauerstoff (EN 3,5) und zum anderen von der gewinkelten Struktur des Wassermoleküls ab, die verhindert, dass die Ladungsschwerpunkte zusammenfallen.

Struktur

Aufgrund seiner Elektronenkonfiguration ($1s^2\ 2s^2 p^4$) ist der Sauerstoff in den meisten Verbindungen zweibindig. Er besitzt zwei nicht-bindende, freie Elektronenpaare; zwei ungepaarte Elektronen stehen zur Bindung mit anderen Atomen zur Verfügung. Aufgrund des Platzbedarfs der Elektronenpaare beträgt der Bindungswinkel nur 104° und nicht 109°.

Eigenschaften

Durch die starke Polarisierung der Wasserstoffatome können kräftige **intermolekulare H-Brücken** zwischen den Wassermolekülen ausgebildet werden. Durch diese H-Brücken werden Wassermoleküle zu lockeren, symmetrischen Assoziaten (Clustern) zusammengehalten (vgl. Abb. 3.18). Wasser zeichnet sich deshalb durch ganz außergewöhnliche Eigenschaften aus:

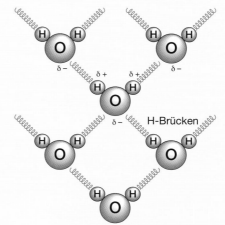

Abb. 3.18 Clusterbildung beim Wasser

Hohe Schmelz- und Siedetemperatur

Wasser hat trotz seiner kleinen Molekülmasse (18 g/mol) eine sehr hohe Schmelz- und Siedetemperatur. In der Tabelle 3.7 sehen Sie den Vergleich zu anderen wesentlich schwereren Wasserstoffverbindung, dem Schwefelwasserstoff (H_2S), dem Selenwasserstoff (H_2Se) und dem Tellurwasserstoff (H_2Te).

Tab. 3.7 Vergleich zwischen Wasser und Schwefelwasserstoff

	Masse	Schmelztemp.	Siedetemp.
H_2O	18 g/mol	0 °C	100 °C
H_2S	34 g/mol	−85 °C	19 °C
H_2Se	81 g/mol	−66 °C	−41 °C
H_2Te	130 g/mol	−51 °C	−1 °C

Schwefelwasserstoff, ein übel riechendes („faule Eier"), giftiges Gas hat trotz einer größeren Molekülmasse eine sehr viel niedrigere Schmelz- und Siedetemperatur. Der Grund liegt in der sehr viel schwächeren H-Brücke im H_2S, da die EN-Differenz zwischen Schwefel (EN 2,5) und Wasserstoff (EN 2,1) geringer ist als zwischen Sauerstoff und Wasserstoff.

Volumenzunahme und abnehmende Dichte bei Abkühlung

Kühlt man Wasser ab, kommen sich die Wassermoleküle näher. Im Eis bildet ein Wassermolekül zu vier benachbarten Wassermolekülen H-Brücken aus, was zu einem regelmäßigen offenen Kristallgitter führt (vgl. Abb. 3.18). Da sich die Wassermoleküle nicht beliebig nahe kommen können, sondern sich aufgrund ihrer Polarität abstoßen und regelmäßig anordnen müssen, entstehen in diesem Kristallgitter viele Hohlräume. Dies hat zur Folge, dass das Volumen zunimmt (gefrorene Wasserleitungen platzen) und die Dichte von Eis geringer ist als die von Wasser (Eis schwimmt auf Wasser). Seine größte Dichte erreicht Wasser bei $+4\,°C$.

Hohe Dielektrizitätskonstante ε

Als starke Dipole stören Wassermoleküle die ionische Wechselwirkung in Salzen und können dadurch Ionen aus ihren Verbindungen freisetzen. Die Stärke dieser Eigenschaft wird mithilfe der Dielektrizitätskonstanten ε beschrieben. ε ist darüber hinaus temperaturabhängig: Heißes Wasser löst Substanzen schneller und besser auf als kaltes. Flüssigkeiten mit einer hohen Dielektrizitätskonstanten bezeichnet man als polare Lösungsmittel. Beispiele: Wasser, Essigsäure, NH_3, Methanol, H_2S, Pyridin.

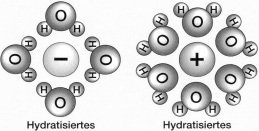

Hydratisiertes
Anion

Hydratisiertes
Kation

Abb. 3.19 Hydratisierte Ionen

Die Ionen werden nach dem Herauslösen aus dem Ionengitter von einer Hülle aus elektrostatisch angezogenen Wassermolekülen umgeben. Wir sprechen von einer **Hydrathülle** und nennen den Vorgang **Hydratisierung** (vgl. Abb. 3.19).

Die **Hydratationsenergie** ist die Energie, die bei diesem Vorgang frei wird oder aufgewendet werden muss.

Löst man z. B. *Natriumchlorid* (NaCl) in Wasser, so bleibt die Temperatur des Wassers konstant. Löst man dagegen *Lithiumchlorid* (LiCl) in Wasser, steigt die Temperatur stark an. Beim Lösen von *Kaliumchlorid* (KCl) dagegen sinkt sie. Diese Erscheinung lässt sich wie folgt erklären: Die Gitterenergie von NaCl ist gleich groß wie die freiwerdende Hydratationsenergie. Bei LiCl dagegen ist die Gitterenergie kleiner als die Hydratationsenergie. Der „Überschuss" an Energie wird in Form von Wärme abgegeben. Man spricht von einem **exothermen Lösungsvorgang**.

Bei KCl ist es genau umgekehrt. Hier ist die Gitterenergie größer als die freiwerdende Hydratationsenergie. Da aber in der Natur ein Drang zu größtmöglicher Unordnung (Entropie) besteht, wird die zum Lösungsvorgang benötigte Energie der Umgebung entzogen. Die Temperatur des Wassers sinkt. Man spricht von einem **endothermen Lösungsvorgang**.

Dieser Sachverhalt lässt sich auch in einem Diagramm darstellen, vgl. Abb. 3.20.

• exotherm – Wärmeenergie wird frei
• endotherm – Wärmeenergie muss zugeführt werden
• Entropie – Maß für den Ordnungsgrad eines Stoffs bzw. Systems

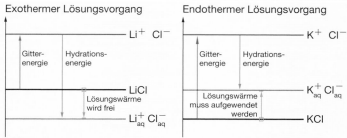

Abb. 3.20 Lösungsdiagramme

Damit sich ein Stoff in einem Lösungsmittel lösen lässt, müssen Wechselwirkungen zwischen den Lösungsmittelmolekülen und dem zu lösenden Stoff möglich sein. Polare Stoffe lassen sich deshalb nur in polaren Lösungsmitteln, unpolare nur in unpolaren Lösungsmitteln lösen. In polaren Lösungsmitteln können H-Brücken oder Dipol-Dipol-Wechselwirkungen zwischen Lösungsmittelmolekülen und den gelösten Teilchen auftreten, in unpolaren Lösungen überwiegend nur Van-der-Waals-Kräfte (vgl. Kap. 3.6.1). Unpolare Lösungsmittel sind z.B. Hexan (C_6H_{14}) oder Aceton ($H_3C-CO-CH_3$). Das wichtigste polare Lösungsmittel ist Wasser. Es löst polare Stoffe, wie z.B. Salze, Aminosäuren, Glucose, kurzkettige Alkohole, kurzkettige Carbonsäuren und Harnstoff. Unpolare Stoffe wie Kohlenwasserstoffe (Alkane), langkettige Alkohole, Ester und Ether lösen sich dagegen schlecht in Wasser. Dieses Löslichkeitsverhalten lässt sich auch verallgemeinern:

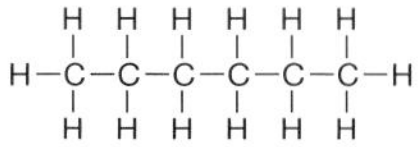

Abb. 3.21 Formel von Hexan und Aceton

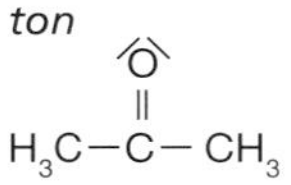

Ähnliches löst sich nur in Ähnlichem.
„Similis similibus solvuntur".

3.5.4 Ionische Wechselwirkung

Die ionische Wechselwirkung wurde bereits ausreichend bei der Besprechung der ionischen Bindung diskutiert (siehe Kap. 3.3). Sie tritt zwischen positiv und negativ geladenen Teilchen auf und ist die stärkste Wechselwirkung. Sie ist auch für die hohen Schmelz- und Siedetemperaturen von Salzen und allen anderen Stoffen, die Ladungen enthalten (z.B. Aminosäuren), verantwortlich.

3.5.5 Zusammenfassung

Abhängig davon, welche ZMKs in einer Verbindung wirken, erhalten wir bei annähernd gleicher Masse unterschiedlich hohe Schmelz- und Siedetemperaturen. Die höchsten Schmelztemperaturen haben Verbindungen, in denen ionische Wechselwirkungen vorherrschen, also alle Salze (z.B. NaCl), aber auch Aminosäuren.

Stoffe, in denen Wasserstoffbrücken zwischen den Molekülen möglich sind, haben meist die zweithöchsten Schmelzpunkte, z.B. Wasser, Saccharide (Zucker).

Die dritthöchsten Schmelzpunkte besitzen Verbindungen, in denen nur Dipol-Dipol-Wechselwirkungen möglich sind (z.B. Ether, Ester), und nur vdW-Kräfte führen zu sehr niedrigen Schmelztemperaturen (z.B. Alkane).

Zusätzlich muss bei allen Verbindungen noch die räumliche Struktur berücksichtigt werden. Eine lineare oder symmetrische Struktur führt meist zu höheren Schmelztemperaturen als eine kugelige oder unsymmetrische Struktur (vgl. n-Butan und Trimethylmethan, Abb. 3.15).

Ionische WW > H-Brücken > Dipol-Dipol-WW > vdW-Kräfte
→ abnehmende Schmelz- und Siedetemperatur

Tab. 3.8 Vergleich verschiedener Strukturen

	Ionengitter	Molekülgitter		Atomgitter	
Beispiel	NaCl	H_2O	J_2	Kohlenstoff (Diamant)	Edelgase
Wechselwirkung (WW)	Ionische WW	H-Brücken	vdW-WW	Kovalente Bindung	vdW-WW

Übungsaufgaben

1 Erläutern Sie folgende Begriffe:
   - Bindungsenergie, Bindungslänge
   - Molekülorbital
   - Gitterenergie, Koordinationszahl
   - Kation, Anion
   - Dipol, Elektronegativität
   - Oktett-Regel
2 Beschreiben Sie anhand der Bildung eines Chlorwasserstoffmoleküls (HCl) die Entstehung eines Molekülorbitals. Gehen Sie dabei auf Begriffe wie Zusammenhalt, Bindungsenergie, Bindungslänge und Molekülorbital ein.
3 Schreiben Sie die Strukturformeln folgender Moleküle und überprüfen Sie, ob polare oder unpolare Moleküle vorliegen: H_2O, CH_4, NH_3, SO_2, CO_2, CCl_4, BF_3.
4 Was versteht man unter der Oktettregel? Erklären Sie diese an einem selbst gewählten Beispiel.
5 Überlegen Sie, was für eine Art von Bindung zwischen folgenden Partnern zustande kommt:
   - Natrium und Schwefel
   - Fluor und Wasserstoff
   - Lithium und Brom
   - Kupfer und Zink
   - Chlor und Fluor
   - Kohlenstoff und Chlor
6 Vervollständigen Sie folgende Tabelle.

Stoff	Bindungsart	bindende Wirkung
Methan (CH_4)		
Natriumchlorid (NaCl)		elektrostatische Anziehung
Zinn-Blei-Legierung	metallische Bindung	
Tellurwasserstoff (TeH)		
Calciumphosphat ($Ca_3(PO_4)_2$)		

7 Überlegen Sie welche Bedingungen ein Stoff erfüllen muss, damit er elektrischen Strom leitet, und überprüfen Sie, ob folgende Stoffe dazu in der Lage sind. Wenn ja, in welchem Aggregatzustand?
- Natriumchlorid
- Chlorwasserstoff
- Aluminium
- Difluor-Dibrom-Methan

8 Geben Sie von folgenden Ionen (Na^+, Al^{3+}, Ba^{2+}, O^{2-}, N^{3-}, Cl^-, O_2^-)
a) die Gesamtelektronenzahl an,
b) die Anzahl der Valenzelektronen in der äußersten Schale (als Atom, nicht als Ion) an.

9 Untersucht man Atom- und Ionenradien genauer, fällt Folgendes auf:
$r(Li^+)$ $= 65$ pm $\qquad r(J)$ $= 136$ pm
$r(Mg^{2+}) = 65$ pm $\qquad r(F^-)$ $= 136$ pm
a) Erklären Sie, wie es zu den identischen Wertepaaren kommt, und vergleichen Sie die Gitterenergien von LiJ mit der von LiF bzw. MgJ_2.
b) Welche Rückschlüsse können Sie daraus auf die Schmelztemperatur der beiden Salze ziehen?

10 Ordnen Sie folgenden Salzen aus Liste 1 eine der nebenstehenden Schmelztemperaturen aus Liste 2 zu und begründen Sie Ihre Zuordnung.

Liste 1	Liste 2
NaCl	742 °C
KCl	801 °C
KBr	2.570 °C
KJ	776 °C
CaO	682 °C

11 Zeichnen Sie die Strukturformeln folgender Verbindungen und untersuchen Sie, ob Dipolmoleküle vorliegen. Wenn ja: Zeichnen Sie die Ausrichtung des Dipolvektors. Trifluormethan CHF_3, Dichlor-difluormethan CCl_2F_2, Tetrachlorethen C_2Cl_4, Phosgen $COCl_2$, Phosphorfluorid PF_3.

12 Chlorophyll, Hämoglobin und Vitamin B_{12} sind biologisch wichtige Komplexe.
a) Nennen Sie die Zentralteilchen (Metalle) in diesen Komplexen.
b) Nennen Sie die biologisch wichtige Funktion von Hämoglobin.

13 Wie heißen folgende Salze bzw. welche Formel haben sie?
a) NH_4F
b) $KHCO_3$
c) Al_2S_3
d) $NaHSO_3$
e) Ammoniumsulfat
f) Bariumphosphat
g) Lithiumnitrat
h) Kaliumammoniumhydrogenphosphat

14 a) Formulieren Sie zur Bildung der in Aufgabe 13 genannten Salze jeweils die Reaktionsgleichung.
b) In welchen Ionen liegen die Salze e) bis h) in wässriger Lösung vor?

15 Gegeben seien folgende Stoffe: Wasser, Ethanol (C_2H_5OH), Methan (CH_4), Bariumchlorid.
a) Zeichnen Sie die Strukturformel von Ethanol und Methan.
b) Ordnen Sie die Stoffe begründet nach zunehmender Schmelztemperatur.
c) Zeichnen Sie einen Strukturformelausschnitt, der die ZMK bei Wasser und Ethanol zeigt.

16 Ordnen Sie der links genannten zwischenmolekularen Kraft die jeweils charakteristische Eigenschaft rechts zu.

Van-der-Waals-Kraft	mindestens ein positiv polarisiertes Wasserstoffatom im Molekül ist notwendig
Dipol-Dipol-Wechselwirkung	elektrostatische Anziehung zwischen gegensätzlich geladenen Teilchen
Wasserstoffbrücke	kommt bei allen Molekülen vor
ionische Anziehung	polare Strukturanteile sind eine Voraussetzung

17 Wasser kann im Winter gefrorene Wasserleitungen zum Platzen bringen. Erklären Sie dieses Phänomen auf Teilchenebene und nennen Sie ein weiteres „Phänomen", das sich auf diese Weise erklären lässt.

18 Nennen Sie drei besondere Eigenschaften von Wasser und begründen Sie diese mithilfe einer Strukturformel.

19 „Similis similibus solvuntur."
Überprüfen Sie diesen Satz an folgenden Beispielen.
a) Wasser + Natriumchlorid
b) Hexan + Olivenöl
c) Methanol (CH_3OH) + Wasser
d) Aceton ($H_3C-CO-CH_3$) + Glucose

20 Weshalb lassen sich in Wasser nur polare, in Hexan dagegen nur unpolare Stoffe lösen?

21 Beim Lösen von Natriumhydroxid (NaOH) in Wasser steigt die Temperatur des Lösungsmittels stark an. Erklären Sie diesen Vorgang mithilfe eines Diagramms.

22 Zeichnen Sie ein Energiediagramm für einen endothermen Lösungsvorgang. Wählen Sie dazu als Beispiel Ammoniumchlorid (NH_4Cl).

23 Erklären Sie folgende Begriffe:
a) Hydratationsenergie
b) Hydrathülle
c) exotherm – endotherm

Reinstoffe und Stoffgemische

4.1 Reinstoff oder Stoffgemisch?

In der Chemie unterscheidet man zwischen Reinstoffen und Stoffgemischen.

- **Reinstoffe** sind Stoffe mit einer definierten chemischen Zusammensetzung. Sie besitzen charakteristische physikalische Eigenschaften (z.B. Schmelzpunkt, Dichte, elektrische Leitfähigkeit) und lassen sich durch physikalische Trennverfahren nicht weiter auftrennen. Durch chemische Verfahren aber können Reinstoffe (Verbindungen) in Elemente zerlegt werden (**Analyse**).

> **Beispiele:**
> (reines) H_2O, NaCl, CH_4

- **Stoffgemische** bestehen aus mehreren Reinstoffen. Sie können durch physikalische Trennverfahren wieder in die Reinstoffe aufgetrennt werden. Ihre Eigenschaften hängen von Art und Menge der beteiligten Reinstoffe ab.

> **Beispiele:**
> alle Lösungen, Gesteinsarten, Legierungen

• Analyse – Auftrennung eines Reinstoffs in seine Elemente, z.B. $2 H_2O \rightarrow 2 H_2 + O_2$. Gegenteil: Synthese
• Synthese – Herstellung eines Reinstoffs aus den Elementen, z.B. $2 Mg + O_2 \rightarrow 2 MgO$

Bei den Stoffgemischen unterscheidet man wiederum homogene Formen, bei denen keine Phasen (Aggregatzustände) unterschieden werden können, von heterogenen Formen, bei denen bereits mit bloßem Auge verschiedene Phasen unterscheidbar sind. So beispielsweise bei der Wasserfarbe die flüssige Phase des Wassers und die feste Phase der aufgeschlämmten Farbpigmente, oder im Granit glasartige, harte Bestandteile (Quarz), rotbraune, undurchsichtige Stückchen (Feldspat) sowie silbrige Blättchen (Glimmer).

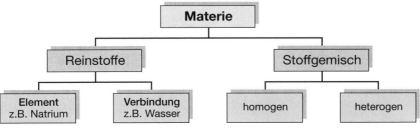

Abb. 4.1 Einteilung von Materie

Tab. 4.1 Unterschied zwischen Stoffgemisch und Reinstoff

Stoffgemisch	Reinstoff
Ein Gemisch entsteht durch **physikalische Vorgänge** (Mischen von Stoffen).	Eine chemische Verbindung (Reinstoff) entsteht aus den Elementen durch eine **chemische Reaktion (Synthese)**.
Die **Eigenschaften** der Reinstoffe, aus denen sich das Gemisch zusammensetzt, **bleiben erhalten**.	Die **Eigenschaften** der Elemente, aus denen sich die chemische Verbindung zusammensetzt, bleiben *nicht* erhalten.
In einem Gemisch können die beteiligten Reinstoffe in einem **beliebigen Massenverhältnis** vorkommen.	In einer chemischen Verbindung treten die beteiligten Elemente in **ganz bestimmten Massenverhältnissen** auf (vgl. Kap. 5.3).
Ein Gemisch kann mithilfe **physikalischer Trennverfahren** (z.B. Filtration) wieder in seine Bestandteile zerlegt werden.	Eine chemische Verbindung kann nur mithilfe **chemischer Reaktionen (Analyse)** wieder in ihre Bestandteile zerlegt werden.

- **Homogene Stoffgemische** sind …
  1. **Lösungen** (z.B. eine Kochsalzlösung),
  2. **Gasmischungen** (z.B. die Luft, bestehend aus 78 % N2, 21 % O_2 und 0,036 % CO_2),
  3. **Legierungen** (z.B. Messing aus Cu und Zn).
- **Heterogene Stoffgemische** sind z.B. Granit, Creme, Staub.

In Abhängigkeit vom Aggregatzustand der Phasen werden die Gemische unterschiedlich benannt (vgl. Tab. 4.2 und Abb. 4.2). Der überwiegende Stoff wird **Dispersionsmittel** genannt.

Tab. 4.2 Heterogene Stoffgemische

Aggregatzustände	Name	Beispiel
fest-fest	Konglomerat	Granit
fest-flüssig	Suspension	schlammiges Wasser
fest-gasförmig	Aerosol	Staub, Rauch (z.B. Abgase)
flüssig-flüssig	Emulsion	Milch
flüssig-gasförmig	Aerosol	Nebel

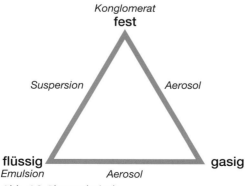

Abb. 4.2 Phasendreieck

4.2 Trennverfahren

4.2.1 Filtration

Das einfachste und wohl meist gebrauchteste Trennverfahren ist die Filtration. Sie wird täglich in Haushalten, Büros und Lehrerzimmern praktiziert: beim Kaffeekochen. Durch die Poren im Filterpapier (im chemischen Alltag meist Rundfilter) werden große Partikel (z.B. Kaffeepulver) zurückgehalten. Kleine Moleküle wie Wasser und die aus dem Kaffee gelösten Farb- und Aromastoffe können dagegen die Filterporen passieren.

Handhabung von Rundfiltern

Im chemischen Alltag werden Rundfilter mit verschiedenen Durchmessern verwendet.
Da es im Praktikum häufig Probleme macht, diese Filterpapiere in einen Trichter einzulegen, sei es hier kurz erläutert:
- Filterpapier durch Falten halbieren (= Halbkreis),
- Filterpapier nochmals halbieren (= Viertelkreis),
- jetzt liegen vier Lagen Filterpapier übereinander. Mit dem Finger fasst man zwischen die erste und die zweite Lage. Der Filterpapierkegel kann nun perfekt in den Trichter eingelegt werden. Eine halbe Seite des Kegels wird nun von einer Lage Filterpapier, die andere Hälfte von drei Lagen gebildet.

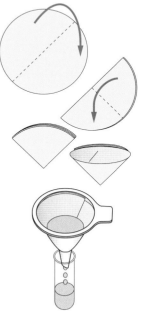

Abb. 4.3 Handhabung von Rundfiltern

4.2.2 Destillation

Bei der Destillation werden **Unterschiede in den Siedepunkten** der am Stoffgemisch beteiligten Stoffe ausgenützt. Im Labor wird zur Destillation meist der in Abb. 4.4 gezeigte **Versuchsaufbau** verwendet. Das Stoffgemisch wird in einem Rundkolben durch einen Heizpilz erhitzt. Das Erhitzen mit dem Heizpilz hat den Vorteil, dass keine offenen Flammen verwendet werden müssen, was besonders bei Verwendung von leicht brennbaren Stoffen (Alkohol, Benzin, Aceton) von Vorteil ist.
Während der Stoff mit dem niedrigeren Siedepunkt beim Erhitzen zuerst in den gasförmigen Aggregatzustand übergeht, liegt der Stoff mit der höheren Siedetemperatur noch flüssig vor. Der gasförmige Stoff entweicht aus dem Stoffgemisch und wird vom Liebig-Kühler aufgefangen, in welchem er wieder kondensiert und in flüssiger Form in der Vorlage aufgefangen werden kann. Man spricht dann vom Destillat. Die Temperatur kann dabei über das Thermometer kontrolliert werden.
Hat man ein Gemisch mehrerer Flüssigkeiten, so kann man durch Wechseln der Vorlage entsprechend der gemessenen Temperatur die Stoffe des Stoffgemischs getrennt auffangen. Der Stoff mit der niedrigsten Siedetemperatur befindet sich dann in der ersten Vorlage, der mit dem höchsten in der letzten.

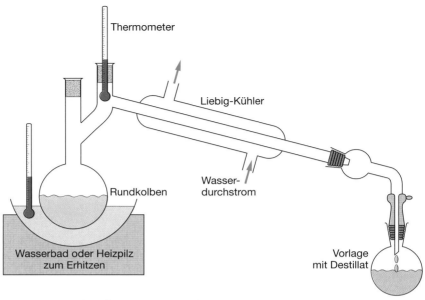

Thermometer

Liebig-Kühler

Wasser-
durchstrom

Rundkolben

Wasserbad oder Heizpilz
zum Erhitzen

Vorlage
mit Destillat

Abb. 4.4 Versuchsaufbau bei der Destillation

4.2.3 Gefriertrocknung

Die Gefriertrocknung ist eine Methode, um wässrigen Lösungen schonend Wasser zu entziehen. Dazu wird die entsprechende Lösung in einem Glaskolben eingefroren. Anschließend wird ein starkes Vakuum angelegt. Bei solch einem niedrigen Druck verdampft ständig Wasser von der Eisoberfläche – das Wasser sublimiert (vgl. Abb. 1.2). Die gelösten Substanzen bleiben am Ende als trockenes Pulver im Kolben zurück.

4.2.4 Kristallisation

Bei der Kristallisation als Trennverfahren wird die unterschiedliche Löslichkeit von Stoffen in einem Lösungsmittel ausgenutzt. Durch Erwärmen des Lösungsmittels werden zunächst beide Stoffe in Lösung gebracht. Beim anschließenden Abkühlen der Lösung kristallisiert zuerst der Stoff mit der geringeren Löslichkeit aus und kann durch vorsichtiges Abgießen des Überstandes (= **Dekantieren**) oder Filtration abgetrennt werden.

Die Kristallisation wird z. B. bei der Salzgewinnung aus dem Toten Meer ausgenützt. Dort wird salzhaltiges Meerwasser in flachen Becken gestaut. Durch die Hitze der Sonneneinstrahlung verdampft das Wasser und reines Salz bleibt zurück.

4.2.5 Chromatographie

● **Chromos** – gr. Farbe,
● **graphos** – gr. Schreiben

Bei der Chromatografie werden geringste **Löslichkeitsunterschiede** der zu trennenden Substanzen geschickt ausgenutzt. Das allgemeine Prinzip der Chromatografie besteht darin, dass man eine Lösung des zu trennenden Substanzgemisches durch ein Material mit großer Oberfläche fließen lässt. Je nach Versuchsaufbau ist die treibende Kraft die Schwerkraft (z. B. bei der Säulenchromatographie) oder die Kapillarkraft (z. B. bei der Dünnschichtchromatografie).

Je nach Zweck gibt es die unterschiedlichsten Formen der Chromatografie:
- Dünnschichtchromatografie (DSC)
- Ionenaustauschchromatografie
- Säulenchromatografie

Bei der **Dünnschichtchromatografie (DSC)** werden als Trägermaterial mit Cellulose beschichtete Plättchen aus Aluminium oder Kunststoff verwendet (stationäre Phase). Auf einer Startlinie wird eine kleine Probe des zu trennenden Substanzgemisches aufgetragen. Ist diese eingetrocknet, startet man die Chromatografie, indem man die DSC-Folie in das Laufmittel (mobile Phase) stellt.

Mobile Phase

Hierunter versteht man das **Fließ- oder Laufmittel**, welches bei der DSC durch **Kapillarkräfte** in der Cellulosebeschichtung nach oben gesogen wird. Die an der Startlinie aufgetragenen Substanzen lösen sich mehr oder weniger gut im Laufmittel und werden mittransportiert.

Die Wahl des Laufmittels hängt von der Art der zu trennenden Probe ab. Diese muss sich im Laufmittel mehr oder weniger gut lösen. Lipophile Stoffe wird man eher mit Butanol, Ethanol oder Benzin auftrennen, während sich für hydrophile Stoffe eher Wasser, Eisessig oder Ethanol eignen.

Beispiele für Laufmittel sind: Aceton, Benzin, Butanol, Eisessig, Ethanol.

> Unpolare Stoffe werden mit unpolaren Laufmitteln getrennt.
> Polare Stoffe werden mit polaren Laufmitteln getrennt.

Stationäre Phase

Hierunter versteht man die Phase, die vom Laufmittel durchwandert wird. Sie entspricht dem Trägermaterial, also in unserem Fall dem Netz aus Cellulosefasern. Man unterscheidet sie in …

… den eigentlichen Feststoff	… den Flüssigkeitsfilm
Cellulose bei Papierchromatografie Cellulose und Al_2O_3 bei DSC	Der Flüssigkeitsfilm umgibt das Trägermaterial (z. B. Hydratationswasser). Da die Cellulosefasern stark hydrophil sind, binden sie, wenn im Laufmittel vorhanden, Wasser. Auch dieser Wasserfilm zählt damit zur stationären Phase, obwohl das Wasser im Laufmittel enthalten war.
Wechselwirkung: **Adsorption** (= Anlagerung eines Stoffs an die Oberfläche eines anderen)	Wechselwirkung: **Verteilung** zwischen Flüssigkeitsfilm und der mobilen Phase, je nach Löslichkeit.

Die eigentliche **Trennung** erfolgt nun durch **Adsorption** an die stationäre Phase und **Verteilung** zwischen Laufmittel und Flüssigkeitsfilm der stationären Phase aufgrund **geringster Löslichkeitsunterschiede** der Verbindungen.

● lipophil – fettlöslich, meist unpolare Verbindungen
● hydrophil – wasserlöslich, meist polare Verbindungen

Löst sich eine Verbindung gut im (meist lipophilen) Laufmittel, so wird sie mit diesem weit mit getragen. Wird die Verbindung dagegen stärker von der (meist hydrophilen) stationären Phase und deren Flüssigkeitsfilm festgehalten, wandert sie weniger weit.

> Je besser eine Verbindung in der mobilen Phase löslich ist, desto weiter wird sie getragen.

Bei einer Verbindung mit gleicher Löslichkeit in der mobilen Phase kommen **Unterschiede in der Molekülstruktur** dieser Verbindung zum Tragen. Sperrige Verbindungen werden schlechter transportiert als kleine weniger sperrige.

> Bei gleicher Löslichkeit einer Verbindung in der mobilen Phase entscheiden Unterschiede in der Molekülstruktur über die Wanderungsstrecke.

Das Verhältnis der von einer Substanz zurückgelegten Strecke (vgl. Abb. 4.5 a, b) zu der von der Laufmittelfront zurückgelegten Strecke (vgl. Abb. 4.6 c) ist bei konstanten Bedingungen (gleiche/s Laufmittel, Trennschicht, Temperatur) konstant, reproduzierbar und für den betreffenden Stoff charakteristisch. Man bezeichnet das Verhältnis als R_f-**Wert** (**Retentions-Faktor**).

$$R_f = \frac{s\,(\text{Substanz})}{s\,(\text{Laufmittelfront})}$$

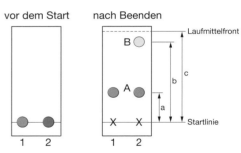

R_f-Wert für Substanz A = a/c
R_f-Wert für Substanz B = b/c

Abb. 4.5 Chromatografie – Ergebnis

Bei farbigen Stoffen kann der Auftrennvorgang direkt mit dem Auge beobachtet werden. Farblose Stoffe (z.B. Aminosäuren) müssen nach Beenden der Chromatografie und Trocknen des Chromatogramms mit einem entsprechenden Farbstoff (z.B. Ninhydrin) angefärbt werden, damit das Chromatogramm ausgewertet werden kann.

Mithilfe der DSC können also **Stoffe anhand des R_f-Wertes identifiziert** werden. Dazu sind aber, wie oben genannt, relativ standardisierte Bedingungen nötig. Viel einfacher ist es, wenn man gleichzeitig zum Probengemisch die darin vermuteten Reinstoffe auf die gleiche Karte aufbringt und mitlaufen lässt. So können durch direkten Vergleich die in der Probe enthaltenen Stoffe identifiziert werden.

In der Abb. 4.5 wurde ein unbekanntes Stoffgemisch aufgetrennt, von dem man vermutete, dass es Stoff A enthält. Als Kontrolle hat man Stoff A allein mitlaufen lassen. Das Chromatogramm zeigt, dass neben einem anderen Stoff B tatsächlich Stoff A enthalten war.

Elektrophorese

Bei diesem Trennverfahren wird die Eigenschaft von geladenen Teilchen ausgenutzt, sich im elektrischen Feld zu bewegen. Sie wird besonders oft angewendet bei der Trennung von Aminosäuren- oder Proteingemischen (vgl. Teil 2).

Tab. 4.3 Zusammenfassung Trennverfahren

Trennverfahren	Trennung durch ...
Filtration	... unterschiedliche Aggregatzustände bzw. unterschiedliche Teilchengröße.
Extraktion	... verschiedene Löslichkeit.
Sedimentation	... Schwimmen und Absinken in einer Flüssigkeit mit geeigneter Dichte.
Destillation	... unterschiedliche Siedetemperatur.
Chromatografie	... unterschiedliche Adsorption an stationäre Phase und Verteilung zwischen stationärer und mobiler Phase.

Übungsaufgaben

1 Folgende Abbildung zeigt drei Versuchsaufbauten. Benennen Sie die markierten Gegenstände.

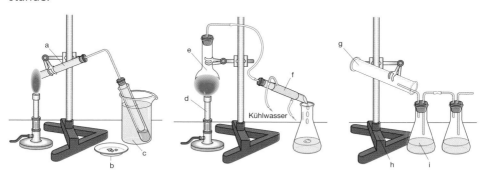

Abb. 4.6 Versuchsaufbau

2 Machen Sie jeweils einen Vorschlag, wie folgende Stoffgemische getrennt werden könnten.
a) Salzwasser
b) Kaffeepulver in Wasser
c) durch Sand und Kiesel verunreinigtes Wasser
d) Farbstoffmischung (z. B. im Filzschreiber)
e) Öl-Wasser-Gemisch

3 Vervollständigen Sie folgende Tabelle.

Zu trennendes Stoffgemisch	Angewandtes Trennverfahren	Ausgenutzte Stoffeigenschaft
durch Bakterien und Schmutz verunreinigtes Trinkwasser		
		unterschiedliche Dichte der Teilchen
	Destillation	
Proteingemisch z. B. die Blutserumproteine		

4 Ordnen Sie den folgenden Stoffen das Kriterium „Element", „Verbindung" oder „Stoffgemisch" zu.
a) (reines) Wasser
b) Meerwasser
c) Aluminium
d) Granit
e) Ethanol (Trinkalkohol)
f) Messing
g) Luft
h) Jod

5 Kennzeichnen Sie folgende Systeme als „homogen" bzw. „heterogen".
Staub, Schaum, Quellwasser, Milch, Zahngold, Luft, Blut, schmelzendes Eis.

6 Benennen Sie die jeweilige Eigenschaft, die bei folgenden Trennverfahren ausgenutzt wird.
a) Filtration
b) Sedimentation
c) Chromatografie
d) Destillation

7 Wie verändern sich Energie und Ordnung der Teilchen eines Stoffs beim Wechsel der Aggregatzustände von fest über flüssig nach gasförmig.

8 Was versteht man und „Reinstoffen"? Was sind „Reinheitskriterien"?

9 Das Aufbringen von leicht siedenden Flüssigkeiten (z. B. Eisspray bei Sportunfällen) kann die betroffene Hautpartie vereisen. Warum?

10 Die folgende Abbildung zeigt die Grundstruktur des Chlorophylls. Chlorophyll a hat als Rest (R) einen Methylrest ($-CH_3$), das Chlorophyll b dagegen einen Aldehydrest ($-CH=O$). Zeigen Sie an einer Skizze das Ergebnis einer Chromatografie mit Hexan.

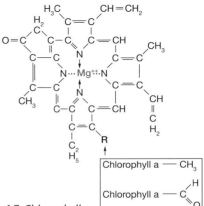

Abb. 4.7 Chlorophyll

5 Formelsprache und Stöchiometrie

5.1 Die chemische Zeichensprache

Symbole sind aus unserem Alltag nicht mehr wegzudenken. Sie regeln den Verkehr an Kreuzungen, zeigen uns den Weg zum Bahnhof, zum Krankenhaus oder zum gewissen Örtchen. Auch in der Chemie bedient man sich Symbolen, um verschiedene Sachverhalte klar, eindeutig und international verständlich darzustellen. Schon in den Anfängen der Chemie hatte man für häufig verwendete Stoffe Symbole, meist die Zeichen für Planeten. Die heute gebräuchlichen Symbole gehen auf **Berzelius** zurück. Danach wird jedes Element durch ein Symbol aus einem oder zwei Buchstaben repräsentiert. Einige Zuordnungen erscheinen dabei etwas seltsam, z. B. Pb für Blei. Das liegt daran, dass sich viele Symbole von den lateinischen Namen der Elemente ableiten.

Tab. 5.1 lateinische Elementnamen

Element	lateinisch	Symbol
Blei	plumbum	Pb
Eisen	ferrum	Fe
Gold	aurum	Au
Kohlenstoff	carboneum	C
Kupfer	cuprum	Cu
Quecksilber	hydrargyrum	Hg
Silber	argentum	Ag
Stickstoff	nitrogenium	N
Wasserstoff	hydrogenium	H

Abb. 5.1 J. J. Berzelius

• Jöns Jakob Berzelius wurde am 20. August 1779 in Väversunda (Östergötland) geboren. Ab 1796 studierte er Medizin an der Universität Upsala. Seine ersten chemischen Untersuchungen widmete er Mineralwässern. 1807 wurde er Professor für Medizin und Pharmazie in Stockholm und erlangte den Grad eines Barons in der königlichen Akademie der Wissenschaften. Er führte die noch heute gültige Symbolschreibweise ein, prägte grundlegende Begrifflichkeiten der organischen Chemie und entdeckte ganze Klassen von Verbindungen (u. a. Platinmetalle, Tellur, Schwefelsalze, Flusssäure). Menschlich war er wohl eher schwierig und wird als temperamentvoll bis leicht reizbar beschrieben. Am 7. August 1848 starb er in Stockholm.

Beginnen zwei Elemente mit dem gleichen Buchstaben, wird ein zweiter kleingeschriebener Buchstaben hinzugefügt, z. B. Kohlenstoff ‚C' und Calcium ‚Ca'. Die zweiten Buchstaben sind häufig willkürlich gewählt, z. B. Magnesium ‚Mg', Mangan ‚Mn' und Molybdän ‚Mo'.

5.2 Aufstellen von Formeln und Gleichungen

• **Element** – Reinstoff, der durch chemische Verfahren nicht weiter aufgetrennt werden kann. Alle Stoffe, die im PSE stehen.
• **Atom** – kleinste Baueinheit eines Elements oder Moleküls
Molekül – Verbindung, die aus mehreren Elementen zusammengesetzt ist (z. B. H_2O)

Moleküle sind aus mehreren, teils gleichen, teils verschiedenen Elementen zusammengesetzt. Eine **Molekülformel** erhält man deshalb durch Aneinanderreihen der entsprechenden Elementsymbole. Gleiche Atome werden dabei zusammengefasst und deren Anzahl durch einen kleinen Index hinter dem Symbol gekennzeichnet. Ein Molekül, das aus Wasserstoff und Chlor im Verhältnis 1:1 besteht, wird beschrieben als HCl. Besteht ein Molekül aus zwei Sauerstoffatomen, schreibt man O_2.

> Die Molekülformel beschreibt Art und Anzahl der am Aufbau eines Moleküls beteiligten Atome. Kommt ein Element mehrfach in einer Verbindung vor, wird dies durch einen Index hinter dem Elementsymbol dargestellt. Der Index 1 wird vereinbarungsgemäß nicht geschrieben.

Nicht zu verwechseln ist der Index mit dem **Faktor** (oder Koeffizienten), der **vor** die Molekülformel geschrieben wird. Schreibt man 3 H_2O, so sind damit drei Wassermoleküle gemeint, von denen jedes aus zwei Wasserstoffatomen und einem Sauerstoffatom besteht. Insgesamt hat man also $3 \cdot 2 = 6$ Wasserstoffatome und $3 \cdot 1 = 3$ Sauerstoffatome.

Vor einem kleinen Problem steht man bei Salzen. Hier sind keine gerichteten Bindungen ausgebildet, d. h. man kann z. B. die Chlorid-Anionen im Natriumchlorid nicht direkt einem Natrium-Ion zuordnen, da sich immer 6 Chlorid-Anionen um ein Natrium gruppieren. Hier behilft man sich, indem man Verhältnisformeln aufstellt, die sich aus dem Verhältnis der beteiligten Atome ableiten und der kleinsten möglichen Einheit der Verbindung entsprechen.

> Verhältnisformeln geben das Anzahlverhältnis der am Aufbau einer Verbindung beteiligten Atome bzw. Ionen an.

Aufstellen von Molekül- und Verhältnisformeln

Bei Verhältnisformeln entspricht die Ladung des ersten Elements in der Regel dem Index des zweiten und umgekehrt (vgl. Abb. 5.2). Ausnahme sind u. a. Verbindungen mit Sauerstoff, wenn das andere Element den Index 1 besitzt, z. B. $MnO_2 \rightarrow O^{2-}$ und Mn^{4+}.

An vier Beispielen sei das Aufstellen von Molekül- bzw. Verhältnisformeln dargestellt (vgl. Kap. 2.1). In der folgenden Abbildung ist die Bindigkeit jeweils als Kästchen dargestellt.

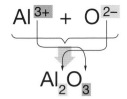

Abb. 5.2 Eselsbrücke zum Aufstellen von Molekülformeln

> **Beispiel 1:**
> Gesucht ist die Formel einer Verbindung aus Sauerstoff und Wasserstoff. Die Bindigkeit von Sauerstoff beträgt 2, die von Wasserstoff 1. In einer Verbindung sollten die Wertigkeiten ausgeglichen sein, also ist nur eine Verbindung aus einem Atom Sauerstoff und zwei Atomen Wasserstoff möglich $\rightarrow H_2O$.

Beispiel 2:
Gesucht ist die Formel einer Verbindung aus Schwefel und Sauerstoff. Die Bindigkeit von Schwefel ist 4, die von Sauerstoff 2. Die kleinste denkbare Verbindung ist daher SO_2, Schwefeldioxid.

Beispiel 3:
Gesucht ist die Formel einer Verbindung aus Aluminium und Sauerstoff. Aluminium gibt drei Elektronen ab und wird zum Al^{3+}, Sauerstoff nimmt zwei Elektronen auf und wird zum O^{2-}. Die kleinste mögliche Verhältnisformel ergibt Al_2O_3.

Beispiel 4:
Gesucht ist die Formel einer Verbindung aus Magnesium und Chlor. Magnesium gibt hier zwei Elektronen ab und wird zum Mg^{2+}, Chlor nimmt ein Elektron auf und wird zum Cl^-. Als kleinste mögliche Einheit ergibt sich $MgCl_2$.

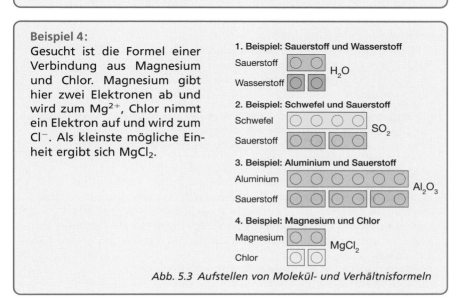

Abb. 5.3 Aufstellen von Molekül- und Verhältnisformeln

Aufstellen von Reaktionsgleichungen

Eine Reaktionsgleichung ist, wie das Wort schon sagt, eine Gleichung, d. h. auf beiden Seiten des Reaktionspfeils müssen vom gleichen Element gleich viele Atome vorkommen. Nur so ist das Gesetz vom Erhalt der Masse erfüllt: In einer Reaktion geht keine Masse verloren und es entsteht auch keine zusätzliche Masse.

Beispiele:
ausgeglichene Reaktion: $C + O_2 \rightarrow CO_2$
nicht ausgeglichene
Reaktion: $Mg + O_2 \rightarrow MgO$
Ausgeglichen sieht die
Reaktion so aus: $2\,Mg + O_2 \rightarrow 2\,MgO$

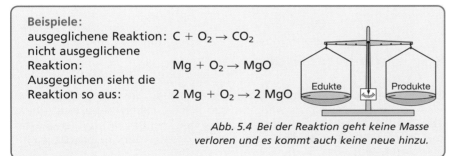

Abb. 5.4 Bei der Reaktion geht keine Masse
verloren und es kommt auch keine neue hinzu.

Die Ausgangsstoffe nennt man **Edukte** und schreibt sie auf die linke Seite. Die entstehenden Stoffe werden als **Produkte** bezeichnet und auf die rechte Seite geschrieben. Die Reaktion von den Edukten zu den Produkten bezeichnet man als **Hinreaktion**, den umgekehrten Weg logischerweise als **Rückreaktion**. Ist bei einer Reaktion nur die Hinreaktion energetisch möglich, schreibt man den einfachen Reaktionspfeil ($\rightarrow$). Ist bei einer Reaktion sowohl Hin- als auch Rückreaktion möglich, schreibt man folgenden Doppelpfeil ($\rightleftharpoons$). Nicht zu verwechseln ist dieser Pfeil mit dem **Mesomeriepfeil** ($\leftrightarrow$). Achten Sie deshalb beim Schreiben darauf, dass $\rightleftharpoons$ gleichbedeutend ist mit $\rightleftarrows$ aber nicht gleich ist mit $\leftrightarrow$.

Für das Aufstellen von Reaktionsgleichungen hat sich folgende Vorgehensweise als bewährt erwiesen, die am Beispiel der Reaktion von Eisen mit Salzsäure und der Verbrennung von Magnesium dargestellt werden soll.

Beispiele:

(1) Formulieren der Reaktionsgleichung in Worten (bei sehr komplexen Reaktionen kann dieser Schritt auch entfallen):
(I) Eisen + Salzsäure $\rightarrow$ Eisenchlorid + Wasserstoff
(II) Magnesium + Sauerstoff $\rightarrow$ Magnesiumoxid

(2) Einsetzen der bekannten Formelsymbole und Aufstellen der Formel für Eisenchlorid und Magnesiumoxid nach den Regeln oben. So erhält man eine vorläufige, noch nicht ausgeglichene Reaktionsgleichung:
(I) $Fe + HCl \rightarrow Fe^{2+}Cl_2^- + H_2$
(II) $Mg + O_2 \rightarrow Mg^{2+}O^{2-}$

(3) Anpassen der Reaktionsgleichung durch Faktorenausgleich. Beachten Sie: Sie dürfen jetzt nichts mehr innerhalb der Formeln verändern! Das Ausgleichen der Reaktionsgleichung erfolgt durch Einfügen von Faktoren vor die Formeln. Indizes dürfen dabei nicht verändert werden. Das ist ein häufig gemachter Fehler.
Für Reaktion 1 ist das Ausgleichen schnell erledigt:
(I) $Fe + $ **2** $HCl \rightarrow FeCl_2 + H_2$
Bei Reaktion 2 braucht man dazu zwei Schritte: Zunächst wird der Sauerstoff ausgeglichen, indem man vor das MgO eine 2 schreibt.
(II) $Mg + O_2 \rightarrow $ **2** MgO
Jetzt hat man zwar auf beiden Seiten gleichviel Sauerstoff, rechts aber zwei Mg und links nur eins. Man gleicht aus, indem man links eine 2 vor das Mg schreibt. Jetzt befinden sich auf beiden Seiten gleich viele Teilchen.
(II) **2** $Mg + O_2 \rightarrow 2\,MgO$
Falsch wäre, wenn man so ausgleicht: $Mg + O_2 \rightarrow MgO_2$

5.3   Chemische Grundgesetze

Schon in den Anfängen der Chemie versuchte man herauszufinden, in welchem Volumen- oder Massenverhältnissen sich die Elemente bei einer chemischen Reaktion verbinden. Aus Untersuchungen und Beobachtungen entstanden im Laufe der Zeit die fünf elementaren Gesetze der Chemie. Davon am wichtigsten ist das …

Gesetz vom Erhalt der Masse

Dieses Gesetz stammt von einem der bedeutendsten Chemiker, dem Franzosen **Lavoisier** (1785) und besagt, dass **bei einer chemischen Reaktion die Massen der Produkte gleich den Massen der Edukte** sind. Bei einer Reaktion geht also keine Masse verloren und es kommt auch keine aus dem Nichts hinzu. Das Gesetz ist ein Grenzfall des einsteinschen Gesetzes $E = m \cdot c^2$, folgt also letztlich dem Prinzip vom Erhalt der Energie.

Daneben gibt es noch …
das **Gesetz der konstanten Proportionen** (Proust, 1799):
„Chemische Elemente vereinigen sich bei chemischen Reaktionen immer in einem ganz bestimmten Massenverhältnis."

das **Gesetz der multiplen Proportionen** (Dalton, 1803):
„Vereinigen sich chemische Elemente zu verschiedenen Produkten, so stehen deren Massen im Verhältnis einfacher ganzer Zahlen."

das **chemische Volumengesetz** (Gay-Lussac, 1808):
„Die Volumina der an einer Reaktion beteiligten Gase stehen bei gegebenem Druck und gegebener Temperatur im Verhältnis einfacher ganzer Zahlen."

das **Gesetz von Avogadro** (1811):
„Bei gleichem Druck und gleicher Temperatur enthalten gleiche Volumina idealer Gase gleich viele Teilchen."

5.4   Der Molbegriff

Schreibt man in einer Reaktionsgleichung z.B. „2 HCl", so bedeutet dies zwei Moleküle Chlorwasserstoff. Doch wie viel Chlorwasserstoff ist das nun wirklich? Wie kann man Moleküle abzählen oder wiegen? Man muss versuchen, Begriffe wie Molekül oder Atom in eine messbare Größe, z.B. Gramm, zu überführen. Dazu hat man im Laufe der Zeit verschiedene Maßeinheiten definiert.

5.4.1 Relative Atommasse

Die relative Atommasse A_R stellt einen Vergleich zwischen den Massen der Atome verschiedener Elemente her. Durch experimentelle Versuche konnte man ermitteln, dass von allen Atomen die des Wasserstoffs die geringste Masse besitzen. Der englische Naturforscher John Dalton wählte daher zunächst die Masse des Wasserstoffs als Einheit und bezog die Massen der Atome anderer Elemente darauf. Ab 1899 war der sechzehnte Teil der Masse eines Sauerstoffatoms die Bezugsgröße und 1961 wurde der zwölfte Teil der Masse des häufigsten Kohlenstoffisotops (^{12}C) als neue Bezugsbasis für die relative Atommasse festgelegt. Atome des Wasserstoffs mit der Atommasse 1 haben also eine Masse, die einem Zwölftel der Masse des häufigsten Kohlenstoffisotops (^{12}C) entspricht.

> Die relative Atommasse ist ein relatives Maß für die Masse der Atome eines Elements.
> Sie ist dimensionslos (hat also keine Einheit).
> Sie gibt an, wie groß die Masse eines Atoms dieses Elements im Vergleich zu einem Zwölftel der Masse des häufigsten Kohlenstoffisotops (^{12}C) ist.

5.4.2 Absolute Atommasse

Die Masse eines einzelnen Atoms ist unvorstellbar gering. Sie beträgt zwischen 10^{-24} und 10^{-22} g. Gegenüber der relativen Atommasse hat die absolute Atommasse an Bedeutung verloren. Die **absolute Atommasse** m_A drückt die Atommasse eines Elements in **atomaren Masseneinheiten u (unit)** aus. Dabei ist 1 u $= 1{,}6606 \cdot 10^{-27}$ kg. Wasserstoff bekommt damit die Masse von 1 u ($= 1{,}66 \cdot 10^{-24}$ g), Sauerstoff die Masse 16 u ($= 2{,}66 \cdot 10^{-23}$ g). Die absolute Masseneinheit gibt also die Atommasse eines Elements in einer absoluten Größe mit Einheit (in kg bzw. u) wieder.

Die im PSE notierten Massenangaben sind nie ganzzahlig. Das hat drei Gründe:
- Die Masse des Protons und des Neutrons ist nicht genau gleich 1 u.
- Von vielen Elementen gibt es natürlich vorkommende **Isotope** (vgl. Kap. 2.3), sodass die Massen einen Durchschnitt entsprechend der Häufigkeit der vorkommenden Isotope angeben.
- Die Massen der Elementarteilchen (Proton + Neutron) addieren sich nicht vollständig. Ein Teil davon geht in eine atomare Bindungsenergie, was zu einer Gewichtsabnahme führt (**Massendefekt**).

Vom Komitee für Chemieunterricht, der IUPAC, wurde für Lehrzwecke die Verwendung von auf vier Ziffern gerundeten Atommassen empfohlen.

5.4.3 Stoffmenge und Molbegriff

Zunächst soll untersucht werden, wie viele Teilchen (d. h. Atome) sich in einer Stoffportion befinden, die gerade der relativen Atommasse in Gramm entspricht. Dazu teilt man die Masse der Stoffportion durch die Atommasse eines Atoms dieses Elements.

Beispiel 1:

Wie viele Wasserstoffatome (rel. Masse $= 1$) befinden sich in einer Stoffportion mit der Masse 1 g?

$$\frac{m\,(\text{Stoffportion})}{m\,(\text{H-Atom})} = \frac{1\ \text{g}}{1{,}66 \cdot 10^{-24}\ \text{g}} = 0{,}602 \cdot 10^{24} = 6{,}02 \cdot 10^{23}$$

Beispiel 2:

Wie viele Kohlenstoffatome (rel. Masse $= 12$) befinden sich in einer Stoffportion mit der Masse 12 g?

$$\frac{m\,(\text{Stoffportion})}{m\,(\text{C-Atom})} = \frac{12\ \text{g}}{20 \cdot 10^{-24}\ \text{g}} = 0{,}602 \cdot 10^{24} = 6{,}02 \cdot 10^{23}$$

Wie die beiden Beispiele zeigen, enthalten offensichtlich beide Stoffportionen gleich viele Teilchen, nämlich $6{,}02 \cdot 10^{23}$. Diese Zahl ist eine Naturkonstante und wird **avogadrosche Konstante N_A** (früher: lohschmidtsche Zahl) genannt.

Eine Stoffportion, die der relativen Atommasse in Gramm entspricht, enthält eine konstante Menge an Teilchen, nämlich $6{,}02 \cdot 10^{23} = N_A =$ avogadrosche Konstante.

Man bezeichnet die **Stoffmenge** *n*, die genau $6{,}02 \cdot 10^{23}$ (= N_A) Teilchen enthält, als ein **Mol**. Ein Mol eines Elementes enthält also genau N_A Teilchen. Mol ist eine Mengenangabe wie das Dutzend (= 12 Stück). Ein Dutzend Eier sind 12 Eier, ein Mol Eier sind $6{,}02 \cdot 10^{23}$ (= N_A) Eier – wer die wohl isst? Ein Mol Schüler wären N_A Schüler, ein Mol Äpfel wären N_A Äpfel, ein Mol Eisen sind eben N_A Eisenatome. In der doppelten Stoffmenge, also $2 \cdot n$, ist natürlich die doppelte Menge an Teilchen enthalten, nämlich $2\,mol = 2 \cdot N_A$ Teilchen.

- *n* – **Stoffmenge** (Maßeinheit: Mol)
- N_A – **avogadrosche Konstante** ($6{,}02 \cdot 10^{23}$)

m – Masse einer **Stoffportion (Einheit: Gramm)**
- *M* – **Molmasse** (Maßeinheit: g/mol)

Tab. 5.2 Die Stoffmenge als SI-Einheit

Größe	Symbol	Maßeinheit	Einheitszeichen
Energie	*E*	Elektronenvolt	eV
Länge	*l*	Meter	m
Lichtstärke	φ	Candela	cd
Masse	*m*	Kilogramm	kg
Stoffmenge	*n*	**Mol**	**mol**
Stromstärke	*I*	Ampère	A
Temperatur	*T*	Kelvin	K
Zeit	*t*	Sekunde	s

$1.000\,mol = 1\,kmol$
$0{,}001\,mol = 1\,mmol$

Der entscheidende Vorteil am Mol ist nun, dass jedem Atom oder Molekül eine wirklich greifbare und sinnvoll verwendbare Größe für Atom- und Molekülmassen zu geordnet werden kann. Diese Masse nennt man **Molmasse *M***. Sie hat die Einheit **g/mol** und gilt deshalb immer nur für 1 mol (= $6 \cdot 10^{23}$) gleicher Teilchen. Sie entspricht dem Zahlenwert der relativen Atom- bzw. Molekülmasse (vgl. Beispiele unten). 1 mol eines Moleküls mit der (relativen) Atommasse 44 hat die Molmasse 44 g/mol. Die Tab. 5.3 zeigt den Zusammenhang der verschiedenen Masseneinheiten.

Die vorangegangenen Beispielberechnungen haben gezeigt, dass die Division einer Masse in Gramm (g) durch die absolute Atommasse, die man auch in u (unit) ausdrücken kann (s. o.), die avogadrosche Konstante N_A liefert.
Geht man nun im Umkehrschluss hin und multipliziert die absolute Atommasse (in u) mit der Anzahl von N_A (= $6{,}02 \cdot 10^{23}$) Atomen, erhält man die Atommasse in Gramm. Stellt man die Formel weiter um, so sieht man, dass eine atomare Masseneinheit u der Einheit g/mol entspricht. Kohlenstoff mit 12 u hat also eine Masse von 12 g/mol.

absolute Atommasse (u) $\cdot N_A$ Teilchen (mol) = Masse (g)
$u \cdot mol = g$
$u = g/mol$

Tab. 5.3 Verschiedene Masseneinheiten

Formel/Molekül	relative Atommasse	Masse ...	
		... eines Teilchens	... von 1 mol Teilchen
H	1	1 u	1 g
H_2	$(2 \cdot 1 =) 2$	2 u	2 g
O_2	$(2 \cdot 16 =) 32$	32 u	32 g
H_2O	$(2 \cdot 1 + 16 =) 18$	18 u	18 g
CO_2	$(12 + 2 \cdot 16 =) 44$	44 u	44 g
$C_6H_{12}O_6$	180	180 u	180 g
NaCl	$(23 + 35 =) 58$	58 u	58 g

1 u = 1,6606 · 10^{-27} kg;
1 mol = 6,02 · 10^{23} Teilchen

TIPP

Für alle, die diese wissenschaftliche Herleitung des Mols nicht verstanden haben, hier ein kleiner Tipp: Die molare Masse eines Stoffs erhalten Sie ganz einfach, indem Sie die Massen aus dem PSE übernehmen und dahinter die Einheit g/mol setzen.

Zwischen der Masse einer Stoffportion m (in g), der Molmasse M (in g/mol) und der Stoffmenge n (in Mol) besteht folgender Zusammenhang:

$$\text{Stoffmenge} = \frac{m\,(\text{Stoffportion})}{\text{Molmasse}} \quad \text{oder} \quad n = \frac{m}{M}$$

Beispiele:
Eisen hat die relative Atommasse 55,84. Ein mol Eisen, d.h. 6,02 · 10^{23} Eisenatome, wiegt also 55,84 g.

Die Masse von 1 mol Wasser (H_2O) erhält man durch Addition der Massen von Wasserstoff und Sauerstoff: $2 \cdot 1 + 16 = 18$ g.

Bezieht man die Masse nicht explizit auf ein Mol, muss in der Einheit nicht nur „g", sondern „g/mol" stehen, da das Gewicht ja immer nur für ein Mol gilt.
Methan (CH_4) hat dann eine Masse von $12 + 4 \cdot 1 = 16$ g/mol. Ein Mol wiegt dann 16 g, zwei Mol 32 g und 1/2 mol nur 8 g.

2 mol Natriumchlorid haben eine Masse von: $2 \cdot (23 + 35) = 116$ g.

Natürlich kann man die Rechnung auch umdrehen. Wenn man eine Stoffportion m von 88 g CO_2 hat, entspricht das einer Stoffmenge n von 2 mol ($M(CO_2) = 44$ g/mol).

5.4.4 Molvolumen

Bei Gasen ist die Angabe des Gewichtes ungeschickt, da sich Gase schlecht wiegen lassen. Die Angabe des Volumens eignet sich dagegen besser. Mithilfe des Satz von Avogadro kann man das sogenannte **Molvolumen V_M** bestimmen. Ein mol eines beliebigen Gases nimmt bei Standardbedingungen (0 °C und 1,013 bar) ein Volumen von **22,414 Liter/mol** ein. Zwischen der Stoffmenge n, dem Volumen einer Stoffportion und dem Molvolumen besteht folgender Zusammenhang:

$$\text{Stoffmenge}\,(n) = \frac{V(\text{Stoffportion}) \text{ in Liter}}{\text{Molvolumen } V_M}$$
$$V_M = 22,4 \text{ l/mol}$$

5.5 Konzentrationsangaben

5.5.1 Stoffmengenkonzentration c

Die Stoffmengenkonzentration $c(X)$ ist die übliche Form der Konzentrationsangabe. Sie ist definiert als Quotient aus der Stoffmenge n (Einheit: Mol) und dem Volumen V (Einheit: Liter). Die Einheit der Stoffmengenkonzentration ist damit mol/l.

Stoffmengenkonzentration $c(X) = \dfrac{n(X)}{V}$ [mol/l]

Die Stoffmengenkonzentration wird häufig auch als **Molarität M** bezeichnet. Die Angabe 0,1 M (gesprochen: 0,1 molar) bedeutet $c = 0{,}1$ mol/l.

> **Beispiel:**
> Löst man 36,5 Liter HCl (= 1 mol) in 1.000 ml Wasser, so erhält man eine Konzentration von 1 mol/l. Dieselbe Menge in 500 ml Wasser ergibt eine Konzentration von 2 mol/l.

5.5.2 Massenanteil w %

Der Massenanteil w eines Stoffs an einer Mischung ist definiert als der Quotient aus der Masse des Stoffs und des Gesamtgewichts der Mischung. Die Angabe erfolgt häufig in Prozent, z.B. 0,5 %ige Natronlauge.

Massenanteil $w(X) = \dfrac{m(X)}{m(\text{Mischung})}$ [%]

5.6 Stöchiometrie

Auf der Grundlage der ausgeführten Einzelheiten über Ausgleichen von Reaktionsgleichungen und der Verknüpfung des Atomgewichts mit der Einheit Gramm kann man nun **stöchiometrische Berechnungen** durchführen. Man kann also in Reaktionsgleichungen bestimmen, wie viel Gramm Produkt man beim Einsatz einer bestimmten Menge Edukte maximal erhält. Diese Kenntnis ist natürlich von besonderem Interesse in chemischen Produktionsstätten, wo man zur Kalkulation der Kosten wissen muss, wieviel Edukt man theoretisch zur Herstellung einer bestimmten Menge Produkt, z.B. eines Kunststoffs, benötigt. Dabei muss noch die Lage des Gleichgewichtes beachtet werden, denn nicht immer reagieren die Edukte vollständig zum Produkt.

Beispiel:
Nehmen wir als Beispiel die eingangs schon besprochenen Reaktionsgleichungen vom Eisenchlorid und Magnesiumoxid.
(I) $Fe + 2 HCl \rightarrow FeCl_2 + H_2$
(II) $2 Mg + O_2 \rightarrow 2 MgO$
Man bestimmt zunächst immer einen **einmolaren Formelumsatz**, d.h. die Massen werden wie in der Reaktionsgleichung vorgegeben berücksichtigt. In unseren Beispielen lautet ein einmolarer Formelumsatz:

Fe	+ 2 HCl	$\rightarrow$ FeCl$_2$	+ H$_2$
55,84 g	$2 \cdot 36,5 = 73,0$ g	126,7 g	2,02 g

2 Mg	+ O$_2$	$\rightarrow$ 2 MgO
$2 \cdot 24,3 = 48,6$ g	32 g	$2 \cdot 40,3 = 80,6$ g

Eine einfache Dreisatzrechnung beantwortet die Frage, wie viel Edukt man einsetzen muss, um 100 g Eisenchlorid zu erhalten.

55,84 g Eisen liefern   126,7 g Eisenchlorid.
  x g Eisen liefern dann 100,0 g Eisenchlorid.

$$x = \frac{55,84 \text{ g} \cdot 100 \text{ g}}{126,7 \text{ g}} = 44,0 \text{ g}$$

Fe	+	2 HCl	$\rightarrow$	FeCl$_2$	+	H$_2$
44 g		57,5 g		100 g		1,59 g

Eine entsprechende Rechnung liefert die zur Herstellung von 100 g Magnesiumoxid benötigte Menge Magnesium.

2 Mg	+	O$_2$	$\rightarrow$	2 MgO
60,3 g		39,7 g		100 g

Um 100 g Eisenchlorid bzw. 100 g Magnesiumoxid zu erhalten, müssen also 44 g Eisen bzw. 60,3 g Magnesium eingesetzt werden.

Übungsaufgaben

1 Benennen Sie folgende Verbindungen und bestimmen Sie die Wertigkeit der enthaltenen Elemente:
Na_2O, CaO, $NaCl$, $MgCl_2$, $AlCl_3$, Al_2O_3, CuO, $Cu2O$, ZnO, Mg_2N_3.

2 Berechnen Sie mithilfe des Periodensystems die molare Masse M folgender Stoffe:
Lithium, Aluminium, Sauerstoff (O_2), Schwefel (S_8), Chlorwasserstoff (HCl), Schwefelsäure (H_2SO_4), Kaliumcyanid (KCN), Natriumnitrat ($NaNO_3$), Lithiumhydrogenphosphat (Li_2HPO_4), Ammoniumsulfat (($NH_4)_2SO_4$) und Calciumphosphat ($Ca_3(PO_4)_2$).

3 Berechnen Sie aus folgenden Stoffmengen die entsprechende Masse in Gramm:
a) 12 mol Eisen
b) 2 kmol Natrium
c) 5 mol HCl
d) 0,1 mol Schwefelsäure
e) 8 mmol FeCl$_2$
f) 2,5 mol F$_2$

4 Wie viel Mol bzw. wie viele Teilchen sind in folgenden Stoffportionen enthalten? (Nehmen Sie Ihr PSE zu Hilfe.)
Beispiel: 80,2 g Calcium = 80,2 : 40,1 = 2 mol, das entspricht $2 \cdot 6,02 \cdot 10^{23}$ Teilchen
a) 48 g O$_2$
b) 2,3 g Natrium
c) 280 mg N$_2$

d) 32,1 kg Schwefel (S_8)

e) 1.500 g Calciumphosphat

f) 36,5 mg Chlorwasserstoffgas

g) 10 mg Phosphat (P_5)

5 Formulieren Sie die Reaktionsgleichungen für Reaktionen der Stoffe aus Liste 1 mit jedem der Stoffe aus Liste 2.

Liste 1	Liste 2
Natrium	Sauerstoff
Calcium	Chlor
Aluminium	Schwefel
Wasserstoff	Stickstoff
Phosphor	
Kohlenstoff	

6 Die menschliche Zelle enthält an Mineralstoffen 150 mmol/l Kalium, 15 mmol/l Chlorid und 5 mmol/l Natrium. Berechnen Sie die zugehörigen Stoffmengen in einem Liter Flüssigkeit.

7 Geben Sie die Konzentrationen folgender Lösungen in mol/l an:

a) 1 mol NaOH in 100 ml Wasser.

b) 3,65 kg Chlorwasserstoffgas in einem Liter Wasser.

c) 0,58 g NaCl in 500 ml Wasser.

d) 500 ml gasförmiges Schwefeltrioxid SO_3 in 1.000 ml Wasser.

8 Wie viel Gramm bzw. wie viel mol NaCl enthält ein Liter einer 0,9%igen physiologische Kochsalzlösung?

9 Wie viel Gramm Substanz brauchen Sie zur Herstellung folgender Lösungen?

a) 10 ml 0,1 M NaOH

b) 100 ml 0,01 M HCl

c) 10 ml 0,05 M H_2SO_4

d) 500 ml 0,2 M Ca(OH)$_2$-Lösung

10 Bestimmen Sie zu drei beliebigen Reaktionen aus Aufgabe 5 jeweils

a) einen einmolaren Formelumsatz und

b) die Mengen an Edukten, die eingesetzt werden müssen, um 150 g Produkt zu erhalten.

11 Eisen reagiert mit Schwefel zum Eisensulfid.

a) Formulieren Sie die Reaktionsgleichung und bestimmen Sie die Massen für einen einmolaren Formelumsatz.

b) Wie viel Gramm Eisensulfid können bei Einsatz von 50 g Eisen maximal gewonnen werden?

12 Grenzen Sie die relative gegen die absolute Atommasse ab.

13 Worin liegt der Vorteil des Mols als atomare Masseneinheit gegenüber der relativen Atommasse?

Grundlagen der Energetik und Kinetik chemischer Reaktionen (Thermodynamik)

Bei chemischen Reaktionen verändern Stoffe nicht nur ihre Eigenschaften, sondern auch ihren Energiegehalt. Bei allen Umwandlungen gilt aber, dass keine Energie verloren geht und keine neue hinzukommt (**Satz vom Erhalt der Energie**). Die bei chemischen Reaktionen aufgewandte oder freigesetzte Energie kann in verschiedenen Formen vorkommen:

• H – engl. ‚heat'

- **Wärme**: Bei den meisten Reaktionen wird Energie als **Reaktionswärme** (**Enthalpie, H**) an die Umgebung abgegeben oder dieser entzogen. Auch bei den Reaktionen im menschlichen Körper wird größtenteils Wärme frei. So können wir unsere Körpertemperatur aufrecht erhalten.
- **Elektrische Energie**: Bei Redoxreaktionen (vgl. Kap. 9) wird die Energie in Form von elektrischer Energie freigesetzt (z. B. Bleiakku im Auto). Bei der Elektrolyse oder beim Aufladen eines Akkus muss elektrische Energie zugeführt werden.
- **Licht**: Bei verschiedenen, eher seltenen Reaktionen wird Energie als Licht abgestrahlt. Man spricht dann von **Chemilumineszenz**. Der Zusammenhang zwischen Energie und Frequenz des Lichts ist gegeben durch $E = h \cdot f$ (vgl. Seite 15). Von solchen Reaktionen machen z. B. die Glühwürmchen und verschiedene Tiefseefischarten Gebrauch. Andererseits wird die wohl wichtigste Reaktion, die alles Leben auf dieser Erde erst möglich macht, durch Sonnenenergie, also durch Licht betrieben: die **Photosynthese**. In dieser Reaktion wird aus den anorganischen Vorstufen Kohlenstoffdioxid und Wasser die organische Verbindung Glucose aufgebaut. Die aus Glucose aufgebaute Stärke dient dem Menschen direkt oder indirekt (über die Tiere) als Nahrung.

$$6\,CO_2 + 6\,H_2O \rightarrow C_6H_{12}O_6 + 6\,O_2$$

• Die **Chemilumineszenz** ist von Phänomenen wie Fluoreszenz oder Spektralbanden abzugrenzen. Beides sind keine chemischen Reaktionen, sondern physikalische Vorgänge, die durch Anregung von Atomen und Molekülen und deren Zurückfallen in einen energiearmen Zustand entstehen, wobei Licht einer bestimmten Wellenlänge abgestrahlt wird.

In der Thermodynamik taucht der Begriff des **Systems** häufiger auf. Unter einem System versteht man eine beliebige Menge Materie, die von ihrer Umgebung abgegrenzt ist (z. B. ein Erlenmeyer-Kolben mit 50 ml Salzsäure). Nach der Dichtigkeit eines Systems für Materie und Wärmeenergie unterscheidet man:

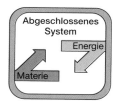

- **Abgeschlossene, isolierte Systeme**: Bei einem abgeschlossenen System kann weder Energie (z. B. Wärme oder Arbeit) noch Materie (Masse) mit der Umgebung ausgetauscht werden. Diese Systeme sind technisch sehr aufwendig herzustellen und daher selten, auch spielen sie für die Betrachtungen des Menschen keine Rolle. Ein Beispiel wäre eine absolut dicht verschlossene Thermoskanne. Sie ermöglicht weder die Abgabe von Wärme, da sie von einem Vakuum umschlossen ist, noch die Abgabe von Materie (Ihr Kaffee läuft nicht aus, wenn Sie die Thermoskanne auf den Kopf stellen). Ein einmal eingefüllter heißer Kaffee oder Tee müsste theoretisch bis ans Ende aller Tage heiß bleiben. Dass dies nicht so ist, beweist, dass es sich um kein ideales abgeschlossenes System handelt.

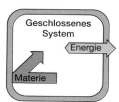

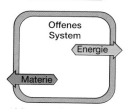

Abb. 6.1 Chemische Systeme

- **Geschlossene Systeme**: Bei einem geschlossenen System sind die Wände des Systems durchlässig für Energie. Ein Beispiel wäre eine Sprudelflasche. Wenn man diese Flasche in den Kühlschrank stellt, wird die Flüssigkeit darin abgekühlt – ein Zeichen dafür, dass der Flüssigkeit über die System-grenzen hinweg Wärme(-energie) entzogen worden ist. Umgekehrt funk-tioniert es natürlich genauso, wenn man die Flasche z.B. im warmen Auto liegen lässt.
- **Offene Systeme**: Bei offenen Systemen ist sowohl der Austausch von Ener-gie als auch von Materie möglich. Das wohl wichtigste Beispiel ist der menschliche Körper. Er kann Wärme(-energie) abgeben oder aufnehmen. Materie verlässt unseren Körper als Kohlendioxid, Wasserdampf; in Form von Nahrung nimmt er Materie auf.

6.1 Energetik chemischer Reaktionen

6.1.1 Reaktionsenthalpie

Bei chemischen Reaktionen besitzt von den Energieformen die Reaktions-wärme H die größte Bedeutung. Sie wird auch als **Reaktionsenthalpie** bezeichnet. Wie alle Energieformen besitzt sie als Einheit das Joule (J).
Die von einem System während einer Reaktion insgesamt abgegebene oder aufgenommene, d.h. der Umgebung entzogene, Wärmeenergie entspricht der Differenz des Energiegehalts (Enthalpie) der Verbindungen vor und nach der Reaktion. Dabei spielt es keine Rolle, auf welchem Weg man von den Edukten zu den Produkten gelangt ist (vgl. Abb. 6.2). Die Reaktionswärme oder **Reaktionsenthalpie** ΔH_R (,R' für ,reaction') berechnet sich deshalb als Differenz zwi-schen der Summe der Enthal-pien der Produkte und der Summe der Enthalpien der Edukte.

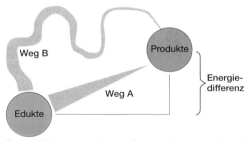

Energiedifferenz von Weg A = Energiedifferenz von Weg B

Abb. 6.2 Reaktionsweg

> Die bei einer Reaktion von einem System freigesetzte oder aufgenom-mene Wärme(-energie) bezeichnet man als Reaktionsenthalpie ΔHR. Sie entspricht der Energiedifferenz zwischen Edukten und Produkten.

Ist die Summe der Enthalpien der Produkte größer als die der Edukte, erhält man für ΔHR einen positiven Wert (vgl. Abb. 6.3). Das bedeutet, dass der Ener-giegehalt der Edukte geringer ist als der der Produkte. Während der Reaktion musste also Energie zugeführt werden, die der Umgebung entzogen wurde. Solche Reaktionen bezeichnet man als **endotherm**.

- 1.000 J = 1 kJ
- Im Klartext bedeu-tet dies: Ob man die Zugspitze auf direk-tem Weg erklimmt oder den längeren, weniger steilen Zick-Zack-Weg wählt, am Ende wird man sich immer auf 2.963 m über NN befinden. Die potenzielle Ener-gie (= „Lageener-gie") ist also in bei-den Fällen gleich – wenn auch der direkte Anstieg etwas anstrengen-der gewesen ist. Genauso ist es bei Reaktionen. Egal ob man eine Reaktion von X nach Y in einem einzigen Schritt oder 10 Zwi-schenschritten macht, die Energie-differenz zwischen den Edukten und den Produkten ist immer gleich.
- **endo** (gr.) – hinein
- **thermos** (gr.) – Wärme

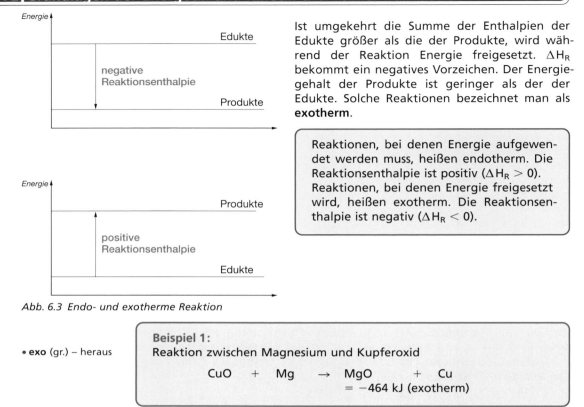

Ist umgekehrt die Summe der Enthalpien der Edukte größer als die der Produkte, wird während der Reaktion Energie freigesetzt. ΔH_R bekommt ein negatives Vorzeichen. Der Energiegehalt der Produkte ist geringer als der der Edukte. Solche Reaktionen bezeichnet man als **exotherm**.

> Reaktionen, bei denen Energie aufgewendet werden muss, heißen endotherm. Die Reaktionsenthalpie ist positiv ($\Delta H_R > 0$). Reaktionen, bei denen Energie freigesetzt wird, heißen exotherm. Die Reaktionsenthalpie ist negativ ($\Delta H_R < 0$).

Abb. 6.3 Endo- und exotherme Reaktion

• **exo** (gr.) – heraus

> **Beispiel 1:**
> Reaktion zwischen Magnesium und Kupferoxid
>
> $$CuO \quad + \quad Mg \quad \rightarrow \quad MgO \quad + \quad Cu$$
> $$= -464 \text{ kJ (exotherm)}$$

> **Beispiel 2:**
> Reaktion zwischen Kupfer und Wasser
> $$Cu \quad + \quad H_2O \quad \rightarrow \quad CuO \quad + \quad H_2$$
> $$= +130 \text{ kJ (endotherm)}$$

6.1.2 Freie Enthalpie und die Gleichung von Gibbs-Helmholtz

Entropie

Die Tatsache, dass eine Reaktion exo- oder endotherm abläuft, sagt noch nichts darüber aus, ob eine Reaktion nach der Aktivierung freiwillig abläuft oder nicht. Da in der Natur ein Drang nach möglichst energiearmen Zuständen besteht, dürften nur Reaktionen, bei denen Energie frei wird, freiwillig ablaufen. Neben der Reaktionsenthalpie spielt aber auch die Entropie eine entscheidende Rolle für den Ablauf einer Reaktion.

Die **Entropie (S)** ist ein **Maß für den Ordnungszustand eines Systems**. Je weniger geordnet ein System ist, desto höher ist sein Entropiewert: Ein streng geordnetes System (z. B. ein Kristallgitter) hat eine niedrige Entropie, ein System mit geringer Ordnung (z. B. Gas) hat einen hohen Entropiewert. In der Natur strebt jedes System hin zu einem Zustand mit möglichst großer Unordnung, also großer Entropie, da dieser am energieärmsten ist. Der Zustand größtmöglicher Unordnung ist statistisch am wahrscheinlichsten. Die Entropie nimmt beim Wechsel vom festen zum flüssigen und zum gasförmigen Aggregatzustand zu (vgl. Abb. 6.4).

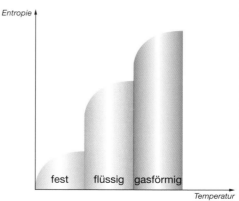

Entropie

fest   flüssig gasförmig

Temperatur in K

Abb. 6.4 Entropieänderung beim Erhitzen von Wasser

Den Begriff der Entropie können Sie sich auch beispielhaft an Ihrem Zimmer vorstellen. Ist Ihr Zimmer völlig unaufgeräumt und schlampig, besitzt es einen hohen Entropiewert. Wenn Sie mühevoll Energie aufwenden und Ordnung schaffen, verringern Sie die Entropie. Wenn Sie aber nicht weiterhin Ordnung halten, wird Ihr Zimmer wieder zu statistisch wahrscheinlicheren, höheren Entropiewerten streben.

$$S_{Gas} > S_{Flüssigkeit} > S_{Feststoff}$$

Die Entropie ist ein Maß für den Ordnungsgrad eines Systems.
große Ordnung → kleiner Entropiewert
geringe Ordnung → großer Entropiewert

Gleichung von Gibbs-Helmholtz

Der Verlauf einer chemischen Reaktion wird bestimmt durch:
- die Enthalpieänderung ΔH_R und
- die Entropieänderung ΔS.

Eine Reaktion verläuft immer freiwillig in Richtung eines **Energieminimums** ($\Delta H_R < 0$) oder in Richtung eines **Entropiemaximums** ($\Delta S > 0$). Beide Größen können gleichsinnig und damit verstärkend ($\Delta H_R < 0$ und $\Delta S > 0$) oder gegensinnig und damit abschwächend wirken ($\Delta H_R < 0$ und $\Delta S < 0$ oder $\Delta H_R > 0$ und $\Delta S > 0$). Die Wissenschaftler Gibbs und Helmholtz haben Enthalpie und Entropie in einer Gleichung miteinander verknüpft. Das Ergebnis ist die Änderung der **freien Enthalpie (Gibbs Enthalpie, ΔG)**, als Maß für die Triebkraft einer Reaktion.

$$\Delta G = \Delta H - T \cdot \Delta S \qquad \text{Gibbs-Helmholtz-Gleichung}$$

• Die Temperatur in der Gibbs-Helmholtz-Gleichung darf nicht in °C eingesetzt werden, sondern in Kelvin. Die **Kelvinskala** hat im Gegensatz zur Celsiusskala einen absoluten Nullpunkt. Eine Temperatur von weniger als 0 K ist nicht möglich; es existieren also keine negativen Kelvin-Werte. Die **Celsiusskala** hat einen willkürlich festgelegten Nullpunkt, der dem Schmelzpunkt von Wasser entspricht. 0 °C entspricht 273 K. Es gilt also folgende Umrechnung:
K = °C + 273

> Bei geschlossenen Systemen kann man für ΔG drei Fälle unterscheiden:
> Für $\Delta G < 0$ läuft eine Reaktion freiwillig ab. Man nennt sie exergon.
> Für $\Delta G = 0$ befindet sich eine Reaktion im Gleichgewicht.
> Für $\Delta G > 0$ läuft eine Reaktion nicht freiwillig ab. Man nennt sie endergon. Durch Erhöhen der Temperatur kann manchmal ihr Ablauf ermöglicht werden.

Tab. 6.1 Wichtige Temperaturwerte

Kelvin K	Celsius °C
0	−273
273	0
298	+25
310	+37 (Körpertemperatur)

• **Josiah Willard Gibbs** wurde am 11. Februar 1839 in New Haven (Connecticut) geboren. Er studierte Mathematik in New Haven, später auch in Paris, Berlin und Heidelberg. Mit seiner Arbeit On the Equilibrium of Heterogeneous Substances legte er den Grundstein der physikalischen Chemie. Am 28. April 1903 starb er in New Haven.

• **Hermann Ludwig Ferdinand von Helmholtz** wurde am 31. August 1821 in Potsdam geboren und war einer der vielseitigsten Naturwissenschaftler seiner Zeit, weshalb ihn viele seiner Kollegen auch Reichskanzler der Physik nannten. Er studierte Medizin in Berlin. Später lehrte er an verschiedenen Universitäten Anatomie, Physiologie,

Aus der Gleichung von Gibbs und Helmholtz lässt sich ersehen, auf welche Weise und unter welchen Bedingungen Enthalpie und Entropie gleich- bzw. gegensinnig wirken. Bedingungen für eine exergone Reaktion sind ein negativer Wert für ΔH und ein positiver Wert für $T \cdot \Delta S$.

Ebenso sieht man, dass viele Reaktionen von der Temperatur abhängig sind. Mit zunehmender Temperatur nimmt die Bedeutung des Ausdrucks „$T \cdot \Delta S$" zu. Bei sehr tiefen Temperaturen gilt $T \cdot \Delta S \ll \Delta H$. Daher laufen nur exotherme Reaktionen ($\Delta H < 0$) freiwillig ab. Bei sehr hohen Temperaturen gilt $T \cdot \Delta S \gg \Delta H$. Die freie Enthalpie ist etwa direkt proportional zu $T \cdot \Delta S$ ($\rightarrow \Delta G \sim -T \cdot \Delta S$). Es laufen deshalb nur Reaktionen ab, bei denen die Entropie zunimmt.

6.2 Kinetik chemischer Reaktionen

Um beurteilen zu können, ob eine chemische Reaktion ablaufen kann, benötigt man neben der Energiebilanz auch Informationen über die Geschwindigkeit dieser Reaktion. Um die Reaktionsgeschwindigkeit geht es in der (Reaktions-)**Kinetik**. Die **Geschwindigkeit** wird, wie in der Physik üblich, durch den Buchstaben v gekennzeichnet.

6.2.1 Definition der Reaktionsgeschwindigkeit

In der physikalischen Kinetik ist die Geschwindigkeit v definiert als die Änderung des Weges pro Zeiteinheit (Einheit: m/s oder km/h). In der Chemie wird die Reaktionsgeschwindigkeit durch die **Änderung der Konzentration pro Zeiteinheit** festgelegt. Das lässt sich durchaus logisch nachvollziehen. Je schneller die Konzentration der Edukte sinkt bzw. die der Produkte steigt, desto schneller erfolgt die Umsetzung und desto größer ist damit die Reaktionsgeschwindigkeit.

> Die Reaktionsgeschwindigkeit ist definiert als die Änderung der Konzentration eines Stoffes pro Zeiteinheit.
>
> $$v = \frac{c_2 - c_1}{\Delta t} = \frac{\Delta c}{\Delta t}$$

Im Verlauf der Reaktion sinkt die Konzentration der Edukte, Δc und damit auch v werden negativ. Deshalb muss bei den Edukten noch ein Minus in die Gleichung eingefügt werden, damit man positive Werte für die Geschwindigkeit erhält. Bei den Produkten ist dies nicht nötig, weil deren Konzentration ja steigt. Für A + B → D ist

$$v = -\frac{\Delta c(A)}{\Delta t} = -\frac{\Delta c(B)}{\Delta t} = +\frac{\Delta c(D)}{\Delta t}$$

> **Beispiel:**
> Bildung von Chlorwasserstoff aus den Elementen
> Reaktionsgleichung: Chlor + Wasserstoff → Chlorwasserstoff oder Cl_2 + H_2 → 2 HCl
> Berechnung der Reaktionsgeschwindigkeit:
>
> $$v = -\frac{\Delta c(H_2)}{\Delta t} = -\frac{\Delta c(Cl_2)}{\Delta t} = +\frac{\Delta c(HCl)}{\Delta t}$$

Reagieren mehrere Stoffe (A und B) miteinander, ist die Reaktionsgeschwindigkeit proportional zur Konzentration von Stoff A und proportional der Konzentration von Stoff B. Mit anderen Worten, je höher die Konzentration einer der beiden Stoffe ist, desto größer ist die Reaktionsgeschwindigkeit.

$$v \sim c(A) \text{ und } v \sim c(B)$$

Werden beide Gleichungen miteinander verknüpft, erhält man folgende Gleichung.

$$v \sim c(A) \cdot c(B)$$

Durch Einführen einer Konstanten k kann man aus der Proportionalitätsgleichung eine Funktionsgleichung bilden. k ist die **Geschwindigkeitskonstante**. Sie ist charakteristisch für eine Reaktion.

$$v = k \cdot c(A) \cdot c(B)$$

> Die Reaktionsgeschwindigkeit einer chemischen Reaktion ist zur Konzentration der beteiligten Teilchen proportional.
> k heißt Geschwindigkeitskonstante der Reaktion und hat für jede chemische Reaktion bei entsprechender Temperatur einen bestimmten Wert. Der Wert für k und damit die Reaktionsgeschwindigkeit nimmt mit zunehmender Temperatur zu.

6.2.2 Einfluss von Konzentration und Temperatur auf die Reaktionsgeschwindigkeit

Nach der **Stoßtheorie** müssen die an der Reaktion beteiligten Teilchen (beispielsweise Wasserstoff- und Chlormoleküle) zusammenstoßen, um miteinander reagieren zu können. Dabei sind nicht alle Zusammenstöße produktiv. Das bedeutet: Nur wenn die Moleküle in einer ganz bestimmten räumlichen Anordnung aufeinander treffen, findet eine Reaktion statt (vgl. Abb. 6.5). Außerdem müssen die Teilchen beim Zusammenstoß eine bestimmte Menge (kinetischer) Energie mitbringen, damit eine Reaktion stattfindet. Je geringer die Energie der Teilchen, desto unwahrscheinlicher wird eine Reaktion zwi-

Pathologie und Physik. Er erforschte u. a. Nervenfasern, die Vorgänge beim Hören und Sehen, entwickelte Geräte zur Untersuchung des Augenhintergrundes und der Hornhautkrümmung. Er untersuchte die Bewegung von Wirbeln als Grundlage der Hydrodynamik. Am 8. September 1894 starb er in Charlottenburg.

Bitte beachten Sie den feinen, aber wichtigen Unterschied zwischen den Begriffspaaren exotherm/endotherm und exergon/endergon. Ersteres beschreibt die Enthalpie H, letzteres dagegen die freie Enthalpie G nach Gibbs.

Achtung: Bei der Verknüpfung erhält man $c(A) \cdot c(B)$ und nicht $c(A) + c(B)$, da v proportional zu $c(A)$ und $c(B)$ und nicht proportional zur Summe $c(A) + c(B)$ ist. Verdoppelt man die Konzentration der beteiligten Teilchen, dann vervierfacht sich bei gleichem Wert für k die Reaktionsgeschwindigkeit.
Beispiel: $v = k \cdot 2 \cdot c(H_2) \cdot 2 \cdot c(Cl_2) = 4 \cdot v$

schen beiden. Die Reaktionsgeschwindigkeit hängt also von mindestens 2 Faktoren ab:

- von der **Konzentration**
  Je höher die Konzentration der Teilchen, desto wahrscheinlicher wird ein (produktiver) Zusammenstoß in der richtigen räumlichen Orientierung und damit eine Reaktion.

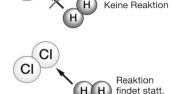

- von der **Temperatur**
  Je höher die Temperatur, desto größer wird die kinetische Energie der Teilchen, die sie beim Zusammenstoß mitbringen, was eine Reaktion wahrscheinlicher macht. Es gilt allgemein folgende Faustregel (Reaktionsgeschwindigkeits-Temperatur-Regel = RGT-Regel):

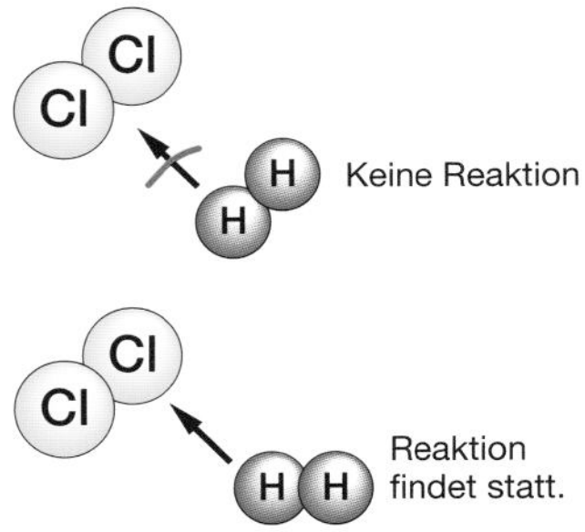

Abb. 6.5 Stoßtheorie

> Eine Erhöhung der Temperatur um 10 °C führt zu einer Verdoppelung der Reaktionsgeschwindigkeit.

6.2.3 Einfluss des Zerteilungsgrades

Auch der Zerteilungsgrad der an einer Reaktion beteiligten Stoffe spielt eine große Rolle. Löst man Magnesium in Salzsäure, so läuft die Reaktion umso schneller ab, je größer die Oberfläche des Magnesiums ist, d. h. sie steigt vom Band über Späne zum Pulver stark an.

> Je größer die reagierende Oberfläche, desto größer ist die Reaktionsgeschwindigkeit.

6.2.4 Aktivierungsenergie

Als Nächstes soll es um die Frage gehen, warum energetisch mögliche Reaktionen nicht einfach von allein reagieren. Warum brennt ein Gasherd nicht plötzlich von allein? Warum fährt ein Auto nicht ohne Anlasser los? Der Grund, der hinter all diesen Phänomen steckt, die man täglich beobachten kann, ist die **Aktivierungsenergie**.

Reaktionen muss man also zuerst „anstoßen", damit sie in Gang kommen, d. h. man muss zunächst eine **Energiebarriere** überwinden. Diese Energiebarriere besteht molekular dadurch, dass Bindungen in den Ausgangsstoffen gelöst werden müssen, um für neue Verknüpfungen zur Verfügung zu stehen. Bildhaft kann man sich die Energiebarriere auch vorstellen wie ein Auto, das durch einen kleinen Hügel am Talwärts-Rollen gehindert wird. Wenn man es über den Hügel wegschiebt, wird es ungehindert zu Tale rollen. Bei manchen Reaktionen ist die Aktivierungsenergie relativ groß, bei manchen aber auch sehr klein (z. B. bei einem günstigen Erdgas-Sauerstoff-Gemisch).

Die **Aktivierungsenergie** ermöglicht es, Reaktionen kontrolliert ablaufen zu lassen. Stellen Sie sich das Chaos vor, wenn alle (energetisch möglichen) Reaktionen nach Lust und Laune ablaufen würden. Eine gezielte und gesteuerte Verbrennung (z. B. im Otto- oder Benzinmotor oder auf dem Gasherd) wäre so nicht möglich. Die Aktivierungsenergie ändert aber nichts am Betrag der Reaktionsenthalpie (ΔH_R) einer Reaktion. Wird beim Neuknüpfen der Bindungen mehr Energie frei, als zuvor zum Spalten aufgewen-

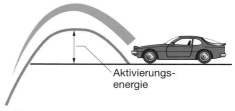

Aktivierungs-
energie

Abb. 6.6 Aktivierungsenergie

det werden musste, entsteht eine exotherme Reaktion. Muss nach dem Spalten der Bindungen weiter Energie zugeführt werden, liegt eine endotherme Reaktion vor.

> Die Aktivierungsenergie ist eine Energiebarriere, die zum Start einer Reaktion überwunden werden muss. Sie besteht darin, bestehende Bindungen zu lösen, um danach wieder neue Bindungen knüpfen zu können.
> Je nachdem ob beim Neuknüpfen mehr oder weniger Energie frei wird, als zum Lösen aufgewendet werden musste, erhält man exo- oder endotherme Reaktionen.
> Die Aktivierungsenergie ermöglicht den kontrollierten Ablauf einer Reaktion.

6.2.5 Katalysatoren

Zuletzt hängt die Reaktionsgeschwindigkeit noch von der An- bzw. Abwesenheit von Katalysatoren ab. Bei dem Begriff „Katalysator" denkt man meist sofort an ein Auto. Aber das ist nicht der einzige Bereich, in dem Katalysatoren eingesetzt werden. Bei vielen chemischen Synthesen, z. B. bei der Synthese von Ammoniak nach dem Haber-Bosch-Verfahren oder bei der Bildung von SO_3, werden Katalysatoren eingesetzt. Katalysatoren verändern den Betrag der Aktivierungsenergie und können so Reaktionen beschleunigen oder verlangsamen.

- Bei **positiver Katalyse** wird die Aktivierungsenergie herabgesetzt und der Ablauf der Reaktion beschleunigt.
- Bei **negativer Katalyse** (Inhibition) wird die Reaktionsgeschwindigkeit entsprechend verlangsamt.
- Entsteht während der Reaktion ein Stoff, der katalytisch wirkt, spricht man von **Autokatalyse**. Ein gutes Beispiel ist die Aktivierung des Verdauungsenzyms Pepsin im Magen. **Pepsin** wird durch Protonen im sauren Magensaft aus der inaktiven Vorstufe **Pepsinogen** freigesetzt und dadurch aktiviert. Dieses aktive Pepsin kann nun selbst weiteres Pepsin aus Pepsinogen freisetzen. Pepsin wirkt also autokatalytisch.

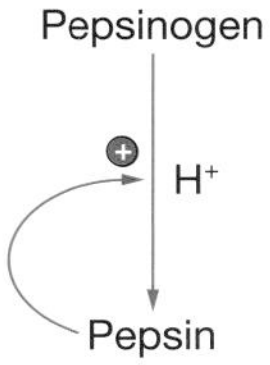

Pepsinogen

⊕ H⁺

Pepsin

Abb. 6.7 Autokatalyse von Pepsin

> Katalysatoren verändern den Betrag der Aktivierungsenergie einer Reaktion und beeinflussen dadurch die Reaktionsgeschwindigkeit. Die Lage des Gleichgewichtes und der Betrag der Reaktionsenthalpie ΔH_R werden nicht beeinflusst.

Weiterhin ist für Katalysatoren wichtig zu wissen:

- Katalysatoren werden **bei der Reaktion nicht verbraucht**. Sie liegen nach der Reaktion genauso vor wie vor der Reaktion.
- Die **Lage des Gleichgewichtes** wird durch Katalysatoren **nicht beeinflusst**. Lediglich die Geschwindigkeit der Hin- und Rückreaktion und damit das Einstellen des Gleichgewichtszustandes werden beschleunigt.
- Der Wert der **Reaktionsenthalpie** (ΔH_R) wird nicht verändert.
- Sie wirken meist **spezifisch** für eine (oder wenige) Reaktionen.

Die wohl interessantesten Katalysatoren finden wir im menschlichen Körper: die **Enzyme**. Enzyme sind Proteine, die bei chemischen Reaktionen im Körper als Katalysatoren wirken und teils hochspezifisch für bestimmte Reaktionen sind.

Der **Auto-Katalysator** besteht aus einem Blechmantel, in dem sich ein oberflächenvergrößernder Träger aus kugelförmigen Pellets (Schüttgutträger) oder einem Keramikträger (aus einem hitzebeständigen **Magnesium-Aluminium-Silikat**) befindet. Teilweise kommen auch teure Metalle zum Einsatz. Bei Schüttgutträgern kann die **katalytisch aktive Schicht** direkt aufgebracht werden, bei keramischen und metallischen Monolithen wird vorher eine Aluminiumoxid-Schicht (Al_2O_3) aufgebracht („wash coat"), die die Oberfläche um den Faktor 7000 vergrößert. Anschließend kann die katalytische Schicht aufgedampft werden. Sie besteht aus seltenen Metallen wie **Platin** (Pt), **Palladium** (Pd) oder **Rhodium** (Rh). Damit eine nennenswerte katalytische Wirkung einsetzt, ist eine **Betriebstemperatur von mindesten 250 °C** erforderlich. **Ideale Betriebsbedingungen liegen bei 400–800 °C**. Bei Temperaturen über 800 °C (bis zu 1000 °C) beginnt die thermische Alterung der Edelmetalle und des Aluminiumoxidträgers, was die katalytische Oberfläche verringert und bis zu völligen Unwirksamkeit führt.

6.2.6 Energiediagramme

Der Energieverlauf während einer Reaktion kann auch grafisch dargestellt werden. Dabei trägt man die Energie nach oben auf (y-Achse) und nach rechts (x-Achse) den sogenannten Reaktionsweg, also praktisch den Verlauf der Reaktion (Reaktionskoordinate, Zeit). So erhält man die Diagramme in Abb. 6.8 und 6.9.

Die **Aktivierungsenergie** stellt sich hier als Energiebarriere oder Energieberg dar. Um den Energieberg zu überwinden, muss ein energetisch höherwertiger Übergangszustand, der als aktivierter Komplex oder Reaktionsknäuel bezeichnet wird, durchlaufen werden. Der aktivierte Komplex wird häufig durch ein · oder ‡ gekennzeichnet. In diesem Übergangszustand sind die Stoffe am reaktivsten: Bestehende Bindungen wurden gelöst und warten sozusagen auf eine neue Verknüpfung. Die Energiedifferenz zwischen Edukten und Produkten entspricht der **Reaktionsenthalpie** (ΔH_R).

Beispiele:
1) endotherme Reaktion (Abb. 6.8): „thermische Analyse von Silberoxid"
$2\,Ag_2O \rightarrow 4\,Ag + O_2, \quad \Delta H > 0$
Die Produkte besitzen eine höhere Energie als das Edukt. Für die Reaktion muss also Energie aufgewandt werden. Der Energieunterschied zwischen den Produkten und dem Edukt entspricht ΔH. Die Aktivierungsenergie spielt für den Betrag von ΔH keine Rolle. Eingezeichnet

ist auch die verminderte Aktivierungsenergie bei Einsatz eines Katalysators (flacherer Hügel).

2) exotherme Reaktion (Abb. 6.9): „Knallgasreaktion"
$2 H_2 + O_2 \rightarrow 2 H_2O, \quad \Delta H < 0$
Hier besitzen das Produkt eine niedrigere Energie als die Edukte. Die Energiedifferenz zwischen beiden entspricht der frei werdenden Reaktionsenthalpie. Der Betrag für die Aktivierungsenergie muss zwar zunächst auch aufgewendet werden, wird aber im Folgenden wieder frei, spielt also auch hier für die Energieausbeute keine Rolle.

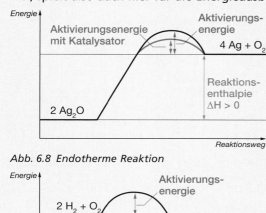

Abb. 6.8 Endotherme Reaktion

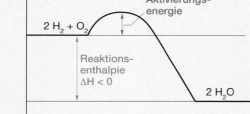

Abb. 6.9 Exotherme Reaktion

6.2.7 Zusammenfassung

Die Betrachtung einer Reaktion muss also unter thermodynamischen und kinetischen Gesichtspunkten erfolgen. Der thermodynamische Gesichtspunkt gibt Auskunft über die Änderung des Energiegehaltes der an der Reaktion beteiligten Stoffe. Auskunft über die Zeitkomponente der Reaktion gibt die Reaktionskinetik.

Die Reaktionsgeschwindigkeit *v* hängt von folgenden 4 Faktoren ab:
1. Konzentration c   Je höher die Konzentration, desto größer wird *v*.
2. Temperatur *T*   Je höher die Temperatur, desto größer wird *v*.
Bei 1. und 2. steigt nach der Stoßtheorie die Anzahl der produktiven Zusammenstöße.
3. Katalysatoren   Senken meist die Aktivierungsenergie und steigern dadurch *v*.
4. Zerteilungsgrad   Je größer die Oberfläche, desto größer wird *v*.

Übungsaufgaben

1 Definieren Sie bitte folgende Begriffe:
   a) Reaktionsenthalpie
   b) exotherm/endotherm
   c) exergon/endergon

2 Definieren Sie den Begriff des Systems und nennen Sie die Ihnen bekannten Typen von Systemen.

3 Nennen Sie Bedingungen unter denen eine Reaktion freiwillig abläuft.

4 Wie kann der Ablauf einer endothermen Reaktion ermöglicht werden?

5 Ordnen Sie folgende Begriffe den Bereichen „Energetik" bzw. „Kinetik" zu.
   a) Enthalpie
   b) exotherm
   c) Geschwindigkeitskonstante
   d) endotherm
   e) Katalysator
   f) Zerteilungsgrad
   g) Standardbildungsenthalpie

6 Erklären Sie die Notwendigkeit einer Aktivierungsenergie an einem beliebig gewählten Beispiel.

7 Die Garzeit für Kartoffeln beträgt in einem herkömmlichen Topf (Gartemperatur ca. 100 °C) etwa 20 min. Welche Garzeit ist in einem Dampfdrucktopf bei 120 °C zu erwarten? Begründen Sie.

8 Bei vielen Synthesen sind Katalysatoren notwendig.
   a) Was ist ein Katalysator?
   b) Wie wirkt er?
   c) Nennen Sie Eigenschaften, die für einen Katalysator charakteristisch sind.

9 Auf dem Etikett einer leicht verderblichen Ware ist folgende Angabe zu finden: „Ungekühlt mindestens 7 Tage haltbar (Zimmertemperatur 18 °C)". Welche theoretische Haltbarkeit ergibt sich
   a) bei 8 °C im Kühlschrank?
   b) bei −12 °C in der Tiefkühltruhe?
   c) bei 28 °C an einem sonnigen Plätzchen?

10 Reaktionen können endotherm oder exotherm ablaufen.
   a) Auf welche Messgröße beziehen sich diese Bezeichnungen?
   b) Zeichnen Sie ein Energiediagramm für einen selbst gewählten endothermen Vorgang und erläutern Sie Ihr Diagramm.
   c) Zeichnen Sie in dieses Diagramm ein, wie ein Katalysator wirken würde.

11 Kupfer und Sauerstoff reagieren in einer endothermen Reaktion zu Kupfer(II)-oxid.
   a) Zeichnen Sie für diese Reaktion ein Energiediagramm und beschriften Sie es.
   b) Zeichnen Sie in dieses Diagramm ein, wie sich ein Katalysator auswirken würde.
   c) Welchen Einfluss hätte ein Katalysator auf die Lage des Gleichgewichtes?

12 Betrachten Sie folgende Reaktionskette. Welches ist der geschwindigkeitsbestimmende Teilschritt?

$$A \xrightarrow{k_1} B \xrightarrow{k_2} C \xrightarrow{k_3} \qquad k_2 < k_1 < k_3$$

7.1 Kinetisches Gleichgewichtsmodell

Beginnen wir dieses Kapitel mit einer kleinen Geschichte:

Der Pflaumenstreit

Es ist ein schöner sonniger Herbsttag; zwei Einfamilienhäuser mit Garten. Auf der Grenze zwischen beiden Gärten steht ein Pflaumenbaum, der, weil niemand die Pflaumen beizeiten gepflückt hat, seine Pflaumen in die beiden gegenüberliegenden Gärten fallen lassen hat. Da kommt Moni in den Garten. Ihre Mutter hat sie geschickt, um die Pflaumen einzusammeln. Doch da sie dazu eigentlich keine Lust hat, beginnt sie die Pflaumen nach nebenan zu Oma Hansen zu werfen. Ihre Geschwindigkeit, mit der sie wirft, hängt ab erstens von ihrer **persönlichen Geschwindigkeitskonstanten k_M** und zweitens von der **Menge** (= Konzentration) **der Pflaumen** in ihrem Garten c_M (z.B. 10 Pflaumen pro m²), d.h. ihre Geschwindigkeit berechnet sich nach der Formel: $v_M = k_M \cdot c_M$.

Unerwartet kommt Oma Hansen aus dem Nachbarhaus. Diese stutzt kurz, doch anstatt zu schimpfen, beginnt sie einfach, die Pflaumen in den Garten von Moni zurückzuwerfen. Da staunt Moni nicht schlecht. Oma Hansen wirft mit einer Geschwindigkeit, die auch von ihrer persönlichen Konstanten k_O und der Menge an Pflaumen in ihrem Garten c_O abhängt. Natürlich hat die Konstante k_O einen anderen Wert als k_M. Oma Hansen ist ja keine Zwanzig mehr. Es gilt also $k_O \neq k_M$. Die Geschwindigkeit berechet sich also nach: $v_O = k_O \cdot c_O$.

Abb. 7.1 Der Pflaumenstreit

Wie geht es nun weiter? Moni hat damit begonnen, die Pflaumen in den Garten von Oma Hansen zu werfen, d.h. in Monis Garten gibt es mit der Zeit nur noch wenig Pflaumen, sie muss viel rennen, um die letzten einzusammeln. Bei Oma Hansen dagegen sind Dutzende von Pflaumen gelandet. Sie muss sich kaum bewegen, sondern kann bequem vom Liegestuhl aus die Pflaumen zurückwerfen.

Es wird sich im Verlauf ein Zustand einstellen, bei dem Moni pro Zeiteinheit nicht mehr Pflaumen zu Oma Hansen hinüber werfen kann, als diese gleichzeitig zurück wirft. Daraus folgt, dass sich die Menge der Pflaumen in beiden Gärten pro Zeiteinheit nicht mehr ändern wird! Moni hat zwar eine höhere Geschwindigkeitskonstante als Oma Hansen ($k_O < k_M$), doch die Menge an Pflaumen in ihrem Garten ist viel geringer. Dadurch werden irgendwann beide Geschwindigkeiten gleich groß. Wenn dieser Zustand erreicht ist, spricht man von einem **dynamischen Gleichgewicht**. Es gilt dann:

$$v_M = v_O$$
$$k_M \cdot c_M = k_O \cdot c_O$$
$$\frac{k_M}{k_O} = \frac{c_O}{c_M}$$

Diesen Fall des dynamischen Gleichgewichts kann man nun auf die Chemie übertragen. Betrachten wir dazu die einfache Reaktion zwischen zwei Edukten, die zu zwei verschiedenen Produkten reagieren. Nehmen wir weiter an, dass bei dieser Reaktion nicht nur die Hin- sondern auch die Rückreaktion thermodynamisch möglich ist $\rightleftharpoons$.

A + B $\rightleftharpoons$ D + E

Zunächst liegen nur die beiden Edukte A und B vor. Die Hinreaktion läuft mit einer Geschwindigkeit v_H ab, die von der Geschwindigkeitskonstanten k_H und von der Konzentration von A und B abhängt.

$v_H = k_H \cdot c(A) \cdot c(B)$

Die **Rückreaktion** kann zunächst nicht ablaufen, da überhaupt keine Produkte vorliegen. Wenn jetzt aber in zunehmendem Maße Produkte aus den Edukten entstehen, wird auch die Rückreaktion ablaufen. Die Geschwindigkeit der Rückreaktion hängt auch von einer Geschwindigkeitskonstanten k_R (die sich von k_H unterscheidet) und der Konzentration der Produkte D und E ab.

$v_R = k_R \cdot c(D) \cdot c(E)$

Die Konzentration der Edukte A und B wird im Verlauf der Reaktion abnehmen, die Geschwindigkeit der Hinreaktion also immer langsamer werden. Die Konzentration der Produkte wird zunehmen und die Rückreaktion damit schneller werden. Auch hier wird also ein Zustand eintreten, in dem die Reaktionsgeschwindigkeiten der Hin- und Rückreaktion genau gleich groß sind: der **Zustand des dynamischen Gleichgewichts**. Wann dieser Gleichgewichtszustand erreicht ist, hängt von der Reaktion ab.

$v_H = v_R$
$k_H \cdot c(A) \cdot c(B) = k_R \cdot c(D) \cdot c(E)$
$K = \dfrac{k_H}{k_R} = \dfrac{c(D) \cdot c(E)}{c(A) \cdot c(B)}$

Im Gleichgewichtszustand entspricht also das Verhältnis der beiden Geschwindigkeitskonstanten dem umgekehrten Verhältnis der Produkte der Konzentrationen der End- und Ausgangsstoffe. Der Quotient der beiden Geschwindigkeitskonstanten wird nun zu einer neuen Konstante **K** zusammengefasst. K nennt man die **Gleichgewichtskonstante**. Sie hat für jede Reaktion bei gegebener Temperatur einen charakteristischen Wert.

Die Konzentrationen der Edukte und der Produkte ändern sich im Gleichgewichtszustand nicht mehr. Die Reaktion ist nach außen scheinbar zum Stillstand gekommen. Im „Innern" aber (d.h. auf molekularer Ebene) finden weiterhin Reaktionen statt. Dabei zerfallen aber pro Zeiteinheit genauso viele Produkte wie gleichzeitig wieder aus Edukten nachgebildet werden. An der Summe ändert sich letztlich also nichts mehr. Alle diese Aussagen wurden

1867 von Guldberg und Waage im sogenannten **Massenwirkungsgesetz (MWG)** zusammengefasst.

> Der Gleichgewichtszustand einer chemischen Reaktion ist bei gegebener Temperatur dadurch gekennzeichnet, dass sich das Verhältnis (der Quotient) aus dem Produkt der Konzentrationen der Produkte und dem Produkt der Konzentrationen der Edukte nicht mehr ändert.
> Dieses Verhältnis entspricht dabei dem umgekehrten Verhältnis der Geschwindigkeitskonstanten und nimmt bei gegebener Temperatur einen für diese Reaktion charakteristischen Wert K an. K nennt man Gleichgewichtskonstante.
>
> $$K = \frac{c(\text{Produkte})}{c(\text{Edukte})} = \frac{c(D) \cdot c(E)}{c(A) \cdot c(B)} = \frac{k_H}{k_R}$$

• **Cato Maximilian Guldberg** und **Peter Waage**, beides norwegische Chemiker, haben 1864 das Massenwirkungsgesetz als erste formuliert.
• Wenn die stöchiometrischen Faktoren der beteiligten Verbindungen ungleich 1 sind, gehen die Faktoren als Exponenten (= Hochzahlen) in die Gleichung mit ein.

$$wA + xB \rightleftharpoons yD + zE$$

$$K = \frac{c^y(D) \cdot c^z(E)}{c^w(A) \cdot c^x(B)}$$

• Das MWG ist auch mit der freien gibbschen Enthalpie ΔG verknüpft. Im Gleichgewichtszustand ist $\Delta G = 0$ und es gilt:
$\Delta G = -R \cdot T \cdot \ln K$
R – allgemeine Gaskonstante = 8,314 J/K · mol
T – Temperatur in Kelvin (vgl. S. 74)

Für den Wert von K kann man nun drei Fälle unterscheiden (vgl. Abb. 7.2):

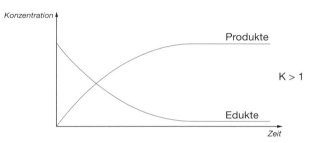

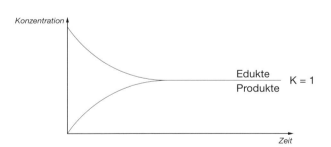

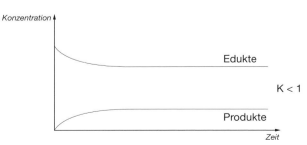

Abb. 7.2 Gleichgewichtskonstante K im Massenwirkungsgesetz

■ **K > 1**: Ist K größer als 1, dann muss das Produkt der Konzentrationen der Produkte größer sein als das Produkt der Konzentrationen der Edukte, d.h. im Gleichgewicht liegen mehr Produkte vor. Man sagt: **Das Gleichgewicht liegt auf der rechten Seite**.

■ **K = 1**: Das Produkt der Konzentrationen der Produkte ist gleich groß wie das Produkt der Konzentrationen der Edukte, d.h. es liegen gleich viele Edukte wie Produkte vor.

■ **K < 1**: Das Produkt der Konzentrationen der Produkte muss hier kleiner sein als das Produkt der Konzentrationen der Edukte, d.h. es liegen im Gleichgewicht mehr Edukte als Produkte vor. Man sagt: **Das Gleichgewicht liegt links**.

Da die Zahlenwerte für K häufig relativ klein sind und man gezwungen ist, Zehnerpotenzen (10^{-x}) zu schreiben, hat man den negativen dekadischen (= 10-er) Logarithmus von K als den pK-Wert definiert. Der pK-Wert wird uns später noch häufiger begegnen. Deshalb sei er hier schon einmal erwähnt:

pK = $-$lg K

> K > 1 bedeutet c(Produkte) > c(Edukte)
> K = 1 bedeutet c(Produkte) = c(Edukte)
> K < 1 bedeutet c(Produkte) < c(Edukte)

> **Beispiel 1:**
> $N_2 + 3\,H_2 \rightleftharpoons 2\,NH_3$
>
> $K = \dfrac{p^2(NH_3)}{p(N_2) \cdot p^3(H_2)}$ (Anm.: Bei Gasen verwendet man statt der Konzentration c, den Partialdruck p.)

> **Beispiel 2:**
> $4\,Fe + 3\,O_2 \rightleftharpoons 2\,Fe_2O_3$
>
> $K = \dfrac{c^2(Fe_2O_3)}{c^4(Fe) \cdot c^3(O_2)}$

7.2 Beeinflussung der Gleichgewichtslage

• **Henry Le Chatelier** wurde am 8. Oktober 1850 in Paris geboren. Sein Vater war Bergbauingenieur, weshalb sich der junge Le Chatelier besonders für Chemie, Metallurgie und Mathematik interessierte. Nach dem Studium u. a. an der Sorbonne wurde er Generalinspekteur der École des Mines. Im Jahr 1888 formulierte er sein Prinzip vom kleinsten Zwang. Am 17. Juni 1936 starb er in Miribel-les-Échelles.

• **Karl Ferdinand Braun** wurde am 6. Juni 1850 in Fulda geboren. 1873 wurde er Gymnasiallehrer in Fulda. Nach

In der chemischen Synthese sind natürlich vor allem Reaktionen beliebt, deren Gleichgewicht weit auf der rechten Seite liegt (K $\gg$ 1), d.h. bei denen viel Produkt entsteht. Doch auch bei Reaktionen mit kleinerem K-Wert kann die Stoffausbeute durch kleine Tricks erhöht werden, denn die Gleichgewichtslage lässt sich durch verschiedene Faktoren beeinflussen. Bei allen Beeinflussungen gilt das von Le Chatelier und Braun formulierte **Gesetz des kleinsten Zwanges** (1888):

> Jedes sich im Gleichgewicht befindliche System weicht einem äußeren Zwang (z.B. Temperatur-, Druck-, Konzentrationsänderung) aus, indem es versucht diesen Zwang zu verkleinern.

Für die folgenden Betrachtungen gehen wir von folgenden zwei Reaktionen aus:

(I) Synthese von Ammoniak: $N_2 + 3\,H_2 \rightleftharpoons 2\,NH_3$, $\Delta H < 0$ (-92 kJ)
(II) Bildung von CO: $\qquad C + CO_2 \rightleftharpoons 2\,CO$, $\Delta H > 0$ ($+173$ kJ)

7.2.1 Temperaturänderung

Erhöht man bei beiden Reaktionen die Temperatur, bei der sie ablaufen, so beobachtet man, dass sich bei Reaktion (I) das Gleichgewicht nach links, bei Reaktion (II) nach rechts verschiebt. Das System versucht sich im Gleichgewicht zu halten, indem bei Reaktion (I) zusätzliche Wärmebildung durch die Reaktion verhindert, bei Reaktion (II) dagegen der Wärmeverbrauch gefördert wird. Bei Temperaturerniedrigung ist es entsprechend umgekehrt.

> Die Gleichgewichtskonstante K ist temperaturabhängig: Temperaturerhöhung fördert die endotherme Reaktion, Temperaturverringerung fördert die exotherme Reaktion.

Anstellungen als Professor für Physik in Marburg, Straßburg und Karlsruhe, wechselte er 1887 an die Eberhard-Karls-Universität Tübingen. Er galt unter den Studenten als Meister des verständlichen und humorvollen Vortrags. Außerdem gehörte er zu den Mitbegründern der drahtlosen Telegrafie, wofür er auch 1909 den Nobelpreis erhielt. Er starb am 20. April 1918 in New York City.

7.2.2 Druckänderung

Bei Gasen spielt vor allem die Änderung des Drucks eine Rolle. Erhöhen wir bei den zwei genannten Reaktionen den Druck, so wird bei Reaktion (I) die Hinreaktion begünstigt, bei Reaktion (II) zeigt sich nahezu keine Wirkung. Wird bei einer Reaktion der Druck erhöht, versucht die Reaktion dem äußeren Zwang dadurch auszuweichen, dass die Reaktion begünstigt wird, bei der weniger Teilchen entstehen. In Reaktion (I) entstehen aus 1 mol Stickstoff und 3 mol Wasserstoff (also insgesamt 4 mol) nur 2 mol Ammoniak, die Teilchenzahl ist also bei den Produkten kleiner. Bei Reaktion (II) sind auf beiden Seiten je 2 mol Teilchen vorhanden, sodass keine der beiden Reaktionen den äußeren Zwang mindern kann.

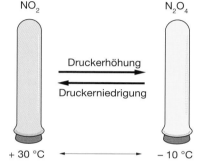

Diese Wirkung der Druckerhöhung wird großtechnisch bei der Synthese von Ammoniak nach dem Haber-Bosch-Verfahren ausgenutzt.

Abb. 7.3 Stickstoffoxide bei Druck- und Temperaturänderung

Diesen Zusammenhang kann man in einem Versuch gut sichtbar machen. Man füllt eine Spritze mit braunem Stickstoffdioxid NO_2. Erhöht man durch Drücken des Kolbens den Druck in der Spritze, so entfärbt sich der braune Inhalt (vgl. Abb. 7.3). NO_2 steht mit N_2O_4 in folgendem Gleichgewicht:
$2\ NO_2$ (braun) $\rightleftharpoons N_2O_4$ (farblos)
Bei Druckerhöhung wird die Bildung von farblosem N_2O_4 begünstigt. Erniedrigt man den Druck wieder, kehrt die braune Farbe zurück.

> K ist druckabhängig: Bei Druckerhöhung wird die Reaktion begünstigt, die weniger Teilchen liefert und umgekehrt.

7.2.3 Konzentrationsänderung

Erhöht man bei einer Reaktion die Konzentration der Edukte, so erfolgt eine kompensatorische Nachbildung von Produkten. Das gleiche Resultat erhält man durch Entzug der Produkte. Erhöht man die Konzentration der Produkte oder entzieht die Edukte, so steigt die Konzentration der Edukte (wieder) an. Auch hier wird das System im Gleichgewicht gestört. Werden Produkte entzogen oder Edukte zugeführt, stimmt das Konzentrationsverhältnis nicht mehr. Es werden so lange Produkte nachgebildet, bis das ursprüngliche Konzentrationsverhältnis K wieder erreicht ist. Durch ständiges Entfernen der Produkte (z.B. wenn diese gasförmig sind) kann man verhindern, dass je ein Gleichgewicht eintritt. So kann man eine vollständige Umsetzung der Edukte erzwingen. Bei der Bildung von Ester wird z.B. durch Entzug von Wasser mithilfe konzentrierter Schwefelsäure die Esterausbeute erhöht.
Alkohol + Säure $\rightleftharpoons$ Ester + Wasser

> K ist bei gegebener Temperatur konstant.
> Erhöhung der Konzentration der Edukte oder ständiger Entzug der Produkte, erhöht die Produktausbeute, verändert aber nicht die Gleichgewichtskonstante (K ist konstant).

7.3 Fließgleichgewicht

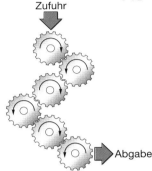

Zufuhr

Abgabe

Abb. 7.4 Fließgleichgewicht

Auch die meisten im Organismus ablaufenden Reaktionen sind Gleichgewichtsreaktionen. Nun ist es aber im Körper so, dass ein Produkt, das bei einer Reaktion entsteht, sofort als Edukt wieder in eine neue Reaktion eingeht. Die einzelnen Reaktionen eines Stoffwechselweges greifen wie Zahnräder ineinander. Ein dynamischer Gleichgewichtszustand kann sich nicht ausbilden, der Wert für K wird nie erreicht. Trotzdem bleiben die Konzentrationen der Zwischenprodukte konstant. Man spricht bei solch einem Gleichgewichtszustand von einem **Fließgleichgewicht** oder **steady state**. Die Ausbildung eines Fließgleichgewichts ist nur in einem offenen System möglich, wie es der menschliche Körper darstellt.

Tab. 7.1 Vergleich zwischen thermodynamischem Gleichgewicht und Fließgleichgewicht

Kinetisches Gleichgewicht	Fließgleichgewicht
Gilt in einem abgeschlossenen System, in dem kein Stoff- oder Energieaustausch mit der Umgebung möglich ist. $A \rightleftharpoons B$	Gilt nur in offenen Systemen, in denen Energie- und Stoffaustausch mit der Umgebung möglich sind. $\rightarrow [A \rightleftharpoons B \rightleftharpoons C] \rightarrow$
Ein Gleichgewichtszustand mit bestimmten Konzentrationen wird erreicht. $K = \dfrac{c(\text{Produkte})}{c(\text{Edukte})}$	Ein Gleichgewichtszustand im thermodynamischen Sinn wird nicht erreicht, da ständig Edukte zugeführt und Produkte entfernt werden (Prinzip von Le Chatelier).
Im Gleichgewichtszustand konstantes Verhältnis der Konzentrationen.	Konzentrationen (von Zwischenprodukten) werden durch Zu- und Abfluss konstant gehalten.
Die Reaktion ist reversibel.	Die Reaktion ist prinzipiell auch reversibel, durch Entfernen des Produkts wird sie aber unmöglich.
Die Lage des Gleichgewichts wird durch Katalysatoren nicht beeinflusst, nur die Geschwindigkeit der Gleichgewichtseinstellung.	Durch Katalysatoren (Enzyme) kann ein erhöhter Stoffumsatz erreicht werden.
Starres System.	Flexibles, durch Enzymaktivität steuerbares und anpassungsfähiges System.

Das Fließgleichgewicht des Körpers kann durch viele Faktoren gestört werden. Beim Fasten, bei Über- oder Unterernährung stimmen Zufuhr und Abgaben nicht mehr überein. Enzymdefekte können zur Störung des Fließgleichgewichts führen, indem es zum Mangel oder zur Anhäufung von Stoffwechselzwischenprodukten kommt (z. B. bei der Phenylketonurie). Auch Hormonstörungen wie beim Diabetes mellitus, bei der Schilddrüsenunter- oder -überfunktion oder der Mangel an Vitaminen führen zum Missverhältnis im Fließgleichgewicht des Körpers.

Übungsaufgaben

1 Die meisten chemischen Reaktionen sind Gleichgewichtsreaktionen.
   a) Wodurch ist in der Chemie der kinetische Gleichgewichtszustand gekennzeichnet?
   b) Bei der Ableitung des MWG treten die Konstanten k und K auf. Welche Bedeutung haben diese beiden Konstanten und in welchem Verhältnis stehen sie zueinander?

2 Gegeben seien folgende Reaktionen:
   (I) Kohlenstoff + Wasserdampf $\rightleftharpoons$ Kohlenmonoxid + Wasserstoff
   (II) Salzsäure + Sauerstoff $\rightleftharpoons$ Chlor + Wasser
   a) Stellen Sie für beide Reaktionen die Reaktionsgleichungen mit Formeln auf.
   b) Stellen Sie für beide Reaktionen die Formel zur Bestimmung der Gleichgewichtskonstanten auf.
   c) Wie reagiert Reaktion (II) auf Erhöhung der Temperatur bzw. Reaktion (I) auf Druckerhöhung?

3 Gegeben seien folgende Reaktionen:
   (I) $HCl + O_2 \rightleftharpoons H_2O + Cl_2$
   (II) $N_2 + H_2 \rightleftharpoons NH_3$
   (III) $SO_2 + NO_2 \rightleftharpoons SO_3 + NO$
   a) Stellen Sie für die Reaktionen (I) bis (III) nach Ausgleichen die Formel für die Berechnung des Massenwirkungsgesetzes auf.
   b) Überlegen Sie, wie sich die Lage des Gleichgewichts bei Druckerhöhung ändert.

4 In einem Abgaskatalysator läuft u. a. folgende Reaktion ab:
   $CO + NO \rightleftharpoons N_2 + CO_2$
   a) Gleichen Sie die Reaktion aus.
   b) Wie würden sich folgende Maßnahmen auf das Gleichgewicht auswirken?
   – Erhöhung der Temperatur,
   – Erhöhung des Druckes,
   – Erhöhung der Konzentration der katalytisch wirksamen Beschichtung.

5 Überlegen Sie, wie sich bei folgenden Reaktionen die Lage des Gleichgewichts bei Druckerhöhung verändert.
   a) $2\,NO(g) + O_2(g) \rightleftharpoons 2\,NO_2(g)$
   b) $C(s) + CO_2(g) \rightleftharpoons 2\,CO(g)$
   c) $CO(g) + NO_2(g) \rightleftharpoons CO_2(g) + NO(g)$

6 Die Abbildung 7.3 (S. 85) zeigt das Gleichgewicht zwischen NO_2 und N_2O_4 bei Erwärmung bzw. Abkühlung.
   a) Benennen Sie das wirksame Prinzip, das zur Umwandlung von NO_2 zu N_2O_4 führt.
   b) Benennen Sie die endo- bzw. exotherme Teilreaktion.
   c) Wie wirkt sich eine Änderung des Druckes (bei konstanter Temperatur) auf das Gleichgewicht zwischen NO_2 und N_2O_4 aus?

7 Bei der Synthese von Ammoniak (NH_3) finden sich in einem Behälter im Gleichgewicht folgende Konzentrationen:

$c(NH_3)$ = 0,1 mol/l

$c(N_2)$ = 1,01 mol/l

$c(H_2)$ = 1,6 mol/l

Stellen Sie die Reaktionsgleichung auf und berechnen Sie anhand der gegebenen Werte den Wert für die Gleichgewichtskonstante K.

8 Bei der technischen Herstellung von Wasserstoff wird Methan (CH_4) mit Wasserdampf umgesetzt. Es entstehen in einer exothermen Reaktion Wasserstoff und Kohlenmonoxid.

a) Formulieren Sie die Reaktionsgleichung.

b) Formulieren Sie das Massenwirkungsgesetz für diese Reaktion und überlegen Sie, wie sich das Gleichgewicht bei höherer Temperatur verschiebt. Was bedeutet diese Verschiebung für die Wasserstoffausbeute?

c) Beschreiben Sie, wie es möglich wäre, die Wasserstoffausbeute zu erhöhen.

d) Wie verändert sich die Wasserstoffausbeute bei Einsatz eines Katalysators?

9 Erklären Sie den Unterschied zwischen dem Gleichgewichtszustand in kinetischem Sinn und dem Zustand des „steady state".

10 Betrachten Sie folgende Reaktionskette.

$$E + S \underset{k_2}{\overset{k_1}{\rightleftharpoons}} ES \overset{k_3}{\rightarrow} E + P$$

a) Formulieren Sie die Reaktionsgeschwindigkeit für die Bildung und den Zerfall von ES.

b) Welche Beziehung gilt im Fließgleichgewicht (steady stade)?

8 Säure-Base-Reaktionen

8.1 Säuren und Basen

Säure-Base-Reaktionen sind Reaktionen, bei denen Protonen (H^+-Ionen) zwischen Stoffen verschoben werden. Es sind damit **Protonenübertragungsreaktionen** oder **Protolysen**. Freie Protonen sind aufgrund der hohen Ladungsdichte nicht existent. In wässriger Lösung werden sie von Wassermolekülen umgeben (hydratisiert). Dabei entstehen verschiedene Produkte: H_3O^+, $H_5O_2^+$, $H_7O_3^+$, $H_9O_4^+ = H_3O^+ \cdot 3\ H_2O$. Zur Vereinfachung schreibt man nur das einfachste Hydrat **H_3O^+** und nennt dieses **Hydronium-Ion**. Gibt Wasser ein Proton ab, entsteht das **Hydroxid-Ion OH^-**, vgl. Abb. 8.1.
Um das Wesen von Protolysen verstehen zu können, müssen die Begriffe der „Säure" und der „Base" eingeführt werden.

8.1.1 Säure-Base-Definition nach Brønsted (1879–1947)

Säuren sind Stoffe, die Protonen abgeben können (Protonendonatoren). Dazu müssen sie über ein oder mehrere polar gebundene Wasserstoffatome verfügen. Die Protonenabgabe ist für die saure Reaktion einer Säure verantwortlich. Nach der Abspaltung bleibt ein Säurerest-Anion A^- zurück. Den Zerfall einer Säure in ein Proton und den Säurerest bezeichnet man auch als **Dissoziation** (= Zerfall). Diese setzt gehörige Mengen an Wärmeenergie frei.

Allgemein: $\overset{\delta^+}{H} \blacktriangleleft \overset{\delta^-}{A} \rightleftharpoons H^+ + A^-$

Basen sind Stoffe, die Protonen aufnehmen können (Protonenacceptoren). Dazu müssen sie über freie Elektronenpaare verfügen, welche die Protonen binden können.

Allgemein: $|B + H^+ \rightleftharpoons B{-}H^+$

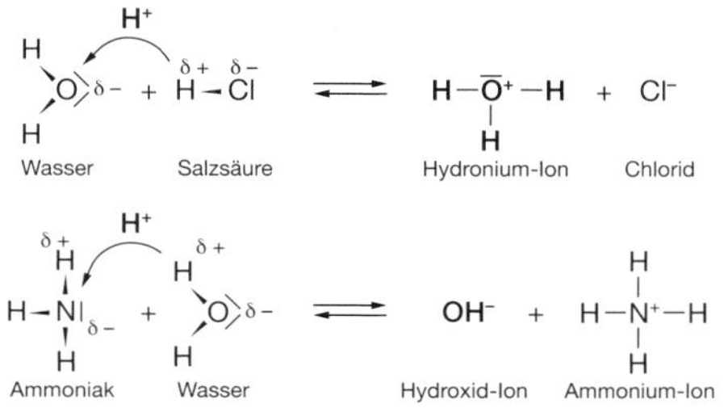

Abb. 8.1 Säure-Base-Reaktionen

* **Johannes Nicolaus Brønsted** wurde am 22. Februar 1879 in Varde (Jütland) geboren. Er war ein dänischer Chemiker und Künstler. An seinem Lehrstuhl an der Universität Kopenhagen widmete er sich v. a. der Thermodynamik. Im Jahr 1923 stellte er seine Säuren-Basen-Theorie vor. Am 17. Dezember 1947 starb er in Kopenhagen.

* Besonders große Mengen Energie setzt die Dissoziation von konzentrierter Schwefelsäure frei. Man darf konzentrierte Schwefelsäure deshalb **niemals** durch Zugießen von Wasser verdünnen, sondern immer nur, indem man die Schwefelsäure langsam portionsweise ins Wasser

Tab. 8.1 Häufige Säuren und Basen

Säuren		Basen	
Salzsäure	HCl	Natronlauge	NaOH
Schwefelsäure	H_2SO_4	Kalklauge	$Ca(OH)_2$
Salpetersäure	HNO_3	Kalilauge	KOH
Phosphorsäure	H_3PO_4	Carbonat-Ion	CO_3^{2-}
Kohlensäure	H_2CO_3	Phosphat-Ion	PO_4^{3-}
Blausäure	HCN	Alkoholat-Ion	$R{-}O^-$

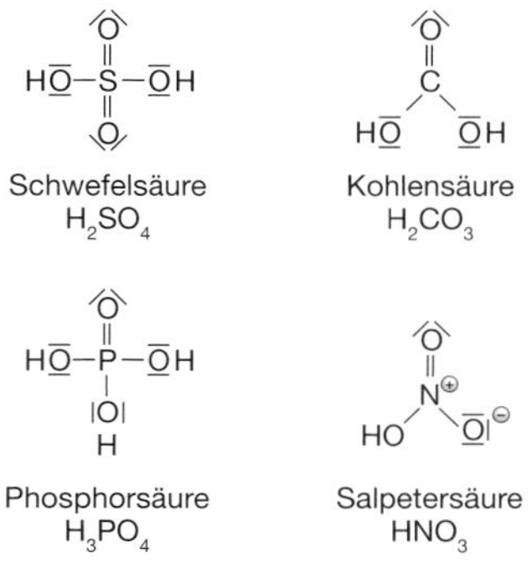

Abb. 8.2 Strukturformeln wichtiger Säuren

gießt. Beachtet man dies nicht, werden kurzfristig so große Mengen Energie frei, dass die Schwefelsäure bis zum Sieden erhitzt wird und herausspritzen kann, was schwerwiegende Verätzungen zur Folge hat. Eine alte Laborregel lautet deshalb: *Erst das Wasser, dann die Säure, sonst geschieht das Ungeheure.*

8.1.2 Protolyse

Eine Säure kann ihr Proton nur abgeben, wenn auch eine entsprechende Base zur Verfügung steht, die das Proton aufnehmen kann. Für eine Base gilt genau das Umgekehrte. Säure und Base sind also miteinander gekoppelt und treten bei Protolysen immer gemeinsam auf. Die Reaktionsgleichungen in Abb. 8.1 zeigen die Protolyse von HCl und Ammoniak.

> Säure-Base-Reaktionen sind Protonenübertragungsreaktionen (Protolysen).

Protolysen sind typische Gleichgewichtsreaktionen, d.h. Protonenaufnahme und -abgabe **sind reversibel**. Es stellt sich ein Gleichgewicht ein, das **Säure-Base-Gleichgewicht** genannt wird. Die Lage des Protolysegleichgewichts wird durch die Stärke der beiden Basen bzw. Säuren bestimmt: Es liegt immer auf der Seite der schwächeren Säure bzw. Base.

In der Hinreaktion zerfällt eine Säure (z.B. HCl) in ein Proton und das Säurerest-Anion (Cl^-). Das freie Proton wird sofort von einem Molekül Wasser gebunden. In der Hinreaktion entspricht HCl einer Säure und das Wasser einer Base.

In der Rückreaktion kann das Chlorid-Anion vom Hydronium-Ion ein Proton übernehmen, wodurch wieder HCl und Wasser entsteht. Jetzt entspricht das Hydronium-Ion einer Säure und das Chlorid-Ion einer Base. Das Chlorid-Ion wird als die zu HCl **korrespondierende Base** bezeichnet. Entsprechend ist HCl die zum Chlorid **korrespondierende Säure**. HCl und Chlorid bilden zusammen ein sogenanntes **korrespondierendes Säure-Base-Paar**.

HCl	$+$ H_2O	$\rightleftharpoons$	H_3O^+	$+$ Cl^-
Chlorwasserstoffgas	Wasser		Hydronium-Ion	Chlorid-Anion
Säure I	Base II		Säure II	Base I

Korrespondierende Säure-Base-Paare:
HCl/Cl^-
H_3O^+/H_2O

> Allgemein: Säure 1 + Base 2 $\rightleftharpoons$ Base 1 + Säure 2

Neben **einwertigen Säuren** wie Salzsäure, Salpeter- und Blausäure, die nur ein Proton abgeben können, gibt es auch **mehrwertige Säuren** wie z.B. Schwefel- oder Phosphorsäure, die zwei bzw. drei Protonen abgeben können. Die Protonen werden dabei nicht gleichzeitig abgegeben, sondern nacheinander. Man spricht dann von **limitierter Protolyse**.

> **Beispiel:**
> Phosphorsäure
> 1. Stufe: $H_3PO_4 \rightleftharpoons H_2PO_4^- + H^+$
> 2. Stufe: $H_2PO_4^- \rightleftharpoons HPO_4^{2-} + H^+$
> 3. Stufe: $HPO_4^{2-} \rightleftharpoons PO_4^{3-} + H^+$

8.1.3 Darstellung von Säuren

Säuren entstehen aus wässrigen Lösungen von Nichtmetalloxiden. Leitet man z.B. Kohlenstoffdioxid (CO_2) in mit Universalindikator angefärbtes Wasser ein, so zeigt der Farbumschlag von grün nach rot eine saure Reaktion an. Das Oxidationsprodukt des Kohlenstoffs hat also mit Wasser zu einer Säure, der **Kohlensäure**, reagiert.

$C + O_2 \rightarrow CO_2$
$CO_2 + 2\,H_2O \rightleftharpoons H_2CO_3 \rightleftharpoons H_3O^+ + HCO_3^-$

Auch das Oxidationsprodukt von Schwefel reagiert mit Wasser sauer. Man erhält die **schwefelige Säure** H_2SO_3.

$S + O_2 \rightarrow SO_2$
$SO_2 + 2\,H_2O \rightleftharpoons H_2SO_3 \rightleftharpoons H_3O^+ + HSO_3^-$

Man bezeichnet die gasförmigen Vorstufen der Säuren auch häufig als **Anhydride**, was etwa soviel wie „ohne Wasser" bedeutet. Reagiert ein Anhydrid mit Wasser, entsteht die eigentliche Säure.

> Reagiert ein Nichtmetalloxid (z.B. CO_2, SO_2 oder SO_3) mit Wasser, entsteht eine Säure.

Nichtmetalloxide können in nennenswertem Umfang aus Auto-, Industrie- und Haushaltsabgasen stammen und so zur Luftverschmutzung beitragen. Reagieren sie aber mit dem niederströmenden Regenwasser, so entsteht der **saure Regen**. Dieser schädigt Bäume, Pflanzen und Bauwerke.

Eine weitere Gruppe von Verbindungen, die mit Wasser sauer reagieren, sind die **Wasserstoffverbindungen der Halogene**, also Fluor-, Chlor-, Brom- und Jodwasserstoff.

$H-X + H_2O \rightleftharpoons H_3O^+ + X^-$

X = Halogen

8.1.4 Darstellung von Basen

Basen entstehen aus Metalloxiden. So kann man in einer wässrigen Lösung von Calciumoxid CaO mit Universalindikator eine alkalische Reaktion nachweisen (Blaufärbung). Speziell die Lösungen von Metalloxiden in Wasser bezeichnet man als **Laugen**.

$2\,Ca + O_2 \rightarrow 2\,CaO$
$CaO + H_2O \rightleftharpoons Ca^{2+} + 2\,OH^-$

Die Metalle der I. und II. Hauptgruppe (Alkali- und Erdalkalimetalle) reagieren auch direkt mit Wasser, teils sehr heftig, zu Laugen. Gibt man z.B. ein Stückchen Natrium in Wasser, kommt es zu einer heftigen Reaktion. Dabei entsteht das entsprechende Hydroxid und Wasserstoff, der sich entzünden kann. Auch Calcium reagiert auf diese Weise.

$2\,Na + 2\,H_2O \rightarrow 2\,NaOH + H_2\uparrow$
$Ca + 2\,H_2O \rightarrow Ca(OH)_2 + H_2\uparrow$

> Metalloxide (z.B. Na_2O, CaO) reagieren mit Wasser zu Laugen.

Das Hydroxid von Natrium NaOH kennt man vom (nicht-biologischen) Abflussreiniger. Beim Lösen dieser Verbindung in Wasser werden enorme Wärmemengen frei, was beim Abflussreiniger als „Kochen" in den Leitungen hörbar wird.

8.1.5 Neutralisation und Salzbildung

Säure und Base sind gegensätzliche Begriffe, wie kalt und heiß oder hell und dunkel. Reagiert eine Säure mit einer Base, heben sich deren Eigenschaften gegenseitig auf, sie neutralisieren sich. Man spricht deshalb von einer **Neutralisationsreaktion**. Allgemein versteht man darunter die Reaktion einer Säure mit einer Base. Reagieren äquimolare (d. h. sich entsprechende) Mengen einer Säure und einer Base miteinander, so ist das Gemisch in der Regel neutral (pH = 7). Die eigentliche Neutralisation findet zwischen den Hydronium- und Hydroxyl-Ionen statt. Bei dieser Reaktion wird viel Energie frei, was man durch Erwärmen der Lösung feststellen kann.

> **Neutralisationsreaktion:**
> $$H_3O^+ + OH^- \rightleftharpoons 2\,H_2O \qquad \Delta H = -57{,}3\ kJ/mol$$

Lässt man z. B. Salzsäure mit Natronlauge reagieren, so erhält man Wasser und gelöste Natrium- und Chlorid-Ionen. Wird dieser Lösung das Wasser entzogen, bleibt ein **Salz**, das Natriumchlorid, zurück:

$$\mathbf{H_3O^+} + Cl^- + Na^+ + \mathbf{OH^-} \rightleftharpoons Na^+ + Cl^- + \mathbf{2\,H_2O}$$

Kurz: $HCl + NaOH \rightleftharpoons NaCl + H_2O$

> **Säure + Base $\rightleftharpoons$ Salz + Wasser**

Zu Eigenschaften und Aufbau der Salze vgl. Kapitel 3.3.2.

Die Salze erhalten in Abhängigkeit vom **Säurerest-Anion** eine Endung. Die Salze der Salzsäure heißen z. B. Chloride, die der Schwefelsäure Sulfate oder Hydrogensulfate (vgl. Tabelle 8.2).

Insgesamt kennen wir nun also drei Methoden um Salze herzustellen:
- Reaktion einer Säure mit einer Base (Neutralisationsreaktion): z. B. $H_2CO_3 + 2\,NaOH \rightleftharpoons Na_2CO_3 + 2\,H_2O$
- Reaktion eines Metalls mit einem Nichtmetall (vgl. Kap. 3.3): z. B. $2\,Li + F_2 \rightleftharpoons 2\,LiF$
- Reaktion eines Metalls mit einer Säure (hierbei handelt es sich um eine Redoxreaktion, vgl. Kap. 9): z. B. $Mg + 2\,HCl \rightleftharpoons MgCl_2 + H_2$

Tab. 8.2 Säuren und ihre Salze (wichtige Säuren sind mit * markiert)

Säure	Säurerest-Anion	Salzname	Beispiel
Fluorwasserstoffsäure HF *	F^-	Fluorid	NaF Natriumfluorid
Chlorwasserstoffsäure (Salzsäure) HCl *	Cl^-	Chlorid	LiCl Lithiumchlorid
Hypochlorige Säure HClO	ClO^-	Hypochlorit	KClO Kaliumhypochlorit
Chlorige Säure HClO$_2$	ClO_2^-	Chlorit	NaClO$_2$ Natriumchlorit
Chlorsäure HClO$_3$	ClO_3^-	Chlorat	Ca(ClO$_3$)$_2$ Calciumchlorat
Perchlorsäure HClO$_4$	ClO_4^-	Perchlorat	NaClO$_4$ Natriumperchlorat
Bromwasserstoffsäure HBr	Br^-	Bromid	MgBr$_2$ Magnesiumbromid
Jodwasserstoffsäure HJ	J^-	Jodid	KJ Kaliumjodid

Säure	Säurerest-Anion	Salzname	Beispiel
Kohlensäure H_2CO_3 *	HCO_3^- CO_3^{2-}	Hydrogen- carbonat Carbonat	$NaHCO_3$ Natriumhydrogen- carbonat (Natron) Na_2CO_3 Natriumcarbonat (Soda)
Schwefelige Säure H_2SO_3	HSO_3^- SO_3^{2-}	Hydrogen- sulfit Sulfit	$Ca(HSO_3)_2$ Calciumhydrogen- sulfit $FeSO_3$ Eisen(II)-sulfit
Schwefelsäure H_2SO_4 *	HSO_4^- SO_4^{2-}	Hydrogen- sulfat Sulfat	$NaHSO_4$ Natriumhydrogen- sulfat $CaSO_4$ Calciumsulfat (Gips)
Schwefelwasserstoff- säure H_2S	HS^- S^{2-}	Hydrogen- sulfid Sulfid	$LiHS$ Lithiumhydrogen- sulfid PbS Blei(II)-sulfid
Salpetrige Säure HNO_2	NO_2^-	Nitrit	$NaNO_2$ Natriumnitrit
Salpetersäure HNO_3 *	NO_3^-	Nitrat	KNO_3 Kaliumnitrat
Phosphorige Säure H_3PO_3	$H_2PO_3^-$ HPO_3^{2-} PO_3^{3-}	Dihydro- genpho- sphit Hydrogen- phosphit Phosphit	NaH_2PO_3 Natriumdihydrogen- phosphit Na_2HPO_3 Natriumhydrogen- phosphit Na_3PO_3 Natriumphosphit
Phosphorsäure H_3PO_4 *	$H_2PO_4^-$ HPO_4^{2-} PO_4^{3-}	Dihydro- genphos- phat Hydrogen- phosphat Phosphat	$Ca(H_2PO_4)_2$ Calciumdihydrogen- phosphat K_2HPO_4 Kaliumhydrogen- phosphat $AlPO_4$ Aluminiumphosphat
Zyanwasserstoffsäure (Blausäure) HCN	CN^-	Cyanid	KCN Kaliumcyanid ("Zyankali")
Zyansäure $HOCN$	OCN^-	Cyanat	$NaOCN$ Natriumcyanat
Kieselsäure H_4SiO_4	SiO_4^{4-}	Silikat	Na_4SiO_4 Natriumsilikat

8.1.6 Ampholyte

Neben Wasser gibt es noch andere amphotere Substanzen (Ampholyte), z.B. Hydrogencarbonat (HCO_3^-), Hydrogensulfat (HSO_4^-), Dihydrogenphosphat ($H_2PO_4^-$), Hydrogenphosphat (HPO_4^{2-}, vgl. Abb. 8.3) und die Aminosäuren ($H_3N^+-CH(R)-COO^-$). Die Eigenschaft von Ampholyten nennt man amphoter.

Die saure oder basische Reaktion eines Stoffs ist keine feste Stoffeigenschaft, sondern hängt vom entsprechenden Reaktionspartner ab. Stoffe mit der Möglichkeit sowohl Protonen abzugeben (Säurecharakter) als auch Protonen zu binden (Basencharakter), nennt man **Ampholyte**. In ihrer Molekülstruktur müssen sie deshalb sowohl über polar gebundene Wasserstoffatome als auch über mindestens ein freies Elektronenpaar verfügen. Das einfachste und häufigste Ampholyt haben wir bereits kennen gelernt: Es ist das Wasser (vgl. Abb. 8.1 und Kap. 8.2).

> **Beispiel:**
> Reaktion von Hydrogenphosphat mit Säure bzw. Base
> $HPO_4^{2-} + H_3O^+ \rightleftharpoons H_2PO_4^- + H_2O$
> $HPO_4^{2-} + OH^- \rightleftharpoons PO_4^{3-} + H_2O$

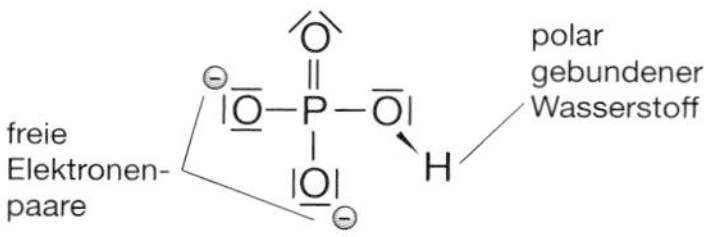

Abb. 8.3 Hydrogenphosphat als Ampholyt

8.2 Autoprotolyse und pH-Wert

Wasser kann gegenüber Säuren ein Proton aufnehmen und als Base reagieren, gegenüber Basen ein Proton abgeben und als Säure reagieren. Wasser ist ein Ampholyt:

$H_2O + HCl \rightleftharpoons H_3O^+ + Cl^-$
$H_2O + CO_3^{2-} \rightleftharpoons OH^- + HCO_3^-$

Aufgrund der amphoteren Eigenschaft des Wassers ist es möglich, dass Wassermoleküle auch untereinander Protonen austauschen. Wasser liegt deshalb zu einem gewissen Grad immer dissoziiert vor. Eine Protolyse zwischen gleichen Molekülen – wie hier zwischen den Wassermolekülen – bezeichnet man als **Autoprotolyse**. Die Autoprotolyse des Wassers lässt sich in folgender Gleichung ausdrücken:
$H_2O + H_2O \rightleftharpoons H_3O^+ + OH^-$

Für die Autoprotolyse des Wassers kann man folgendes Massenwirkungsgesetz aufstellen:

$$K = \frac{c(H_3O^+) \cdot c(OH^-)}{c^2(H_2O)}$$

1.000 g Wasser:
18,01 g/mol
= 55,5 mol

Die Konzentration des undissoziierten Wassers $c^2(H_2O)$ bleibt auch bei Gleichgewichtsverschiebungen praktisch konstant und kann deshalb in die Konstante K mit einbezogen werden. Man erhält so die neue Konstante K_W. Außerdem kann seine Konzentration mit der Ausgangskonzentration des Wassers (1 Liter Wasser entspricht 55,5 mol) gleichgesetzt werden.
$K_W = K \cdot c^2(H_2O) = c(H_3O^+) \cdot c(OH^-)$

$$
\begin{aligned}
\mathbf{c(H_3O^+) \cdot c(OH^-)} \quad &= 1,8 \cdot 10^{-16} \cdot (55,5 \text{ mol/l})^2 \\
&= 100 \cdot 10^{-16} \text{ mol}^2 \cdot \text{l}^{-2} \quad\quad = \mathbf{10^{-14}} \text{ mol}^2/\text{l}^2 = \mathbf{K_W}
\end{aligned}
$$

Die entstandene Konstante K_w heißt **Ionenprodukt des Wassers** und hat den Wert 10^{-14} mol^2/l^2. Um die Konzentration der H_3O^+- bzw. OH$^-$-Ionen zu berechnen, muss aus K_w die Wurzel gezogen werden.

$c(H_3O^+) = c(OH^-) = \sqrt{10^{-14}\,mol^2 \cdot l^{-2}} = 10^{-7}\,mol/l$

In reinem, neutralem Wasser beträgt die Konzentration der H_3O^+- und OH$^-$-Ionen also jeweils 10^{-7} mol/l.

> Das Produkt der Konzentration der H_3O^+- und der OH$^-$-Ionen beträgt immer 10^{-14} mol^2/l^2.
> Eine Lösung reagiert neutral, wenn in ihr die Konzentration der H_3O^+- und OH$^-$-Ionen 10^{-7} mol/l beträgt.

In sauren Lösungen steigt durch abgegebene Protonen die Konzentration der H_3O^+-Ionen an. Die Konzentration der OH$^-$-Ionen sinkt entsprechend ab. 0,365 g HCl-Gas (= 0,01 mol) in einem Liter Wasser ergibt eine **Salzsäurelösung** mit einer Konzentration von 0,01 mol/l. Diese Lösung enthält 0,01 mol Chlorid- und 0,01 mol H_3O^+-Ionen.

$HCl + H_2O \rightleftharpoons Cl^- + H_3O^+$

Die Konzentration der H_3O^+-Ionen im Wasser beträgt also 0,01 oder 10^{-2} mol/l, die der OH$^-$-Ionen sinkt entsprechend auf 10^{-12} mol/l ab. Insgesamt muss, wie die Formel des Ionenprodukts des Wassers zeigt, das Produkt der H_3O^+- und OH$^-$-Ionenkonzentration immer den Wert 10^{-14} ergeben ($10^{-2} \cdot 10^{-12}$).

In einer alkalischen (basischen) Lösung ist die Konzentration der OH$^-$-Ionen niedriger als die der H_3O^+-Ionen. In einem Liter einer Lösung von **Natriumhydroxid** mit einer Konzentration von 0,001 mol/l befinden sich 10^{-3} mol Na$^+$- und 10^{-3} mol OH$^-$-Ionen. Entsprechend sinkt die Konzentration der H_3O^+-Teilchen auf 10^{-11} mol/l ab.

$NaOH + H_2O \rightleftharpoons Na^+ + OH^-$

Zur Charakterisierung einer sauren oder basischen Lösung genügt, wie in den Beispielen gesehen, die Angabe der H_3O^+- oder der OH$^-$-Konzentration, da beide über das Ionenprodukt miteinander verknüpft sind: Steigt die Konzentration der H_3O^+-Ionen, sinkt die der OH$^-$-Ionen und umgekehrt. Man hat sich auf die Angabe der Konzentration der Hydronium-Ionen (H_3O^+) verständigt und gibt diese als **pH-Wert** an.

> Der pH-Wert einer Lösung ist der negativ dekadische Logarithmus der H_3O^+-Konzentration.
> pH = $-\lg c(H_3O^+)$

Die oben genannte Salzsäurelösung hätte damit einen pH-Wert von $-\lg 10^{-2} = 2$. Die Natronlauge hat einen pH-Wert von $-\lg 10^{-11} = 11$.

Faustregel:
Eine Veränderung des pH-Werts um 0,3 Einheiten entspricht einer Verdoppelung bzw. Halbierung der H_3O^+-Konzentration. Beispiel:
[H_3O^+] = 0,025 mol → pH = 1,6
[H_3O^+] = 0,05 mol → pH = 1,3

„pH" kommt vom lateinischen „potentia hydrogenii" = „Stärke des Wasserstoffs".

Unter einem negativen dekadischen Logarithmus versteht man den negativen Wert des 10er-Logarithmus.

pH-neutral heißt, der pH-Wert ist 7. **Hautneutral** bezeichnet den physiologischen pH-Wert der gesunden Haut von ca. 5,5.

Tab. 8.2 pH- und pOH-Werte

pH		pOH
0	1 M Säure z.B. HCl, $c(H_3O^+) = 10^0 = 1$, $c(OH^-) = 10^{-14}$	14
1	0,1 M Säure, z.B. HCl, $c(H_3O^+) = 10^{-1}$, $c(OH^-) = 10^{-13}$	13
2	0,01 M Säure, z.B. HCl, $c(H_3O^+) = 10^{-2}$, $c(OH^-) = 10^{-12}$	12
3	:	11
4	:	10
5	:	9
6	1 µM Säure, z.B. HCl, $c(H_3O^+) = 10^{-6}$, $c(OH^-) = 10^{-8}$	8
7	Neutralpunkt, reines Wasser, $c(H_3O^+) = c(OH^-) = 10^{-7}$ mol	7
8	1 µM Base, z.B. NaOH, $c(H_3O^+) = 10^{-8}$, $c(OH^-) = 10^{-6}$	6
9	:	5
10	:	4
11	:	3
12	0,01 M Base, z.B. NaOH, $c(H_3O^+) = 10^{-12}$, $c(OH^-) = 10^{-2}$	2
13	0,1 M Base, z.B. NaOH, $c(H_3O^+) = 10^{-13}$, $c(OH^-) = 10^{-1}$	1
14	1 M Base, z.B. NaOH, $c(H_3O^+) = 10^{-14}$, $c(OH^-) = 10^0 = 1$	0

> Eine neutrale Lösung hat den pH-Wert 7.
> In einer sauren Lösung überwiegt die H_3O^+-Konzentration und es gilt: $c(H_3O^+) > 10^{-7}$ mol/l oder pH < 7.
> In einer alkalischen Lösung überwiegt die OH^--Konzentration und es gilt: $c(H_3O^+) < 10^{-7}$ mol/l oder pH > 7.

8.3 Protolysegleichgewichte – Säure-Base-Stärke

Tab. 8.4 pH-Werte von Salz- und Essigsäure

Säure	c [mol/l]	pH-Wert, erwartet	pH-Wert, ist
Salzsäure	0,1	1	≈ 1
Essigsäure	0,1	1	$\approx 2,88$

Überprüft man in einem Versuch den pH-Wert einer Essigsäure- und einer Salzsäure-Lösung mit je einer Konzentration von 0,1 mol/l, so stellt man fest, dass der pH-Wert der Essigsäure-Lösung geringer ist als der der Salzsäure-Lösung (vgl. Tab. 8.4). Der Versuch zeigt, dass offensichtlich die Tendenz gegenüber Basen ein Proton abzugeben, bei Säuren unterschiedlich stark ausgeprägt ist. Unter Anderem hängt sie davon ab, wie stark polar die Wasserstoffatome gebunden sind.

Die Essigsäure hat ihre Wasserstoffatome nur zum Teil abgegeben, liegt also nur teilweise dissoziiert vor. Sie ist eine schwache Säure. Die Salzsäure dagegen liegt nahezu vollständig dissoziiert vor. Sie ist eine starke Säure. Doch wie lässt sich dieses „stark" bzw. „schwach" quantifizieren? Dazu betrachten wir noch einmal die Reaktion einer beliebigen Säure HA mit Wasser und stellen dazu das Massenwirkungsgesetz auf.

$$HA + H_2O \rightleftharpoons H_3O^+ + A^-$$
$$K = \frac{c(H_3O^+) \cdot c(A^-)}{c(HA) \cdot c(H_2O)}$$

Beim Arbeiten in verdünnten sauren und basischen Lösungen ist die Konzentration des Wassers praktisch konstant. $c(H_2O)$ wird deshalb mit in die Konstante einbezogen. Die entstandene Konstante wird Säure-Konstante K_S genannt. Sie ist ein Maß für die Stärke einer Säure. Ist $K_S > 10^{-1}$, liegt das Gleichgewicht rechts und es handelt sich um eine starke Säure. Ist $K_S < 10^{-5}$, handelt es sich um eine schwache Säure, das Gleichgewicht liegt links. Liegt der K_S-Wert zwischen 10^{-1} und 10^{-5}, liegt eine mittelstarke Säure vor.

$$K \cdot c(H_2O) = \frac{c(H_3O^+) \cdot c(A^-)}{c(HA)} = K_S$$

Da man für den K_S-Wert häufig sehr kleine Zahlen erhält, formuliert man ähnlich wie beim pH-Wert zur Vereinfachung anstelle des K_S-Werts den **pK_S-Wert**:
$pK_S = -lg\ K_S$

> Großer K_S-Wert – kleiner pK_S-Wert → starke Säure
> Kleiner K_S-Wert – großer pK_S-Wert → schwache Säure

> **Beispiel:**
> $K_S = 10^4$ $K_S = 10^{-4}$
> $pK_S = -4$ $pK_S = 4$
> → starke Säure   → schwache Säure

Analoges gilt für die Berechnung der **Basenkonstante K_B**. Hier betrachtet man die Reaktion einer beliebigen Base B mit Wasser: $H_2O + B \rightleftharpoons BH^+ + OH^-$

$$K = \frac{c(BH^+) \cdot c(OH^-)}{c(H_2O) \cdot c(B)} \Leftrightarrow K_B = K \cdot c(H_2O) = \frac{c(BH^+) \cdot c(OH^-)}{c(B)}$$

Auch hier wird statt des K_B-Wertes der **pK_B-Wert** angegeben: **$pK_B = -lg\ K_B$**

> Großer K_B-Wert – kleiner pK_B-Wert → starke Base
> Kleiner K_B-Wert – großer pK_B-Wert → schwache Base

Zusammenhang zwischen pK_S und pK_B eines korrespondierenden Säure-Base-Paares
1. Es gilt: $pK_S + pK_B = 14$
   Der pK_S- und pK_B-Wert eines korrespondierenden Säure-Base-Paares ergibt in der Summe immer 14.
2. Je stärker eine Säure, desto schwächer die korrespondierende Base und umgekehrt.

> **Beispiel:**
> Salzsäure ist eine starke Säure (kleiner pK_S-Wert). Entsprechend ist ihre korrespondierende Base, das Chlorid-Ion, eine schwache Base (großer pK_B-Wert).

8.4 Reaktionen von Salzlösungen

8.4.1 Reaktionen von Salzen mit Wasser

Auch Lösungen von Salzen in Wasser reagieren nicht immer neutral. Eine wässrige Lösung von Ammoniumchlorid reagiert z. B. sauer, eine Lösung von Natriumsulfid basisch. NaCl dagegen beeinflusst den pH-Wert nicht, es reagiert neutral. Woran liegt das?

Löst man **Ammoniumchlorid** (NH_4Cl) in Wasser, zerfällt das Salz in seine Ionen, es dissoziiert:
$$NH_4Cl \rightleftharpoons NH_4^+{}_{aq} + Cl^-{}_{aq}$$
Das Chlorid-Ion ist das Anion einer sehr starken Säure (HCl). Da Anionen starker Säuren schwache Basen sind, findet keine Rückreaktion statt. Das Ammonium-Ion dagegen ist eine sehr schwache Säure ($pK_S = 9{,}25$). Doch die Protolyse reicht aus, um eine leicht **saure** Reaktion hervorzurufen.
$$NH_4^+ + H_2O \rightleftharpoons NH_3 \uparrow + H_3O^+$$

Auch **Natriumchlorid** zerfällt beim Lösen in Wasser in seine Ionen. Doch beide Ionen gehen keine weitere Reaktion ein. Das Natrium-Kation hat weder die Möglichkeit ein Proton aufzunehmen, noch eins abzugeben. Das Chlorid-Ion reagiert nicht, weil es das Anion einer starken Säure ist (vgl. Tab. 8.5). Die Lösung reagiert insgesamt **neutral**.

Natriumsulfid (Na_2S) dissoziiert beim Lösen in 2 Na^+-Ionen und ein S^{2-}-Ion. Die Natrium-Ionen gehen wie beschrieben keine weitere Reaktion ein. Die Sulfid-Ionen dagegen sind das Anion einer schwachen Säure und reagieren deshalb stark basisch ($pK_B = 1{,}1$). Die Lösung reagiert insgesamt **alkalisch**.
$$S^{2-} + H_2O \rightleftharpoons OH^- + HS^-$$

8.4.2 Reaktionen von Salzen mit Säuren und Ampholyten

In den vorhergehenden Beispielen wurde immer nur betrachtet, was passiert, wenn ein Salz sich in Wasser löst. Was passiert aber, wenn zwei **Stoffe mit unterschiedlichen pK-Werten** zusammen reagieren? Betrachten wir dazu die Reaktion zwischen Natriumcarbonat (Na_2CO_3) und Salzsäure:
Das Carbonat ist das Salz einer schwachen Säure, der Kohlensäure ($pK_S = 6{,}52$), während Salzsäure eine starke Säure (vollständige Protolyse) ist. Die Salzsäure gibt deshalb ihr Proton an das Carbonat-Ion ab. Es entsteht Kohlensäure. Diese zerfällt sofort in Wasser und gasförmiges Kohlenstoffdioxid; das Natriumcarbonat schäumt auf. Aus Natriumcarbonat ist so Natriumchlorid geworden. Die stärkere Säure vertreibt offensichtlich die schwächere aus ihren Salzen.
$$Na_2CO_3 + 2\,HCl \rightarrow H_2CO_3 + 2\,Na^+ + 2\,Cl^- \rightarrow 2\,Na^+ + 2\,Cl^- + CO_2 \uparrow + H_2O$$
Oder kurz: $CO_3^{2-} + 2\,HCl \rightarrow H_2CO_3 \rightarrow H_2O + CO_2 \uparrow + 2\,Cl^-$

Weiteres Beispiel:

$$CH_3COO^-Na^+ + H_2SO_4 \rightarrow \qquad CH_3COOH + \quad Na^+HSO_4$$

Natriumacetat   Schwefelsäure   Essigsäure   Natriumhydrogensulfat

---

Je stärker die Säure, desto schwächer die korrespondierende Base –
und umgekehrt.
Die stärkere Säure (kleinerer pK_S-Wert) verdrängt die schwächere aus
ihren Salzen.
Die Protonenübertragung erfolgt immer von der stärkeren Säure auf
die (konjugierte) Base der schwächeren Säure.

Diese Regeln sind auch auf die **Reaktionen zwischen Ampholyten** übertrag-
bar. Reagieren Hydrogencarbonat und Hydrogensulfat miteinander, gibt es
theoretisch zwei Möglichkeiten:

(I) $HCO_3^- + HSO_4^- \rightleftharpoons CO_3^{2-} + H_2SO_4$

(II) $HCO_3^- + HSO_4^- \rightleftharpoons H_2CO_3 + SO_4^{2-} \rightarrow H_2O + CO_2 \uparrow + SO_4^{2-}$

Berücksichtigt man aber die pK_S-Werte von Hydrogencarbonat und Hydrogensulfat, so stellt man fest, dass Hydrogensulfat mit einem pK_S-Wert von
1,94 die stärkere Säure ist und deshalb die Reaktion (II) ablaufen wird.

Das bei Reaktion (II)
entstehende CO_2
sorgt für einen
zusätzlichen Entro-
pieschub, d. h. der
Ordnungsgrad
nimmt durch die Bil-
dung des gasförmi-
gen CO_2 ab, vgl.
S. 73.

Bei Ampholyten setzt sich die Reaktion mit dem kleineren pK-Wert
durch.

Tab. 8.5 Einige pK_S- und pK_B-Werte

pK_S	Säure	HA	A-	Base	pK_B
vollständi-ge Proto-lyse	Perchlorsäure	$HClO_4$	ClO_4^-	Perchlorat	keine Pro-tolyse
	Iodwasserstoff	HI	I^-	Iodid	
	Bromwasserstoff	HBr	Br^-	Bromid	
	Chlorwasserstoff	HCl	Cl^-	Chlorid	
	Salpetersäure	HNO_3	NO_3^-	Nitrat	
	Schwefelsäure	H_2SO_4	HSO_4^-	Hydrogensulfat	
−1,74	Hydronium-Ion	H_3O^+	H_2O	Wasser	15,74
1,42	Oxalsäure	$H_2C_2O_4$	$HC_2O_4^-$	Hydrogenoxalat	12,58
1,92	Schweflige Säure	H_2SO_3	HSO_3^-	Hydrogensulfit	12,08
1,92	Hydrogensulfat	HSO_4^-	SO_4^{2-}	Sulfat	12,08
1,96	Phosphorsäure	H_3PO_4	$H_2PO_4^-$	Dihydrogenphosphat	12,04
3,14	Fluorwasserstoff	HF	F^-	Fluorid	10,86
3,34	Salpetrige Säure	HNO_2	NO_2^-	Nitrit	10,66

pK$_S$	Säure	HA	A$^-$	Base	pK$_B$
3,74	Ameisensäure	HCOOH	HCOO$^-$	Format	10,26
4,76	Essigsäure	CH$_3$COOH	CH$_3$COO$^-$	Acetat	9,24
6,52	Kohlensäure	H$_2$CO$_3$	HCO$_3^-$	Hydrogencarbonat	7,48
6,95	Schwefelwasserstoff	H$_2$S	HS$^-$	Hydrogensulfid	7,05
7,2	Hydrogensulfit	HSO$_3^-$	SO$_3^{2-}$	Sulfit	6,8
7,21	Dihydrogenphosphat	H$_2$PO$_4^-$	HPO$_4^{2-}$	Hydrogenphosphat	6,79
7,25	Hypochlorige Säure	HClO	ClO$^-$	Hypochlorit	6,75
8,24	Borsäure	H$_3$BO$_3$	H$_2$BO$_3^-$	Dihydrogenborat	5,76
9,25	Ammonium-Ion	NH$_4^+$	NH$_3$	Ammoniak	4,75
9,40	Cyanwasserstoff	HCN	CN$^-$	Cyanid	4,6
10,4	Hydrogencarbonat	HCO$_3^-$	CO$_3^{2-}$	Carbonat	3,6
11,62	Wasserstoffperoxid	H$_2$O$_2$	HO$_2^-$	Hydrogenperoxid-Ion	3,38
12,32	Hydrogenphosphat	HPO$_4^{2-}$	PO$_4^{3-}$	Phosphat	1,68
12,9	Hydrogensulfid	HS$^-$	S^{2-}	Sulfid	1,1
15,74	Wasser	H$_2$O	OH$^-$	Hydroxid-Ion	$-1,74$
keine Pro-tolyse	Ethanol	C$_2$H$_5$OH	C$_2$H$_5$O$^-$	Ethanolat	vollständi-ge Proto-lyse
	Ammoniak	NH$_3$	NH$_2^-$	Amid-Ion	
	Hydroxid-Ion	OH$^-$	O^{2-}	Oxid-Ion	
	Wasserstoff	H$_2$	H$^-$	Hydrid-Ion	

8.5 Säure-Base-Titration

Die **Titration** ist ein analytisches Verfahren zur **Bestimmung der Konzentration** eines Stoffs. Dabei reagiert der vorgelegte Stoff mit einer Reagenzlösung bekannter Konzentration in einer ebenfalls bekannten Reaktion. Anhand der Reaktionsgleichung (Stöchiometrie, vgl. S. 67) kann man aus dem Verbrauch der Reagenzlösung die Konzentration des vorgelegten Stoffs berechnen. Dazu muss das **Ende der Reaktion** von selbst erkennbar sein (z. B. durch ein farbiges Reaktionsprodukt) oder von außen sichtbar gemacht werden (z. B. durch einen Farbindikator).

Bei der **Säure-Base-Titration** wird eine Base (bzw. Säure) unbekannter Konzentration mit einer Säure (bzw. Base) bekannter Konzentration (= **Titrierlösung**) umgesetzt. Dabei findet die oben beschriebene **Neutralisationsreaktion** statt. Anhand des Verbrauchs an Titrierlösung kann mithilfe der Reaktionsgleichung auf die Konzentration der vorgelegten Base (bzw. Säure) zurück gerechnet werden.
Um beispielsweise die Konzentration einer Natronlauge (Volumen 10 ml) zu bestimmen, wird diese zunächst mit einem Universalindikator blau angefärbt und anschließend ml-weise mit Titrierlösung (in diesem Fall 0,1 molare Salzsäure) aus einer Bürette versetzt (Aufbau, vgl. Abb. 8.4). Eine einwandfreie

Durchmischung erreicht man mit einem **Magnetrührer**, mit dessen Hilfe dieser Arbeitsschritt von allein erledigt wird.

Nach jeder Zugabe von Salzsäure aus der Bürette kann man kurz grüne oder rote Schlieren beobachten, die durch den Farbwechsel des Universalindikators bei neutralem bzw. saurem pH-Wert verursacht werden. Sie verschwinden anfangs schnell wieder, weil die Säure durch die Base neutralisiert und verbraucht wird. Durch die Neutralisationsreaktion sinken mit der Zeit die Konzentration der Base und der pH-Wert. Schlägt die Farbe des Universalindikators schließlich nach grün um, ist die Titration beendet. Die Lösung hat einen neutralen pH-Wert und (annähernd) die ganze Base ist nun umgesetzt. Der Verbrauch an Salzsäure kann an der Skala der Bürette abgelesen werden.

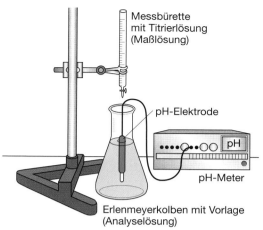

Abb. 8.4 Tritrationsaufbau

Natürlich kann eine Titration auch in umgekehrter Weise erfolgen, d.h. eine Säure kann auch durch eine Lauge titriert werden. Die Arbeitsweise ist die gleiche.

Wurden zur Neutralisation der 10 ml Natronlauge beispielsweise 38 ml 0,1 molare Salzsäure verbraucht, lässt sich nun anhand der bekannten Reaktionsstöchiometrie die Konzentration der Probe berechnen. Wie die Reaktionsgleichung zeigt, beträgt das Verhältnis von HCl zu NaOH 1:1.

Reaktionsgleichung: $HCl + NaOH \rightleftharpoons NaCl + H_2O$

Berechnung nach dem Dreisatz:
10 ml NaOH entsprechen 38 ml 0,1 molarer HCl.

1.000 ml HCl = 0,1 mol

$$38 \text{ ml HCl} = \frac{0{,}1}{1.000} \cdot 38 = 0{,}0038 \text{ mol} = 3{,}8 \text{ mmol}$$

10 ml Natronlauge enthalten also 0,0038 mol NaOH. In 1.000 ml beträgt die Konzentration also $0{,}0038 \cdot 100 = 0{,}38$ mol/l oder 380 mmol/l.

Man kann auch folgende allgemeingültige Formel zu Hilfe nehmen:

$$c_{\text{Säure}} \cdot V_{\text{Säure}} = c_{\text{Base}} \cdot V_{\text{Base}}$$

0,1 mol/l $\cdot$ 0,038 l $= x \cdot$ 0,01 l

$$x = \frac{0{,}1 \cdot 0{,}038}{0{,}01} = 0{,}38 \text{ mol/l}$$

Man kann mithilfe eines **pH-Meters** den pH-Wert während einer Titration fortlaufend bestimmen und diesen aufzeichnen. Dadurch erhält man S-förmig geschwungenen Kurven, wenn man nach oben den pH-Wert und nach rechts den sogenannten Titrationsgrad oder die zugegebene Menge an Titrierlösung aufträgt (vgl. Abb. 8.5 und 8.6).

Der Wendepunkt der Kurven entspricht dem sogenannten **Äquivalenzpunkt EP**, d.h. an diesem Punkt sind die verbrauchte Menge an Titrierlösung und die vorgelegte Konzentration identisch. Man sagt deshalb: Der **Titrationsgrad** beträgt 1, die Lösung ist vollständig titriert. Entsprechend lassen sich auch ein halber (0,5) und ein doppelter (2) Titrationsgrad bestimmen.

Dieser EP ist unbedingt vom sogenannten **Neutralpunkt NP** zu unterscheiden. Am NP hat die Lösung einen neutralen pH-Wert, d.h. pH = 7. EP und NP können, müssen aber nicht identisch sein. Identisch sind EP und NP nur bei der Titration von starken Säuren mit starken Basen.

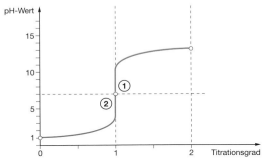

Abb. 8.5 Titrationsdiagramm einer starken Säure mit einer starken Base

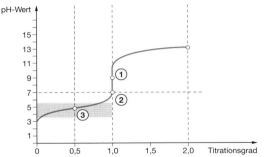

Abb. 8.6 Titrationsdiagramm einer schwachen Säure mit einer starken Base

In Abhängigkeit von der Stärke der Säure bzw. Base zeigen EP und NP charakteristische Lagen:

- Titration einer starken Säure mit einer starken Base (z.B. Salzsäure mit Natronlauge, vgl. Abb. 8.5): EP ① und NP ② liegen aufeinander bei pH 7. Beim Titrationsgrad 1 hat die Lösung einen neutralen pH-Wert.
- Titration einer schwachen Säure mit einer starken Base (z.B. Essigsäure mit Natronlauge, vgl. Abb. 8.6): Typisch ist hier, dass die Kurve zwei Wendepunkte aufweist. Der Wendepunkt beim Titrationsgrad 1 entspricht dem EP ①. Der EP und NP ② liegen nicht beieinander. Die Lösung am EP ist etwas alkalischer als pH 7. Das kann man sich vielleicht so erklären, dass bei der Reaktion ein leicht alkalisches Salz (z.B. Natriumacetat) entsteht.

Der andere Wendepunkt ③ liegt beim Titrationsgrad 0,5. Auch er hat eine besondere Bedeutung: Hier entspricht der pH-Wert der Lösung dem pK_S-Wert der Säure. Für Essigsäure trifft das im Diagramm weitgehend zu. Der pH-Wert bei Titrationsgrad 0,5 beträgt etwa 4,5 (pK_S-Wert: 4,67)

Übungsaufgaben

1 Berechnen Sie den pH-Wert
  a) einer Salzsäure-Lösung mit $c = 0,1$ mol/l,
  b) einer Salpetersäure-Lösung mit $c = 0,01$ mol/l,
  c) einer Schwefelsäure-Lösung mit $c = 0,5$ mol/l,
  d) einer NaOH-Lösung mit $c = 0,001$ mol/l,
  e) einer Ca(OH)$_2$-Lösung mit $c = 0,025$ mol/l,
  f) einer HCl-Lösung mit $c = 1,5 \cdot 10^{-5}$ mol/l.

2 0,448 l HCl-Gas werden in 8 l Wasser eingeleitet. Wie groß ist der pH-Wert?

3 Ein Liter einer Schwefelsäure-Lösung mit dem pH-Wert von 2,4 wird mit 50 ml einer NaOH-Lösung mit $c = 0,05$ mol/l gemischt. Berechnen Sie den neuen pH-Wert.

4 Eine NaOH-Lösung hat den pH-Wert von 12,0. Wieviel Salzsäure mit einer Konzentration von 0,1 mol/l muss zugesetzt werden, um einen pH-Wert von 2,0 zu erreichen?

5 Formulieren Sie die Protolysegleichgewichte für Schwefelsäure H_2SO_4, Salpetersäure HNO_3 und Phosphorsäure H_3PO_4 und benennen Sie jeweils die entstehenden Ionen.

6 Welche Eigenschaft muss ein Molekül besitzen, um als Säure, Base bzw. Ampholyt reagieren zu können?

7 Folgende Stoffe reagieren mit Wasser: SO_3, Na_2O, NO_2, HF, CaO. Überlegen Sie, ob eine Säure oder Lauge entsteht und formulieren Sie eine Reaktionsgleichung.

8 Erläutern Sie an einem selbst gewählten Beispiel die Begriffe „Protolyse", „korrespondierendes Säure-Base-Paar" und „Säurestärke".

9 Beschreiben Sie den Sinn des pK_S-Wertes. Wie sind pK_S- und pK_B-Wert miteinander verknüpft?

10 0,1 mol Natriumphosphat werden in 1 Liter Wasser gelöst. Berechnen Sie mit der Ihnen bekannten Formel den pH-Wert der Lösung.

11 Folgende Salze werden in Wasser gelöst: Natriumfluorid, Natriumhydrogensulfid, Calciumoxid, Kaliumcarbonat, Natriumethanolat. Formulieren Sie die dazugehörigen Gleichgewichtsreaktionen mit Summenformeln, benennen Sie Produkte und Edukte und machen Sie eine Aussage zum pH-Wert.

12 Überlegen Sie, weshalb ein Glas mit Organgensaft aufschäumt, wenn man sauren Sprudel dazugießt.

13 Welche der folgenden Stoffe sind Säuren, Basen oder Ampholyte? Erläutern Sie anhand von Reaktionsgleichungen.
a) $NaHSO_4$
b) $NaCH_3COO$
c) K_2HPO_4
d) HJ

14 Bei der Titration von 10 ml Natronlauge wurden 85 ml 0,1 M Salzsäurelösung verbraucht. Berechnen Sie die Konzentration der Natronlauge. Welcher Stoffmenge an NaOH entspricht diese Konzentration?

15 Für die Titration von 15 ml einer Salpetersäure-Lösung werden 26 ml 0,2 M Natronlauge verbraucht. Welche Konzentration hatte die Salpetersäure-Lösung?

16 10 ml Schwefelsäure-Lösung lässt sich mit 75 ml einer Natronlauge-Lösung c = 0,5 mol/l neutralisieren. Berechnen Sie die Konzentration und die Stoffmenge an Schwefelsäure.

Redoxreaktionen

9.1 Einleitung und Historisches

Während Säure-Base-Reaktionen durch Verschiebung von Protonen (H^+) charakterisiert sind, kommen Redoxreaktionen durch die Übertragung von Elektronen zustande.

Abb. 9.1 A. L. Lavoisier

● **Antoine Laurent de Lavoisier** wurde am 26. August 1743 in Paris geboren. Auf Wunsch des Vaters studierte er zunächst Rechtswissenschaften. In seinem privaten Laboratorium erforschte er u. a. die Zusammensetzung des Wassers und prägte den Begriff der Oxidation. 1789 stellte er das Gesetz vom Erhalt der Masse auf. Während der Französischen Revolution wurde er als ehemaliger Steuerpächter als Erpresser angeklagt und am 8. Mai 1794 auf der Guillotine hingerichtet.

● Oxidation: 4 Fe + 3 O_2 → 2 Fe_2O_3
Eisen + Sauerstoff → Eisenoxid
● Reduktion: 2 HgO → 2 Hg + O_2
2 Ag_2 → 4 Ag + O_2

Die Begriffe Oxidation und Reduktion sind schon sehr alt und gehen auf den französischen Chemiker Antoine Laurent de Lavoisier zurück. Er hatte beobachtet, dass Eisenwolle beim Verbrennen schwerer wird. Sie muss also einen zusätzlichen Stoff aus der Umgebung binden. Daneben fand er heraus, dass nur ein Teil der Luft an der Verbrennung teilnimmt, während der größere Teil offensichtlich nicht gebraucht wird.

Lavoisier untersuchte diese Phänomene genauer und stellte fest,
■ dass sich die Luft aus mehreren Gasen zusammensetzt, von denen Sauerstoff nur den zweitgrößten Anteil bildet (vgl. Abb. 9.2) und
■ dass nur Sauerstoff zur Verbrennung von Stoffen notwendig ist.

Das Volumen des Ballons beträgt 1 Liter = 1000 ml

780 ml — 78 % Stickstoff

210 ml — 21 % Sauerstoff

ca. 1 %
9,30 ml Argon (Edelgas)
0,36 ml Kohlenstoffdioxid
0,34 ml andere Gase

Abb. 9.2 Zusammensetzung der Luft

Als **Oxidation** bezeichnete er deshalb eine Reaktion, in der ein Stoff mit Sauerstoff (gr. oxygen) umgesetzt wird. Sauerstoff aus der Umgebung wird dabei gebunden. Die entstandenen Stoffe erhalten die Endung **-oxid**.

Als **Reduktion** wurde entsprechend die umgekehrte Reaktion, d.h. die Freisetzung von Sauerstoff aus einer Verbindung, bezeichnet. So wird z. B. aus den Oxiden von Silber oder Quecksilber durch einfache Wärmezufuhr Sauerstoff freigesetzt.

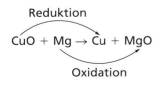

Die meisten Metalloxide zerfallen aber nicht wie Silber- oder Quecksilberoxid (Ag_2O bzw. HgO) beim Erhitzen einfach in Metall und Sauerstoff, sondern man benötigt einen weiteren Stoff, der dem Metalloxid den Sauerstoff entreißt, dabei selber oxidiert wird und das Metalloxid zum Metall reduziert. Oxidation und Reduktion sind also gekoppelt. Man spricht dann von **Redoxreaktionen**. So führt in unserem Beispiel das Magnesium die Reduktion des Kupfers herbei, und wird dabei selbst oxidiert.

> Historische Definition der Redoxreaktion:
> Oxidation ist eine Sauerstoff-Aufnahme.
> Reduktion ist eine Sauerstoff-Abgabe.

Betrachten wir die Reaktion von Kupferoxid mit Magnesium noch einmal genauer hinsichtlich der Verteilung der Elektronen:

Kupfer hat im CuO die Ladung $+2$, als metallisches Kupfer die Ladung 0. Bei seiner Reduktion muss es also 2 Elektronen aufgenommen haben. Magnesium hat als metallisches Mg die Ladung 0, im MgO die Ladung $+2$. Bei seiner Oxidation hat es somit 2 Elektronen abgegeben.

$$\text{Reduktion: } + 2\,e^-$$
$$Cu^{2+}O^{2-} + Mg \rightarrow Cu + Mg^{2+}O^{2-}$$
$$\text{Oxidation: } - 2\,e^-$$

Die gesamte Reaktionsgleichung kann also in zwei Teilprozesse zerlegt werden:

1. Prozess der Elektronenaufnahme (**Reduktion**):
   $$Cu^{2+} + 2\,e^- \rightarrow Cu$$
2. Prozess der Elektronenabgabe (**Oxidation**):
   $$Mg \rightarrow Mg^{2+} + 2\,e^-$$

Eine Oxidation ist immer an das Vorhandensein einer Reduktion gekoppelt und umgekehrt. Beide Reaktionen laufen immer nur gemeinsam ab, ähnlich wie Säure-Base-Reaktionen.

$$Cu^{2+} + 2\,e^- \rightarrow Cu$$
$$\underline{Mg \rightarrow Mg^{2+} + 2\,e^-}$$
$$Cu^{2+} + Mg \rightarrow Cu + Mg^{2+}$$

> Neuzeitliche Definition der Redoxreaktion:
> Redoxreaktionen sind Elektronenübertragungsreaktionen.
> Oxidation: Reaktion, bei der Elektronen abgegeben werden.
> Beispiel: $Mg \rightarrow Mg^{2+} + 2\,e^-$
> Reduktion: Reaktion, bei der Elektronen aufgenommen werden.
> Beispiel: $Cu^{2+} + 2\,e^- \rightarrow Cu$
> Oxidation und Reduktion sind stets gekoppelt.
>
> Allgemein:
> $$Ox_1 + n\,e^- \rightarrow Red_1$$
> $$\underline{Red_2 \rightarrow Ox_2 + n\,e^-}$$
> $$Ox_1 + Red_2 \rightarrow Red_1 + Ox_2$$

Diese neue Definition einer Redoxreaktion ermöglicht es nun, auch solche Reaktionen, die nicht unmittelbar an den Umsatz mit Sauerstoff gekoppelt sind, als Redoxreaktionen zu betrachten. Ähnlich den Säure-Base-Reaktionen können hier anstelle von Säure-Base-Paaren sogenannte **Redoxpaare** angegeben werden:
$$Ox_1/Red_1 \rightarrow Cu^{2+}/Cu$$
$$Ox_2/Red_2 \rightarrow Mg^{2+}/Mg$$
Zwei miteinander kombinierte Redoxpaare bezeichnet man als **Redoxsystem**.

- **Oxidationsmittel** – Stoff, der die Oxidation eines anderen Stoffs ermöglicht. Er wird dabei selbst reduziert.
- **Reduktionsmittel** – Stoff, der die Reduktion eines anderen Stoffs ermöglicht. Er selbst wird dabei oxidiert.
- Oxidation – Elektronenabgabe
- Reduktion – Elektronenaufnahme
- **Redoxsystem** – Zwei miteinander kombinierte Redoxpaare

Merkhilfe:
Oxidation = **A**bgabe von Elektronen
Reduktion = **A**ufnehmen von Elektronen

Das Magnesium ermöglicht in unserem Beispiel die Reduktion des Kupfers. Man bezeichnet es deshalb als **Reduktionsmittel**. Das Magnesium selbst wird dabei oxidiert. Das Kupfer hat dagegen die Oxidation des Magnesiums möglich gemacht, weshalb man von einem **Oxidationsmittel** spricht. Das Kupfer selbst wird reduziert.

> Oxidationsmittel (= Elektronenacceptor): Ein Stoff, der Elektronen aufnimmt und damit die Oxidation eines anderen Stoffs ermöglicht. Er selbst wird dabei reduziert.
> Reduktionsmittel (= Elektronendonator): Ein Stoff, der Elektronen abgibt und damit die Reduktion eines anderen Stoffs ermöglicht. Er selbst wird oxidiert.

9.2 Oxidationszahl

Bei Ionen kann man anhand deren Ladung relativ leicht erkennen, ob sie oxidiert oder reduziert wurden. Nimmt ihre Ladung zu (Richtung positiv), wurden sie oxidiert. Nimmt ihre Ladung ab (Richtung negativ), wurden sie reduziert.

> **Beispiel:**
> $Na \rightarrow Na^+ + e^-$ Oxidation
> $S + 2e^- \rightarrow S^{2-}$ Reduktion

Wie aber lässt sich auch bei Molekülen – in denen ja keine Ladungen auftauchen – eine Redoxreaktion erkennen? Als wichtiges Hilfsmittel benötigt man dazu die **Oxidationszahl**, die man meist als römische Ziffer mit vorangestelltem Vorzeichen über das Element schreibt, um sie von echten Ladungen zu unterscheiden.

Die Oxidationszahl eines Elements in einer Verbindung ist gleich der Ladung, die dieses Atom erhält, wenn man sich das Molekül aus Ionen aufgebaut denkt. Dies kann man relativ einfach erreichen, indem man dem elektronegativeren Bindungspartner **formal** alle Bindungselektronen zuschlägt (vgl. Abb. 9.3).

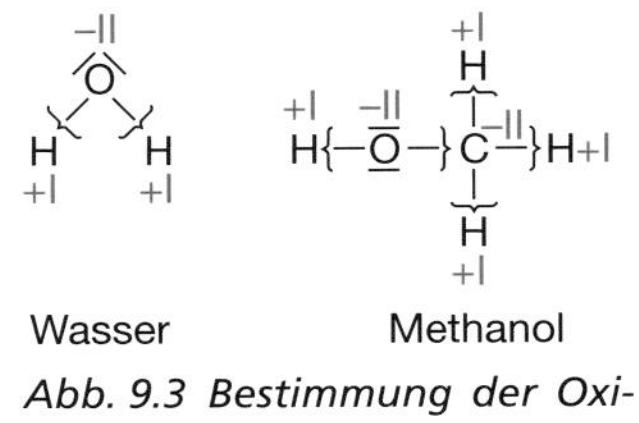

Wasser   Methanol

Abb. 9.3 Bestimmung der Oxidationszahl

> **Beispiel 1:**
> **Wasser (H_2O)**
> Im H_2O ist Sauerstoff der elektronegativere Partner und bekommt deshalb alle Bindungselektronen zugeschlagen. Er hat damit 8 Valenzelektronen, d.h. zwei mehr als im Normalfall. Er hat also 2 Elektronen im Überschuss und deshalb die Oxidationszahl $-II$. Den beiden Wasserstoffen fehlt jeweils ein Elektron. Sie haben deshalb beide die Oxidationszahl $+I$.

Beispiel 2:
Methanol (CH_3OH)
Bei den C-H-Bindungen ist jeweils der Kohlenstoff der elektronegativere und bekommt deshalb die Elektronen der Wasserstoffe zugeschlagen. Gegenüber dem Sauerstoff verliert der Kohlenstoff sein Elektron. Er hat also 6 (gegenüber normal 4) Valenzelektronen und damit die Oxidationzahl −II. Sauerstoff hat wieder −II und alle Wasserstoffe +I. Die Summe aller Oxidationszahlen ergibt null ($4 \cdot 1 - 2 - 2 = 0$).

Regeln zur Ermittlung der Oxidationszahl:
- **Elemente** (z.B. Na, Cl, H_2) besitzen die Oxidationszahl Null.
- Bei einatomigen **Ionen** entspricht die Oxidationszahl der Ladung des Ions. Beispiel: $Na^+ \rightarrow +I$, $O^{2-} \rightarrow -II$.
- Die Summe der Oxidationszahlen in einem (elektrisch neutralen) **Molekül** ist gleich null.
- Die Summe der Oxidationszahlen in einer ionischen Verbindung ist gleich deren Ladung.
- **Wasserstoff** hat in Verbindungen meistens die Oxidationszahl +I. Ausnahme: in Hydriden (z.B. NaH) −I.
- **Sauerstoff** hat in Verbindungen meistens die Oxidationszahl −II. Ausnahme: in Wasserstoffperoxid (H_2O_2) −I.

Tab. 9.1 Häufige Oxidationszahlen

+I	H, Na, K, Cu, Ag	−I	F, Cl, Br, I
+II	Mg, Ca, Ba, Mn, Fe, Cu, Zn	−II	O, S
+III	Al, Cr, Mn, Fe, N, P, As	−III	N, P
+IV	C, S	−IV	C

In der Tabelle finden Sie die Oxidationszahlen der wichtigsten Elemente. Beachten Sie dabei, dass ein Element verschiedene Oxidationszahlen annehmen kann, abhängig von seinem Bindungspartner. Für Stickstoff z.B. gibt es für die Oxidationszahl −III bis +V jeweils mindestens eine mögliche Verbindung.

$$\overset{-III}{N}H_4Cl - \overset{-II}{N_2}H_4 - H_2\overset{-I}{N}OH - \overset{+I}{N_2}O - \overset{+II}{N}O - \overset{+IV}{N}O_2 - \overset{+V}{N}O_3^-$$

9.3 Aufstellen von Redoxgleichungen

Bei Redoxgleichungen sollte man sich immer den Teilprozess der Oxidation bzw. Reduktion deutlich machen. Dazu kann die Gesamtreaktion in die beiden Einzelreaktionen aufgeteilt werden. Die Summe der Atome und der Ladungen muss, wie bei jeder Reaktionsgleichung, auf beiden Seiten der Gleichung übereinstimmen. Ist dies nicht der Fall, muss durch Einbringen geeigneter Faktoren ein Ausgleich hergestellt werden. Bei komplexen Redoxreaktionen sind zusätzlich saure (H^+) oder basische (OH^-) Äquivalente nötig, um die Gleichung entsprechend auszugleichen. Redoxgleichungen werden schnell relativ komplex und unübersichtlich. Deshalb werden häufig zugunsten einer besseren Übersichtlichkeit nur die Ionen geschrieben, auf die es ankommt, und deren Gegenionen einfach weggelassen.

Regeln zum Aufstellen von Redoxgleichungen

- Formulieren der vorläufigen Reaktionsgleichung (Weglassen von „unwichtigen" Ionen).
- Bestimmung der Oxidationszahlen.
- Identifikation der beiden Teilprozesse (Oxidation/Reduktion) anhand der Änderung der Oxidationszahlen:
  Oxidationszahl steigt → Oxidation
  Oxidationszahl sinkt → Reduktion
- Anzahl der verschobenen Elektronen in der Oxidations- bzw. Reduktionsreaktion bestimmen.
- Angleichen der Elektronenübergänge durch Multiplizieren der Oxidations- bzw. Reduktionsreaktion.
- Angleichen der Ladungen auf beiden Seiten (selten notwendig).
  Im sauren Milieu mit H_3O^+.
  Im basischen Milieu mit OH^-.
- Angleichen der übrigen Elemente (überschüssige O und H reagieren zu H_2O).

Beispiel 1:
Reaktion von Eisen(III)-oxid mit Wasserstoff
Aufstellen der vorläufigen Reaktionsgleichung:
Eisen(III)-oxid + Wasserstoff → Eisen + Wasser
$Fe_2O_3 + H_2 \rightarrow Fe + H_2O$

Bestimmen der Oxidationszahlen und Aufteilen in die Teilprozesse der Oxidation und der Reduktion:

1) $\overset{+III}{2\,Fe^{3+}} + 6\,e^- \rightarrow \overset{0}{2\,Fe}$ Reduktion

2) $\overset{0}{H_2} \rightarrow \overset{+I}{2\,H^+} + 2\,e^-$ Oxidation $|\cdot 3$

Um die Elektronenübergänge anzugleichen, muss die Oxidationsreaktion mit drei multipliziert werden, da für die Reduktion der Eisen-Ionen sechs Elektronen benötigt, von einem Wasserstoffmolekül aber nur zwei Elektronen bereitgestellt werden. Der Sauerstoff behält vor und nach der Reaktion die gleiche Oxidationszahl (-II) und wechselt lediglich den Bindungspartner. Damit erhält man folgende endgültige Reaktionsgleichung:
$Fe_2O_3 + 3\,H_2 \rightarrow 2\,Fe + 3\,H_2O$

Beispiel 2:
Reaktion von Permanganat-Ionen mit Eisen(II)-Ionen in saurer Lösung
Aufstellen der vorläufigen Reaktionsgleichung:
$MnO_4^- + Fe^{2+} \rightarrow Fe^{3+} + Mn^{2+}$

Bestimmung der Oxidations- bzw. Reduktionsreaktion anhand der Oxidationszahlen und Angleichen der Elektronenübergänge:

1) $\overset{+VII}{MnO_4^-} + 5\,e^- \rightarrow \overset{+II}{Mn^{2+}}$ Reduktion

2) $\overset{+II}{Fe^{2+}} \rightarrow \overset{+III}{Fe^{3+}} + e^-$ Oxidation $|\cdot 5$

Damit erhält man als neue Reaktionsgleichung:
$$MnO_4^- + 5\,Fe^{2+} \rightarrow Mn^{2+} + 5\,Fe^{3+}$$

Auf der linken Seite befinden sich 9, auf der rechten Seite 17 positive Ladungen. Zum Ausgleich benötigt man auf der linken Seite also 8 zusätzliche Protonen. Kein Problem, denn die Reaktion findet ja in saurer Lösung statt. Damit erhält man:
$$MnO_4^- + 5\,Fe^{2+} + 8\,H_3O^+ \rightarrow Mn^{2+} + 5\,Fe^{3+}$$

Zum Schluss muss noch der Ausgleich der Elemente erfolgen. Zunächst beim Sauerstoff: Auf der linken Seite sind es $4 + 8 = 12$ Sauerstoffatome, auf der rechten Seite null. Aus den 12 Sauerstoffatomen können 12 Moleküle H_2O gebildet werden. Die Kontrolle zeigt, dass nun auch der Wasserstoff ausgeglichen ist: links: $8 \cdot 3 = 24$ und rechts $2 \cdot 12 = 24$.
$$MnO_4^- + 5\,Fe^{2+} + 8\,H_3O^+ \rightarrow Mn^{2+} + 5\,Fe^{3+} + 12\,H_2O$$

Häufige Oxidationsmittel:
Halogene (F_2, Cl_2, Br_2, I_2), O_2, N_2, Permanganat (MnO_4^-), Dichromat ($Cr_2O_7^{2-}$)

Häufige Reduktionsmittel:
Alkalimetalle (Li, Na, K), Erdalkalimetalle (Mg, Ca), Al, H_2, Thiosulfat ($S_2O_3^{2-}$)

9.4 Elektrolyse

Ein Stoff leitet den elektrischen Strom nur, wenn sich in ihm frei bewegliche Ladungsträger (z.B. Elektronen) befinden. Diese Bedingung erfüllen z.B. Metalle. Aber auch Salze leiten in gelöstem und geschmolzenem Zustand den elektrischen Strom. Nur so sind die Ladungsträger (Anionen und Kationen) frei beweglich. Legt man an eine Lösung oder Schmelze eines Salzes durch Einbringen von zwei Elektroden eine Gleichspannung an, so kann man meist schon nach wenigen Minuten beobachten, dass eine Reaktion stattfindet: Das Salz wird wieder in seine Elemente aufgetrennt.

Die positiv geladenen Ionen wandern dabei zur negativen **Kathode**, nehmen von ihr Elektronen auf und werden dabei reduziert (**kathodische Reduktion**). Es entsteht wieder das entsprechende Metall.
$$Me^{x+} + x\,e^- \rightarrow Me$$
z.B.: $Na^+ + e^- \rightarrow Na$

Die negativ geladenen Ionen wandern zur positiven **Anode**, geben dort ihre überschüssigen Elektronen ab und werden oxidiert (**anodische Oxidation**). Es entsteht meist wieder das entsprechende Nichtmetall. Ein Bromid-Ion wird so beispielsweise zum Bromatom oxidiert und verbindet sich mit einem weiteren Bromatom sofort zum energetisch günstigeren Brommolekül (Br_2).
$$a\,NM^{y-} \rightarrow NM_a + (a \cdot y)\,e^-$$
z.B.: $2\,Br^- \rightarrow Br_2 + 2\,e^-$

• **Salze** – vgl. S. 42
• **Anion** – negativ geladenes Ion, vgl. S. 39
• **Kation** – positiv geladenes Ion, vgl. S. 39
• Lösungen und Schmelzen von Salzen werden als **Elektrolyte** bezeichnet.
• **Kathode** – Minuspol
• **Anode** – Pluspol

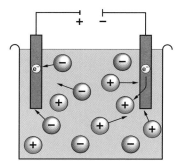

Abb. 9.4 Ionenbewegung in der Elektrolyse

Beispiele für die technische Anwendung der Elektrolyse:

▪ Die Gewinnung von **Aluminium** (z.B. für Aluminiumfolie) erfolgt durch Schmelzelektrolyse mit einer Mischung aus Aluminiumoxid (Al_2O_3) und Kryolith (Na_3AlF_6). Dazu werden enorme Mengen Energie verbraucht. Alufolie sollte deshalb sparsam verwendet werden.

▪ **Wasserstoff** für Wasserstoffautomobile wird technisch durch Elektrolyse von Wasser gewonnen. Bedenken Sie deshalb: Wasserstoffahrzeuge sind zwar eine hervorragende Erfindung, weil sie als Abgas nur Wasser produzieren. Sie verbrauchen aber indirekt trotzdem Energie, weil der Wasserstoff erst durch Elektrolyse hergestellt werden muss. Die elektrische Energie dazu muss aus einem anderen Prozess stammen (z.B. aus einem Kohle- oder Atomkraftwerk).

Eine **Zinkhalbzelle** besteht z.B. aus einer Lösung von Zinksulfat (Zn^{2+} + SO_4^{2-}) und einem Stück Zinkblech (Zn).

Kombiniert man eine Zinkhalbzelle mit der Normalwasserstoffelektrode, so erhält man das Normalpotenzial der Zinkhalbzelle.

> Eine vollständige Zerlegung eines Stoffs durch den elektrischen Strom nennt man Elektrolyse.

Interessant in diesem Zusammenhang ist auch, dass sich die elementarsten Begriffe zur Beschreibung von Ionenverbindungen aus der Elektrolyse ableiten:

▪ Griechisch „ion" bedeutet „wandern". Ionen sind also im elektrischen Feld wandernde Teilchen.

▪ **Anionen** sind Ionen, die zur Anode (+-Pol) wandern. Sie selbst sind **negativ**.

▪ **Kationen** sind Ionen, die zur Kathode (- -Pol) wandern. Sie selbst sind **positiv**.

9.5 Elektrochemische Spannungsreihe

Nachdem bekannt ist, was eine Reduktion und eine Oxidation ist, soll es nun um die Quantifizierung (d.h. das Ausmaß) einer Redoxreaktion gehen und um die Frage, warum bestimmte Redoxreaktionen ablaufen oder eben nicht ablaufen.

> **Beispiel:**
> Stellt man beispielsweise ein Zinkblech (Zn) in eine Lösung mit Kupfer-Ionen, so scheidet sich nach einer gewissen Zeit elementares Kupfer am Zinkblech ab. Diesen Prozess nennt man **Zementation**. Im umgekehrten Fall (Kupferblech in Zink-Ionen-Lösung) geschieht dagegen nichts. Offensichtlich kann Zink Kupfer reduzieren, Kupfer Zink dagegen nicht.

Bei **Säure-Base-Reaktionen** drückt der **pK$_S$-Wert** aus, wie leicht eine Verbindung ein Proton abgibt. Als Bezug dient das Wasser. Bei **Redoxreaktionen** hat man, um auch hier Aussagen über den Ablauf einer Reaktion machen zu können, das **Normalpotenzial** eingeführt. Als Bezugspunkt dient die Normalwasserstoffelektrode.

9.5.1 Galvanische Elemente

Ein System, das aus einem Element in seiner oxidierten und seiner reduzierten Form besteht, heißt **Halbzelle**. Eine Halbzelle besteht also aus einem Redoxpaar (z.B. Zn^{2+}/Zn).

Kombiniert man zwei Halbzellen miteinander, so erhält man eine **Zelle** oder ein **galvanisches Element**. Die alltäglichsten galvanischen Elemente sind Batterien. Zwischen zwei kombinierten Halbzellen entsteht eine Spannung (= **Potenzialdifferenz**), die mithilfe eines Spannungsmessgerätes (in Volt) gemessen werden kann. Wird eine solche Zelle in einen Stromkreis eingebracht, fließt ein elektrischer Strom.

Die zwischen zwei Halbzellen gemessene Spannung hängt immer von der Art der beiden kombinierten Halbzellen ab. Eine allgemeingültige Aussage über die Wirksamkeit eines Redoxsystems kann deshalb nur getroffen werden, wenn verschiedene Halbzellen immer mit der gleichen Referenzhalbzelle kombiniert werden. Man ist übereingekommen, die Spannung einer Halbzelle im Vergleich zur **Normalwasserstoffelektrode** zu messen. Man sagt, man misst das Potenzial einer Halbzelle gegen die Normalwasserstoffelektrode. Die dabei gemessene Spannung nennt man das **Normalpotenzial E_0** (sprich: E null) dieser Halbzelle. Das Potenzial der Normalwasserstoffelektrode wird dabei einfach gleich null gesetzt und dient uns als Bezugspunkt.

9.5.2 Aufbau der Normalwasserstoffelektrode

Die Normalwasserstoffelektrode entspricht einer Halbzelle (vgl. Abb. 9.5) und besteht aus einer Platinelektrode, die bei 25 °C unter einem konstanten Druck von 1 bar von Wasserstoffgas umspült wird. Diese Elektrode taucht in eine Lösung mit dem pH-Wert von null, d. h. $c(H_3O^+) = 1$ mol/l ein. Die oxidierte Form dieses Systems stellt das Proton dar, die reduzierte Form das Wasserstoffmolekül. Das Potenzial dieser Halbzelle wird **willkürlich gleich null gesetzt** und dient damit als Bezugspunkt zur Messung der Potenziale anderer Halbzellen. Reaktionsgleichung des Redoxsystems:
$2\,H_3O^+ + 2\,e^- \rightleftharpoons 2\,H_2O + H_2$

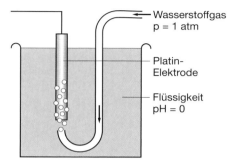

Wasserstoffgas
p = 1 atm

Platin-Elektrode

Flüssigkeit
pH = 0

Abb. 9.5 Normalwasserstoffelektrode

Das Normalpotenzial eines Redoxsystems entspricht seiner bei Normalbedingungen gegenüber der Wasserstoffelektrode gemessenen Spannung.

Normalbedingungen sind: 25 °C (298 K) und eine Konzentration der Reaktionspartner von 1 mol/l.

So kann nun jede einzelne Halbzelle unter Normalbedingungen mit der Normalwasserstoffelektrode kombiniert und deren Spannung gemessen werden. Trägt man die so gemessenen Werte in einer Tabelle nach zunehmender Größe auf (vgl. Tab. 9.2), erhält man die **elektrochemische Spannungsreihe**.

Redoxpaare, die gegenüber der Normalwasserstoffelektrode Elektronen abgeben, bekommen ein negatives Normalpotenzial zugeordnet. Sie wirken gegenüber dem Redoxpaar H^+/H_2 reduzierend.
Redoxpaare, die gegenüber der Normalwasserstoffelektrode Elektronen aufnehmen, bekommen ein positives Normalpotenzial zugeordnet. Sie wirken oxidierend auf das Redoxpaar H^+/H_2.

Je negativer das Normalpotenzial eines Redoxpaares, desto stärker ist seine reduzierende Wirkung. Umgekehrt gilt entsprechend: Je positiver das Normalpotenzial eines Redoxpaares, desto stärker ist seine oxidierende Wirkung. Reduzierende Redoxpaare stehen in der Spannungsreihe oben, oxidierende unten. Die reduzierende Eigenschaft nimmt von oben nach unten ab, die oxidierende entsprechend zu.

Dies erklärt nun das eingangs vorgestellte scheinbare Paradoxon, dass Zink zwar Kupfer, Kupfer dagegen aber nicht Zink reduzieren kann. Zink hat ein negativeres Normalpotenzial als Kupfer und wirkt deshalb auf Kupfer reduzierend. Umgekehrt funktioniert die Reaktion dagegen nicht.

Tab. 9.2 Elektrochemische Spannungsreihe (Redoxpotenziale)

Oxidierte Form			Reduzierte Form	Normalpotenzial E_0 (in mV)
Li^+	+	e^-	$\rightleftharpoons$ Li	−3,03
K^+	+	e^-	$\rightleftharpoons$ K	−2,92
Ca^{2+}	+	$2e^-$	$\rightleftharpoons$ Ca	−2,76
Na^+	+	e^-	$\rightleftharpoons$ Na	−2,71
Mg^{2+}	+	$2e^-$	$\rightleftharpoons$ Mg	−2,40
Zn^{2+}	+	$2e^-$	$\rightleftharpoons$ Zn	−0,76
S	+	$2e^-$	$\rightleftharpoons$ S^{2-}	−0,51
Fe^{2+}	+	$2e^-$	$\rightleftharpoons$ Fe	−0,44
$2\,H_3O^+$	+	$2e^-$	$\rightleftharpoons$ $2\,H_2O + H_2$	0,00
Cu^{2+}	+	e^-	$\rightleftharpoons$ Cu^+	+0,17
Cu^{2+}	+	$2e^-$	$\rightleftharpoons$ Cu	+0,35
J_2	+	$2e^-$	$\rightleftharpoons$ $2\,J^-$	+0,58
Fe^{3+}	+	e^-	$\rightleftharpoons$ Fe^{2+}	+0,75
Ag^+	+	e^-	$\rightleftharpoons$ Ag	+0,81
Hg^{2+}	+	$2e^-$	$\rightleftharpoons$ Hg	+0,86
CrO_4^{2-}	+	$8\,H_3O^+ + 3e^-$	$\rightleftharpoons$ $12\,H_2O + Cr^{3+}$	+1,30
Cl_2	+	$2e^-$	$\rightleftharpoons$ $2\,Cl^-$	+1,36
MnO_4^-	+	$8\,H_3O^+ + 5\,e^-$	$\rightleftharpoons$ $12\,H_2O + Mn^{2+}$	+1,50
F_2	+	$2e^-$	$\rightleftharpoons$ $2\,F^-$	+3,06

Man kann es sich auch so vorstellen, dass **Elektronen** in der Tabelle nur **von oben nach unten** durchgegeben werden, nie aber von unten nach oben, d. h. ein Redoxpaar kann Elektronen nur an alle Redoxpaare unter ihm (positiveres Normalpotenzial) abgeben, nicht umgekehrt.

Metalle, die reduzierend wirken, werden bei der Abgabe ihrer Elektronen oxidiert und gehen in den ionischen und damit wasserlöslichen Zustand über. Man bezeichnet deshalb Metalle, die sich sehr leicht oxidieren lassen (negatives Normalpotenzial), als **unedle Metalle.** Metalle, die sich dagegen nur schwer oxidieren lassen (positives Normalpotenzial), als **edle Metalle**. Dazwischen gibt es die **Halbedelmetalle** (vgl. Tab. 9.3).

Tab. 9.3 Einteilung der Metalle nach dem Normalpotenzial

Edelmetalle ($E_0 > 1$ mV)	Halbedelmetalle ($E_0 \sim 1$ mV)	Unedle Metalle ($E_0 < 0$ mV)	
Gold, Au Platin, Pt	Kupfer, Cu Silber, Ag Quecksilber, Hg	Leichtmetalle: Kalium (K), Calcium (Ca), Natrium (Na), Magnesium (Mg), Aluminium (Al)	Schwermetalle: Mangan (Mn), Zink (Zn), Chrom (Cr), Eisen (Fe), Cadmium (Cd), Cobalt (Co), Nickel (Ni), Zinn (Sb), Blei (Pb)

9.6 Elektrochemische Stromerzeugung

Wie im vorhergehenden Kapitel erläutert, fließt zwischen zwei kombinierten Halbzellen mit unterschiedlichem Normalpotenzial ein Strom. Dieses Prinzip wird in allen Batterien ausgenutzt. Die erste Kohle-Zink-Batterie erfand der französische Chemiker Georges Leclanché Mitte des 19. Jahrhunderts. Die Kombination einer Zink- und einer Kupferhalbzelle bezeichnet man auch als **Daniell-Element** (vgl. Abb 9.6).

Da Zink ein niedrigeres Normalpotenzial als Kupfer hat (vgl. Tab. 9.2), wird bei dieser Redoxreaktion Zink oxidiert und Kupfer reduziert. Das metallische Zink gibt Elektronen ab und wird zum wasserlöslichen Zink-Ion. Die Elektronen wandern über die elektrische Verbindung an die Kupferelektrode. Dort reduzieren sie die wasserlöslichen Kupfer-Ionen zu metallischem Kupfer, das sich an der Elektrode abscheidet. Die Zinkelektrode entspricht also der Anode, die Kupferelektrode der Kathode. Die Redoxprozesse lassen sich folgendermaßen formulieren:

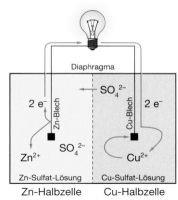

Abb. 9.6 Daniell-Element

Anode: $Zn \rightleftharpoons Zn^{2+} + 2\,e^-$
Kathode: $Cu^{2+} + 2\,e^- \rightleftharpoons Cu$

Redoxvorgang: $Cu^{2+} + Zn \rightleftharpoons Cu + Zn^{2+}$

In der Zinkhalbzelle entstehen im Verlauf der Reaktion positive Ladungen (Zn^{2+}-Ionen), während in der Kupferhalbzelle positive Ladungen verschwinden und negative Sulfat-Ionen (SO_4^{2-}) zurückbleiben. Um dieses zu kompensieren, müssen beide Halbzellen durch eine Salzbrücke oder eine halbdurchlässige Membran (**Diaphragma**) verbunden sein, damit den Sulfat-Ionen ein Übergang von der Kupfer- zur Zinkhalbzelle ermöglicht wird.

Im Verlauf der Reaktion nimmt die Zinkelektrode an Masse ab (Zink geht in die Lösung), die Kupferelektrode dagegen zu (Kupfer scheidet sich ab). Der Strom fließt in diesem Beispiel von der Zink- zur Kupferhalbzelle freiwillig, d. h. unter Abgabe von Energie. Diese Energie kann genutzt werden, um z. B. einen Elektromotor oder eine Glühbirne zu betreiben. Man spricht auch von der sogenannten **Elektromotorischen Kraft (EMK)**.

Die maximale Spannung, die bei der Kombination zweier beliebiger Halbzellen (unter Standardbedingungen) entstehen kann, berechnet sich aus der Differenz der beiden Normalpotenziale.

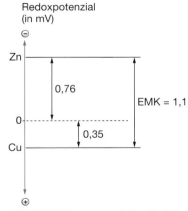

Abb. 9.7 Elektromotorische Kraft

$$EMK = E_0 \text{ (1. Halbzelle)} - E_0 \text{ (2. Halbzelle)}$$

Für das Daniell-Element ergibt sich damit:
$EMK = +0,35 - (-0,76) = 0,35 + 0,76 = 1,11\,mV$

Die reduzierte Form des unedlen Systems gibt Elektronen an die oxidierte Form des edleren Systems ab.
Anhand der Normalpotenziale lässt sich voraussagen, ob eine bestimmte Redoxreaktion abläuft oder nicht.

9.7 Vergleich zwischen Protolyse und Redoxreaktion

Protolyse	Redoxreaktion
(= Protonenübertragungsreaktion)	(= Elektronenübertragungsreaktion)
Reaktion findet zwischen einem Protonendonator (= Säure) und einem Protonenacceptor (= Base) statt.	Reaktion findet zwischen einem Elektronendonator (= Reduktionsmittel) und einem Elektronenacceptor (= Oxidationsmittel) statt.
Beispiel: $HCl + H_2O \rightleftharpoons H_3O^+ + Cl^-$ Allgemein: Säure 1 + Base 2 $\rightleftharpoons$ Säure 2 + Base 1	Beispiel: $2\ MgO + C \rightleftharpoons 2\ Mg + CO_2$ Allgemein: Ox 1 + Red 2 $\rightleftharpoons$ Red 1 + Ox 2
Säure-Base-Paar: HCl/Cl^- H_3O^+/H_2O Die Oxidationszahlen ändern sich nicht.	Redox-Paar: Mg^{2+}/Mg CO_2/C Die Oxidationszahlen ändern sich. Bei Oxidation wird die Oxidationszahl positiver, bei Reduktion negativer.
Quantifizierung durch pK_S-Wert: = Maß für das Bestreben einer Verbindung, Protonen abzugeben oder aufzunehmen. Es gilt: $pK_S + pK_B = 14$ Bezugspunkt: H_2O	Quantifizierung durch Redoxpotenzial: = Maß für das Bestreben einer Verbindung, Elektronen aufzunehmen (edle Halbzellen) oder abzugeben (unedle Halbzellen). Bezugspunkt: Wasserstoffzelle H_2/H^+
Je kleiner der pK_S-Wert, desto stärker die Säure.	Je negativer das Redoxpotenzial, desto unedler die Verbindung $\rightarrow$ Reduktionsmittel.

Übungsaufgaben

1 Gegeben seien folgende Salze: $KMnO_4$, $NaNO_3$, MnO, MnO_2, Al(OH)3, $[Cu(NH_3)_4]Cl_2$, CuO, Cu_2O, Fe_2O_3, $FeCl_2$, KNO_2, $Ca(OCl_4)_2$.
   a) Bestimmen Sie die Oxidationszahlen der Metalle sowie von Stick- und Sauerstoff in den Verbindungen. Stellen Sie Ihre Ergebnisse in einer Tabelle dar.
   b) Benennen Sie aus den gegebenen Verbindungen 7 selbst gewählte.
   c) Ordnen Sie die Metalle nach steigender Oxidationszahl. Beachten Sie dabei, dass ein Element in verschiedenen Oxidationsstufen vorkommen kann.
2 Bestimmen Sie die Oxidationszahlen der Elemente in folgenden Verbindungen:
   a) CO_2, CO
   b) NO, N_2O, HNO_3, NO_2, NH_3
   c) Fe_2O_3, $FeCl_2$
   d) HCN, HSCN
   e) HCl, HClO, $HClO_4$
   f) H_2O, H_3O^+, H_2O_2
   Untersuchen Sie an den obigen Beispielen, bei welchen Elementen gehäuft verschiedene Oxidationsstufen vorkommen und bei welchen die Oxidationszahl eher gleich bleibt.

3 Formulieren Sie die Reaktionsgleichung folgender Prozesse und kennzeichnen Sie, wenn vorhanden, den Oxidations- bzw. Reduktionsvorgang. Wie viele Elektronen werden dabei verschoben?
   a) Magnesium + Chlor
   b) Lithium + Sauerstoff
   c) Kupfer(II)-oxid + Wasserstoff
   d) Natriumchlorid + Schwefelsäure
   e) Magnesiumoxid + Kohlenstoff
   f) Eisen(III)-oxid + Salzsäure
   g) Calcium + Salpetersäure
   h) Calcium + Kohlenstoffdioxid
   i) Cobalt + Jodwasserstoff (Cobalt zweiwertig)
   k) Zink + Wasser (Zink zweiwertig)

4 Gegeben seien folgende Reaktionsgleichungen:
   $HCl + O_2 \rightleftharpoons H_2O + Cl_2$
   $N_2 + H_2 \rightleftharpoons NH_3$
   $SO_2 + NO_2 \rightleftharpoons SO_3 + NO$
   a) Gleichen Sie die Reaktionsgleichungen aus.
   b) Kennzeichnen Sie den Oxidations- bzw. Reduktionsvorgang.

5 Stellen Sie für folgende Redoxprozesse die Reaktionsgleichungen auf und benennen Sie die Redoxpaare:
   a) Natriumsulfit (Na_2SO_3) regiert mit Eisen(III)-chlorid zu Natriumsulfat (Na_2SO_4).
   b) Jodwasserstoff wird durch Schwefelsäure zu Schwefelwasserstoff umgesetzt. Dabei wird Jod freigesetzt.
   c) Salpetersäure lässt Bleisulfid (PbS) zu Bleisulfat ($PbSO_4$) reagieren. Der Stickstoff wird dabei zu Stickstoffdioxid (NO_2).
   d) Chlorid-Ionen reagieren in saurer Lösung mit Permanganat-Ionen (MnO_4^-) zu Chlor.
   e) Mangan-Ionen (Mn^{2+}) reagieren in alkalischer Lösung mit Permanganat zum Mangandioxid (Braunstein, MnO_2).

6 Folgende Ionen werden jeweils in saurem Milieu durch Permanganat (MnO_4^-) oxidiert. Formulieren Sie jeweils die Reaktionsgleichung.
   a) Fe^{2+}
   b) SO_3^{2-}

7 Elementares Kupfer wird in saurer Lösung mit Nitrat umgesetzt. Formulieren Sie die Reaktionsgleichung und benennen Sie Oxidations- und Reduktionsmittel.

8 Gegeben seien folgende Begriffe:
   a) Protolyse
   b) Elektrolyse
   c) Reduktionsmittel
   d) Protonenacceptor/-donator
   e) Elektronenübertragungsreaktion
   f) pK_S-Wert
   g) Normalpotenzial
   h) Ionenprodukt des Wassers
   i) Wasserstoffzelle
   k) Oxidationszahl
   – Erläutern Sie in eigenen Worten die Begriffe b), c), g) und k).
   – Ordnen Sie die Begriffe der Rubrik „Redoxreaktion" bzw. „Säure-Base-Reaktion" zu.

9 Ordnen Sie den Begriffen links die richtige Definition rechts zu.

Oxidation	Ein Stoff, der selbst reduziert wird und damit die Oxidation eines anderen Stoffs ermöglicht.
Reduktion	Ein System aus einem Element in seiner oxidierten und reduzierten Form.
Halbzelle	Die Abgabe von Elektronen, die Oxidationszahl steigt (wird positiver).
Elektrolyse	Die Zersetzung (Analyse) einer Verbindung unter Einwirkung elektrischen Stroms.
Oxidationsmittel	Ein Stoff, der die Reduktion eines anderen Stoffs ermöglicht und selbst oxidiert wird.
Reduktionsmittel	Die Aufnahme von Elektronen, die Oxidationszahl wird kleiner (Richtung negativ).

10 Was ist das Daniell-Element? Erklären Sie mithilfe einer kleinen Skizze.

11 In einem Versuch soll die Elektrolyse von Natriumjodid durchgeführt werden.
   a) Was versteht man unter einer Elektrolyse?
   b) Zeichnen Sie eine Skizze, aus der die Bewegung der Ionen während der Elektrolyse sichtbar wird.
   c) Beschreiben Sie mithilfe von Reaktionsgleichungen die Vorgänge an der Anode bzw. Kathode.

12 Wie bestimmt man das Normalpotenzial einer Kupferhalbzelle?

13 Aufgrund des Normalpotenzials E_0 kann man Metalle einteilen. Benennen Sie diese Einteilung und geben Sie für jede Rubrik zwei Beispiele an.

14 Was ist die elektrochemische Spannungsreihe? Wie kommt man zu ihrer Anordnung?

15 Erklären Sie, wie man mithilfe der Spannungsreihe voraussagen kann, ob eine Redoxreaktion freiwillig abläuft oder nicht?

16 Gegeben seien die folgenden Redoxreaktionen:
   (I): $Ag + Mg^{2+}$
   (II): $Zn + Fe^{3+}$ (Die Werte für E_0 finden Sie auf S. 115.)
   a) Machen Sie eine Aussage darüber, ob die Reaktionen freiwillig ablaufen, und begründen Sie.
   b) Formulieren Sie eine ausführliche Reaktionsgleichung zu beiden Reaktionen.

17 Die Autobatterie ist ein Bleiakkumulator und enthält folgendes relativ komplexes Redoxsystem:
   $Pb + PbO_2 + 2 H_2SO_4 \rightleftharpoons 2 PbSO_4 + 2 H_2O$
   Der Vorgang läuft beim Entladen der Batterie von links nach rechts, beim Laden verläuft der Prozess umgekehrt.
   a) Bestimmen Sie die Oxidationszahlen der Bleiatome bzw. -ionen.
   b) Ermitteln Sie die Teilreaktionen der Oxidation und Reduktion und benennen Sie die Redoxpaare.

10

Einführung in die Organische Chemie

Heute ist es technisch möglich nahezu jeden organischen Stoff herzustellen. Ist dies einmal nicht möglich, so kann der Syntheseapparat von Mirkoorganismen (Bakterien oder Pilzen → Biotechnologie) ausgenutzt werden. Auf diese Weise entstehen im Labor harmlose und zugleich nützliche Stoffe, wie das Vitamin C oder das Penicillin, aber auch hoch giftige Verbindungen, wie das bereits verbotene Insektizid DDT. Von vielen dieser Stoffe kann heute noch gar nicht gesagt werden, wie sie sich auf lange Sicht auf unser Ökosystem (speziell den Menschen) auswirken.

• Friedrich Wöhler wurde am 31. Juli 1800 in Frankfurt am Main geboren. Ab 1820 studiert er Medizin in Marburg und ab 1821 Medizin und Chemie in Heidelberg. Er gilt als Pionier der organischen Chemie. Außerdem gelang ihm die Synthese von Calciumcarbid, Oxalsäure, Benzoesäure und Hydrochinon. Er starb 23. September 1882.

10.1 Geschichtlicher Rückblick

Die organische Chemie befasst sich mit der **Chemie von Verbindungen, die überwiegend aus Kohlenstoff** bestehen. Neben Kohlenstoff können in diesen Verbindungen noch (in der Reihenfolge ihrer abnehmenden Häufigkeit) Wasserstoff, Sauerstoff, Stickstoff und Schwefel vorkommen. Diese Atome bezeichnet man als **Heteroatome**. „Kleine" Verbindungen des Kohlenstoffs wie CO_2, H_2CO_3 und daraus abgeleitete Salze werden zur anorganischen Chemie gerechnet.

Die Trennung in eine anorganische und eine organische Chemie ist **historisch begründet** und wird meist nur aus didaktischen Gründen beibehalten.

Bis zum Ende des 19. Jahrhunderts waren Versuche gescheitert, Verbindungen wie Fette, Kohlenhydrate und Eiweiße oder auch kleinere Moleküle wie Harnstoff, die in lebenden Organismen gefunden werden, aus den Elementen zu synthetisieren. Deshalb trennte man diese Verbindungen gegenüber den anderen, bis dato synthetisierbaren Verbindungen ab und nannte sie „organische Verbindungen". Man ging von einer geheimnisvollen „Lebenskraft" (vis vitalis) aus, die nur lebende Organismen zur Synthese dieser Verbindungen befähige. 1828 konnte diese Trennung durch **Friedrich Wöhler** (1800–1882) durchbrochen werden: Es war ihm in seinem Laboratorium gelungen, aus dem anorganischen Stoff Ammoniumcyanat (NH_4OCN) die organische Verbindung **Harnstoff**, ein Endprodukt des Aminosäureabbaus, herzustellen. Am 28. 2. 1828 schrieb Wöhler an seinen Doktorvater Berzelius:

„Obgleich ich sicher hoffe, dass mein Brief vom 12. Januar und das Postskript vom 1. Februar bey Ihnen angelangt sind und ich täglich oder vielmehr stündlich in der gespannten Hoffnung lebe, einen Brief von Ihnen zu erhalten, so will ich ihn doch nicht abwarten, sondern schon wieder schreiben, denn ich kann sozusagen, mein chemisches Wasser nicht halten und muß Ihnen erzählen, daß ich Harnstoff machen kann, ohne dazu Nieren oder überhaupt ein Thier, sey es Mensch oder Hund nöthig zu haben. Das cyansaure Ammoniak ist Harnstoff."

Abb. 10.1 F. Wöhler

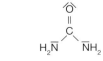

Abb. 10.2 Harnstoff

10.2 Die Symmetrie des Kohlenstoffatoms

Leitet man sich anhand der Stellung des Kohlenstoffs im PSE unter Berücksichtigung von hundtscher Regel und Pauli-Prinzip die Elektronenkonfiguration (vgl. S. 18) her, so erhält man folgende Konfiguration:

$$^{12}_{6}C \rightarrow 1s[\uparrow \downarrow] \, 2s[\uparrow \downarrow] \, p[\uparrow \bullet]_x[\uparrow \bullet]_y[\bullet \bullet]_z$$

Nach dieser Konfiguration dürfte ein Kohlenstoffatom nur 2-bindig sein, denn eine Elektronenpaarbindung ist nur in den ersten beiden p-Orbitalen möglich. Das dritte p-Orbital ist leer. Die einfachste Verbindung aus Kohlenstoff und Wasserstoff müsste demnach CH_2 sein. Doch tatsächlich ist diese kleinste Verbindung, das Methan, aus einem Kohlenstoff und vier Wasserstoffen aufgebaut. Es besitzt also die Formel CH_4. Auch in allen anderen Verbindungen, die der Kohlenstoff eingeht, ist er konsequenter Weise 4-bindig. Wie kommt das zustande?

10.2.1 Hybridisierung

Der 4-bindige Kohlenstoff entsteht durch einen Prozess, den man **Hybridisierung** nennt. Bei dieser Hybridisierung geschieht bildlich gesprochen Folgendes: Die Orbitale des 2. Energieniveaus (s- und p-Orbitale) werden „zusammengewürfelt und miteinander vermischt". Aus diesem Gemisch entstehen vier neue Orbitale, sogenannte **Hybridorbitale**, die alle die gleiche Form und denselben Energiegehalt aufweisen.

> Als Hybridisierung wird die Vermischung verschiedener Orbitale zu form- und energiegleichen Mischorbitalen (= Hybridorbitale) bezeichnet.

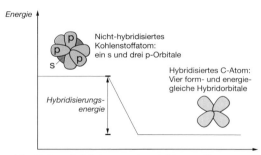

Abb. 10.3 Hybridisierung des Kohlenstoffatoms

Findet diese Hybridisierung zwischen dem einem s- und den drei p-Orbitalen des Kohlenstoffs statt, entstehen vier **sp³-Hybridorbitale** (vgl. Abb. 10.3), die alle dasselbe Energieniveau aufweisen.

Kommt es zu einer Hybridisierung zwischen dem einem s- und nur zwei p-Orbitalen, entstehen drei **sp²-Hybridorbitale**. Entsprechend bilden sich bei der Hybridisierung von einem s- und einem p-Orbital nur zwei **sp-Hybridorbitale**.

Die nicht an der Hybridisierung beteiligten (p-)Orbitale bleiben unverändert zurück, besitzen aber logischerweise ein anderes (meist höheres) Energieniveau.

Der hybridisierte Zustand des Kohlenstoffs ist ein bevorzugter Zustand, weil er **energieärmer** als der Ausgangszustand ist. Ein weiterer Vorteil liegt in der besseren Überlappungsmöglichkeit und der damit verbundenen Bildung stabiler Elektronenpaarbindungen.

Da die Hybridorbitale alle den gleichen Energiegehalt besitzen, sind sie einander gleichwertig und stoßen sich maximal ab. Diese Abstoßung (vgl. S. 36 bedingt je nach Hybridisierungszustand, definierte Winkel zwischen den Orbitalen und damit entsprechende **Bindungswinkel**. Bei einem sp³-hybridisierten C-Atom, wie es z.B. im Methan vorkommt, bildet sich eine **tetraedri-**

sche Struktur aus, bei dem die Wasserstoffatome in die Ecken einer gleichseitigen Pyramide zeigen (vgl. Tab. 10.1 und Abb. 3.6).

Tab. 10.1 Hybdrisierungszustände des Kohlenstoffatoms

Durch Hybridisie-rung von ...	... entstehen ...	Nicht an der Hyb-ridisierung sind beteiligt ...	Es entsteht ein Bindungswinkel von ...
1 s- und 3 p-Orbi-talen	4 sp³-Hybridor-bitale.	keine Orbitale	109°4' (tetraeder)
1 s- und 2 p-Orbi-talen	3 sp²-Hybridor-bitale.	1 p-Orbital	120°
1 s- und 1 p-Orbi-talen	2 sp-Hybridorbi-tale.	2 p-Orbitale	180° (linear)

10.2.2 σ- und π-Bindungen

Eine Elektronenpaarbindung, die zwischen einem **sp³-hybridisierten Kohlen-stoff** und einem weiteren Atom z.B. einem Wasserstoff- oder einem weiteren sp³-hybridisierten Kohlenstoffatom entsteht, nennt man σ-**Bindung** (sprich: „sigma-Bindung"). Sie entspricht einer **Einfachbindung**. Ein sp³-hybridisierter Kohlenstoff kann damit vier σ-Bindungen ausbilden.

Bei einem **sp²-hybridisierten Kohlenstoff** nimmt ein p-Orbital nicht an der Hybridisierung teil. Räumlich gesehen liegen alle hybridisierten Orbitale in einer Ebene und das nicht-hybridisierte p-Orbital ragt mit seinen beiden Anteilen senkrecht dazu nach oben und unten hinaus. Die hybridisierten Orbitale bilden wiederum σ-Bindungen aus. Als ein möglicher Bindungspart-ner kann dabei ein ebenfalls sp²-hybridisierter Kohlenstoff dienen. In diesem Fall bildet sich zunächst zwischen beiden C-Atomen eine σ-Bindung aus.

Zusätzlich kann eine Bindung zwischen den nicht-hybridisierten p-Orbitalen erfolgen: Dazu überlappen sich die beiden p-Orbitale ober- und unterhalb der σ-Bindung. Das entstandene Molekülorbital liegt damit ober- und unter-halb der σ-Bindung. Diese Bindung wird π-**Bindung** (sprich: „pi-Bindung") genannt.

Eine Bindung, die durch eine σ-Bindung und eine π-Bindung zustande kommt, entspricht einer **Doppelbindung**. Dabei gilt es zu beachten: Die π-Bin-dung hat zwar scheinbar zwei Orbitale – nämlich ober- und unterhalb der σ-Bindung – entspricht aber funktionell nur einer Bindung. Die folgende Abbildung zeigt das Vorkommen von σ- und π-Bindungen beim einfachsten ungesättigten Kohlenwasserstoff **Ethen**.

Eine Doppelbindung muss nicht immer zwischen zwei Kohlenstoffatomen vorkommen, sondern kann auch ein Kohlenstoff- und ein Sauerstoff- oder Stick-stoffatom miteinander verbinden.

Zwischen zwei sp-hybridisierten Kohlenstoffen kön-nen sich eine σ- und zwei π-Bindungen ausbilden. Die beiden π-Bindungen stehen dann im rechten Winkel zueinander. Dies entspricht einer **Dreifachbindung**.

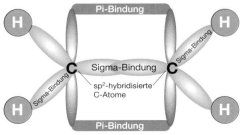

Abb. 10.4 σ- und π-Bindungen beim Ethen

> Ein sp^3-hybridisierter Kohlenstoff bildet vier σ-Bindungen und keine π-Bindung aus. Das entspricht vier Einfachbindungen.
> Ein sp^2-hybridisierter Kohlenstoff bildet drei σ-Bindungen und eine π-Bindung aus. Das entspricht einer Doppel- und zwei Einfachbindungen.
> Ein sp-hybridisierter Kohlenstoff bildet zwei σ-Bindungen und zwei π-Bindungen aus. Das entspricht einer Dreifach- und einer Einfachbindung.

Die Bindungslänge nimmt von der Einfach- über die Doppel- und Dreifachbindung ab (vgl. Tab. 10.2).

Tab. 10.2 Bindungslängen (in nm, nm $= 10^{-9}$ m)

−C−H	0,109	−C=C−	0,134
=C−H	0,108	=C=C−	0,131
≡C−H	0,106	=C=C=	0,128
−C−C−	0,154	−C≡C−	0,120
=C−C−	0,152		
≡C−C−	0,146		

10.2.3 Primäre, sekundäre und tertiäre Kohlenstoffatome

Ein Kohlenstoffatom, das nur ein weiteres C-Atom als Nachbarn hat, bezeichnet man als ein **primäres** C-Atom. **Sekundäre** Kohlenstoffatome haben bereits zwei weitere Kohlenstoffatome als Nachbarn und bei **tertiären** sind es schließlich drei. Quartäre Kohlenstoffatome kommen praktisch nicht vor, weil so eng benachbarte Kohlenstoffatome sich räumlich behindern würden.

Propan hat somit zwei primäre und ein sekundäres Kohlenstoffatom. Bei 2-**Methylpropan** gibt es ein tertiäres und drei primäre Kohlenstoffatome (vgl. Abb. 10.5).

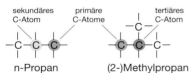

Abb. 10.5 Primäre, sekundäre und tertiäre Kohlenstoffatome

10.3 Der Begriff der Isomerie

In der organischen Chemie trifft man auf ein Phänomen, das man **Isomerie** nennt. Die Isomerie beschreibt die Tatsache, dass Stoffe zwar die gleiche Summenformel, aber ganz unterschiedliche Strukturformeln haben können.

> Isomere sind Verbindungen mit identischen Summenformeln, die sich aber in der Art oder Reihenfolge ihrer Atombindungen oder in der räumlichen Anordnung ihrer Atome unterscheiden. Sie besitzen unterschiedliche physikalische und (meist auch chemische) Eigenschaften.

Betrachten wir als Beispiel ein Molekül mit der Summenformel C_4H_{10}. Mit dieser Summenformel existieren ein kettenförmiges und ein verzweigtes, t-förmiges Molekül (vgl. Abb. 10.6). Das kettenförmige n-Butan („n' für „normales') hat einen Siedepunkt von 0 °C, das t-förmige iso-Butan (Trimethylmethan) einen Siedepunkt von −11 °C. Trotz gleicher Summenformel, können also Moleküle mit ganz unterschiedlicher Struktur und damit physikalischen und chemischen Eigenschaften entstehen.

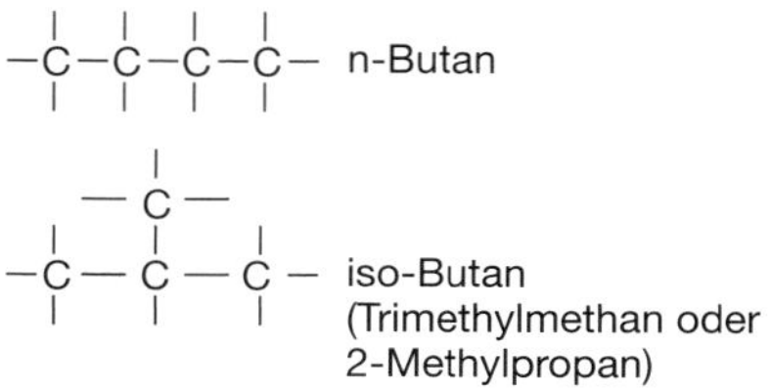

$$-\overset{|}{\underset{|}{C}}-\overset{|}{\underset{|}{C}}-\overset{|}{\underset{|}{C}}-\overset{|}{\underset{|}{C}}-\quad \text{n-Butan}$$

$$\begin{array}{c} \overset{|}{\underset{|}{C}} \\ -\overset{|}{\underset{|}{C}}-\overset{|}{\underset{|}{C}}-\overset{|}{\underset{|}{C}}- \end{array}\quad \begin{array}{l}\text{iso-Butan} \\ \text{(Trimethylmethan oder} \\ \text{2-Methylpropan)}\end{array}$$

Abb. 10.6 Isomere mit C_4H_{10}

Um ein Molekül eindeutig aufgrund seiner Struktur zu beschreiben, gibt es international festgelegte **Nomenklaturregeln**, die im folgenden Kapitel und bei den entsprechenden Stoffgruppen näher erläutert werden.

10.4 Nomenklatur

Wie bereits erwähnt, müssen in der organischen Chemie alle Stoffe genauestens deklariert werden, um Verwechslungen zu vermeiden. Dazu reicht die Summenformel allein nicht mehr aus (Isomerie!).

Jede organische Verbindung trägt mindestens eine **charakteristische Atomgruppierung**, die für die chemischen und physikalischen Eigenschaften verantwortlich ist. Diese Atomgruppierung nennt man **funktionelle Gruppe**. Stoffe mit der gleichen funktionellen Gruppe werden in Stoffklassen zusammengefasst und erhalten in ihrem Namen eine gemeinsame Endung, vergleichbar mit dem Familiennamen (vgl. Tab. 10.3).

> **Beispiel:**
> Alle Alkohole enthalten in ihrem Molekül mindestens einmal die Gruppierung O−H. Alle Alkohole enden mit -ol, z.B. Propanol.

Tab. 10.3 Funktionelle Gruppen

Klasse	Atomgruppierung Funktionelle Gruppe	Endung (Suffix)	Beispiel
Alkane	−C−C−	-an	Ethan
Alkene	−C=C−	-en	3-Buten
Alkine	−C≡C−	-in	1-Propin
Alkohole	R−OH	-ol	Ethanol
Aldehyde	$R-C\overset{\displaystyle O}{\underset{H}{\diagup}}$	-al	Propanal
Ketone	$R_1-\overset{\overset{O}{\|}}{C}-R_2$	-on	Propanon
Carbonsäuren	$R-C\overset{\displaystyle O}{\underset{OH}{\diagup}}$	-säure	Methansäure

Eine funktionelle Gruppe ist eine charakteristische Atomgruppierung, die entscheidend für Eigenschaften einer Stoffklasse verantwortlich ist.

In Abhängigkeit von der Anzahl an C-Atomen erhält ein Molekül einen bestimmten **Wortstamm** (vgl. Tab. 10.4), an den die Endung der funktionellen Gruppe angehängt wird.

Beispiel:
Eine Verbindung aus 4 C-Atomen und Wasserstoff ist damit ein Butan-an. „But-" als Vorsilbe für 4 C-Atome und die Endung „-an" als Angabe der Stoffklasse (Alkan). Enthält dieses Butan noch eine OH-Gruppe, ist es ein Alkohol und erhält zusätzlich die Endung „-ol" – Butanol.

Nun gibt es nicht nur geradkettige Moleküle, sondern auch verzweigte. Die Seitenketten erhalten die **Endung -yl** und werden der Hauptkette vorangestellt (Präfix, vgl. Tab. 10.4 und S. 125). Die Anzahl der C-Atome in diesen Seitenketten wird wie oben angegeben bestimmt.

Beispiel:
Ein Alkan mit 3 C-Atomen und einem zusätzlichen C-Atom als Verzweigung an Position 2 heißt 2-Methylpropan.

Tab. 10.4 Wortstämme und Präfixe

Anzahl C-Atome	Wortstamm	Formel	Präfix
1	Meth-	CH_3-	Methyl-
2	Eth-	CH_3CH_2-	Ethyl-
3	Prop-	$CH_3-(CH_2)_2-$	Propyl-
4	But-	$CH_3-(CH_2)_3-$	Butyl-
5	Pent-	$CH_3-(CH_2)_4-$	(Pentyl-)
6	Hex-	$CH_3-(CH_2)_5-$	(Hexyl-)
7	Hept-	$CH_3-(CH_2)_6-$	(Heptyl-)
8	Oct-	$CH_3-(CH_2)_7-$	(Octyl-)
9	Non-	$CH_3-(CH_2)_8-$	(Nonyl-)
10	Dec-	$CH_3-(CH_2)_9-$	(Decyl-)
11	Undec-	$CH_3-(CH_2)_{10}-$	(Undecyl-)
12	Dodec-	$CH_3-(CH_2)_{11}-$	(Dodecyl-)
20	Eicos-	$CH_3-(CH_2)_{19}-$	(Eicosanyl-)

11 Kohlenwasserstoffe

Kohlenwasserstoffe sind die einfachsten organischen Verbindungen. Sie bestehen nur aus Kohlenstoff- und Wasserstoffatomen und kommen kettenförmig oder ringförmig (zyklisch) vor. Man unterscheidet gesättigte Kohlenwasserstoffe, die nur Einfachbindungen enthalten, von ungesättigten Kohlenwasserstoffen, die auch Doppel- und Dreifachbindungen enthalten können.

11.1 Gesättigte Kohlenwasserstoffe

11.1.1 Alkane

Alkane sind kettenförmige Kohlenwasserstoffe, bei denen die sp^3-hybridisierten Kohlenstoffatome nur durch Einfachbindungen verbunden sind. Es handelt sich also um gesättigte Moleküle. Alkane erhalten als **Endung** die Silbe **-an**.

> Alkane sind die einfachsten, gesättigten, aliphatischen Kohlenwasserstoffe.
> Ihre allgemeine Summenformel lautet: C_nH_{2n+2}

Das einfachste Alkan, das **Methan** (CH_4), besteht aus einem Kohlenstoffatom und vier Wasserstoffatomen. Verlängert man die C-Kette durch Einfügen einer CH_2-Gruppe (Methylen-Gruppe), erhält man das nächsthöhere Alkan, das **Ethan**. Verlängert man die C-Kette wiederum um eine CH_2-Gruppe, erhält man das **Propan** usw. Ordnet man die so erhaltenen Moleküle nach steigender Länge der C-Kette an, so erhält man eine **homologe Reihe** (vgl. Tab. 11.1).

> Eine homologe Reihe ist eine Reihenfolge von Molekülen, die der gleichen chemischen Stoffklasse angehören und die sich nur durch die Anzahl ihrer CH_2-Gruppen unterscheiden.

Eigenschaften der Alkane

Innerhalb der homologen Reihe steigen der **Schmelz- und Siedepunkt** der Alkane an: Kurzkettige Alkane sind bei Zimmertemperatur gasförmig (C_1 bis C_4), die nächst höheren Alkane sind flüssig (C_5 bis C_{16}) und die langkettigen Alkane sind fest (ab C_{17}). Der Grund liegt in der zunehmenden Kettenlänge, die für eine stärkere Van-der-Waals-Wechselwirkung zwischen den Molekülen sorgt.

- **Aliphatisch** – kettenförmige Kohlenwasserstoffe oder nicht-aromatische, zyklische Kohlenwasserstoffe
- **Aromatisch** – Zyklische Kohlenwasserstoffe mit delokalisiertem π-Elektronensystem (vgl. S. 135)
- **Zyklisch** – ringförmiges Molekül (vgl. S. 127)
- **Gesättigt** – Molekül enthält nur C−C-Einfachbindungen (vgl. S. 122)
- **Ungesättigt** – Molekül kann zusätzlich C−C-Doppel- und Dreifachbindungen enthalten (vgl. S. 131)

Tab. 11.1 Homologe Reihe der Alkane

Alkan	Formel	Masse (g/mol)	Schmelz-temperatur (°C)	Siede-temperatur (°C)	Vorkommen/Verwendung
Methan	CH_4	16	−182	−162	Erdgas
Ethan	C_2H_6	30	−183	−89	Erdgas
Propan	C_3H_8	44	−188	−42	Campinggas (rote Flaschen)
n-Butan	C_4H_{10}	58	−138	−1	Erdgas, Campinggas (blaue Flaschen), Treibmittel, Feuerzeuggas
n-Pentan	C_5H_{12}	72	−130	36	Benzin
n-Hexan	C_6H_{14}	86	−95	69	Leichtbenzin, Waschbenzin
n-Heptan	C_7H_{16}	100	−90	98	Benzin
n-Octan	C_8H_{18}	114	−75	126	Benzin, Diesel
n-Nonan	C_9H_{20}	128	−54	151	Diesel, Leichtöl
n-Dekan	$C_{10}H_{22}$	142	−30	174	Diesel
n-Undekan	$C_{11}H_{24}$	156	−26	196	Schmierfette
n-Dodecan	$C_{12}H_{26}$	170	−10	216	Schmierfette
n-Eicosan	$C_{20}H_{42}$	282	36	344	Paraffine

Alle Alkane schwimmen auf dem Wasser, da sie eine geringere Dichte besitzen. Eine dünne Alkanschicht auf dem Wasser sorgt für die Lichtreflexionen, die für das interessante Erscheinungsbild von „Ölpfützen" verantwortlich sind.

Alkane besitzen keine polaren Gruppen und sind deshalb geeignete **Lösungsmittel für Fette und Öle**. Mit Wasser mischen sie sich jedoch nicht.

Abb. 11.1 Verschiedene Alkane

Aufgrund der **Einfachbindungen** sind alle Alkane recht **reaktionsträge**. Als Erdöl und Erdgas lagern sie seit Jahrmillionen tief unter der Erde, ohne sich chemisch zu verändern. Auch mit konzentrierten Säuren und Basen reagieren sie nicht. Lediglich mit Sauerstoff reagieren sie gerne, d.h. sie sind **brennbar**.

> **Beispiel:**
> Verbrennung von Hexan
> $2 \ C_6H_{14} + 19 \ O_2 \rightarrow 12 \ CO_2 + 14 \ H_2O$, $\Delta H < 0$

Kurzkettige Alkane wie z.B. Hexan und Octan verdampfen aufgrund der niedrigen Siedetemperatur sehr leicht. Die Dämpfe sind dann bereits mit einer Streichholzflamme entzündbar. Diese Alkane besitzen also eine **niedrige Flammtemperatur** und sind deshalb feuergefährlich.

Alkane kommen im **Rohöl** als Gemisch vor. Durch Raffination wird das Gemisch in verschiedene Fraktionen aufgetrennt. Die leichtflüchtigen Alkane (Pentan bis Octan) sind flüssig und die Hauptbestandteile des Sprits.

Je länger die C-Kette wird, desto zähflüssiger werden die Alkane. Diese Bestandteile werden zunächst als Diesel, dann als Heizöl, als Schmieröle und besonders langkettige Alkane als Teer verwendet.

Isomerie bei Alkanen – Konstitutionsisomerie (Strukturisomerie)

Ab einer Kettenlänge von vier C-Atomen reicht bei den Alkanen die Summenformel allein zur eindeutigen Beschreibung des Moleküls nicht mehr aus. Die Tabelle 11.2 zeigt die mit der Zunahme der Kettenlänge ansteigende Anzahl an möglichen Isomeren.

Isomerie vgl. S. 120

Tab. 11.2 Mögliche Anzahl von Isomeren

Zahl der C-Atome	4	5	6	7	8	9	10	20
Zahl der möglichen Isomere	2	3	5	9	18	35	75	366.319

Um organische Moleküle eindeutig und international einheitlich zu benennen, wurden von der IUPAC (International Union of Pure and Applied Chemistry) und der IUB (International Union of Biochemistry) Nomenklaturregeln herausgegeben, die im Folgenden aufgelistet sind:

Nomenklaturregeln für Kohlenwasserstoffe

1) Man sucht zunächst die längste durchgehende C-Kette. Diese Kette bestimmt den **Stammnamen**. Ausnahme: Ketten mit Mehrfachbindungen (bspw. bei Alkenen) haben Vorrang.

2) Dem Stammnamen werden die Namen der **Seitenketten** in alphabetischer Reihenfolge voran gestellt. Die Seitenketten erhalten die **Endung -yl** (vgl. Tab. 10.5).

3) Um die Verknüpfungsstelle zwischen Haupt- und Seitenkette anzuzeigen, werden die Kohlenstoffatome mit arabischen Zahlen durchnummeriert. Die Durchnummerierung erfolgt dabei so, dass die Verzweigungsstellen bzw. die Atome mit einer Doppelbindung möglichst kleine Zahlen erhalten. Diese Zahlen werden dem Namen der Seitenkette vorangestellt.

4) Gleiche Seitenketten werden durch griechische Zahlwörter zusammengefasst (2 – di, 3 – tri, 4 – tetra, 5 – penta usw.).

Vorsicht! Die längste durchgehende Kette kann in einem aufgezeichneten Molekül auch einmal „um die Ecke" laufen.

Ein Benzolrest wird Phenyl genannt.

> **Beispiel:**
> Isomere des Pentans.
> Abb. 11.2 zeigt verschiedene Isomere des Pentans, die sich nur durch die Stellung der C-Atome unterscheiden. Solche Isomere nennt man **Struktur- oder Konstitutionsisomere.**
>
> Das erste Molekül (A) entspricht dem „normalen" kettenförmigen Pentan. Man nennt es deshalb **n-Pentan** („n' für ‚normal').
>
> Die Suche nach der längsten durchgehenden Kette führt bei **Molekül B** (absichtlich) „um die Ecke" und besteht aus 4 C-Atomen. Das Molekül erhält also die Endung -butan. Daneben kommt am C-Atom 2 ein Methylrest vor. Das Molekül heißt also: **2-Methyl-butan**.
>
> Bei **Molekül C** finden sich vier Methylgruppen an einem zentralen C-Atom. Das Molekül erhält deshalb den Namen: **Dimethylpropan**.

Die Angabe einer Ziffer ist nicht nötig, da eine andere Gestalt des Moleküls nicht möglich ist.

Molekül D unterscheidet sich zunächst scheinbar von Molekül B. Bei genauerem Hinschauen bemerkt man aber, dass es mit Molekül B identisch ist. Es ist auch **2-Methyl-butan**.

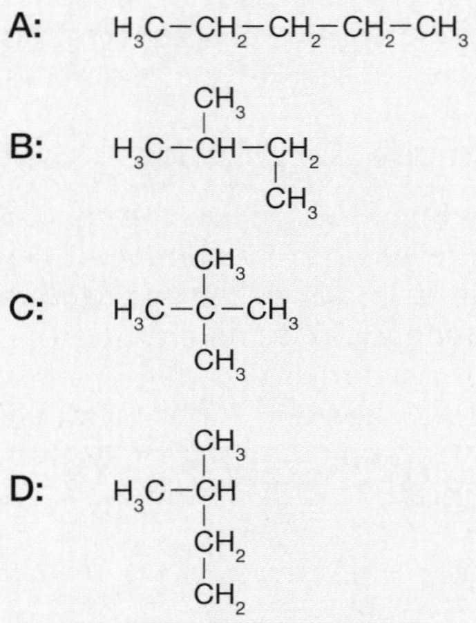

A: $H_3C-CH_2-CH_2-CH_2-CH_3$

B:
$$H_3C-\overset{\overset{\displaystyle CH_3}{|}}{CH}-\underset{\underset{\displaystyle CH_3}{|}}{CH_2}$$

C:
$$H_3C-\overset{\overset{\displaystyle CH_3}{|}}{\underset{\underset{\displaystyle CH_3}{|}}{C}}-CH_3$$

D:
$$H_3C-\overset{\overset{\displaystyle CH_3}{|}}{\underset{\underset{\underset{\underset{\displaystyle CH_2}{|}}{CH_2}}{|}}{CH}}$$

Abb. 11.2 Isomere des Pentans

Isomere, die sich nur durch die Reihenfolge und Stellung der C-Atome unterscheiden, nennt man Struktur- oder Konstitutionsisomere.

Isomere haben unterschiedliche physikalische und meist auch chemische Eigenschaften. Häufig wird dabei die Zuordnung der Schmelz- oder Siedetemperatur abgefragt. Dabei gibt es zwei einfache Regeln, die das Lösen einer solchen Aufgabe erleichtern:

Zwischenmolekulare Kräfte – vgl. S. 43

1) Zunächst einmal sollten die **zwischenmolekularen Kräfte** (ZMK), die in einem Molekül möglich sind, untersucht werden. Die Siedetemperatur einer Verbindung nimmt über folgende Reihe zu: vdW-Wechselwirkung < Dipol-Dipol-Wechselwirkung < H-Brücken < ionische Wechselwirkung.
2) Bei Molekülen mit der gleichen ZMK entscheidet die **Gestalt des Moleküls**: Eine gestreckte, lineare Konfiguration bewirkt durch eine bessere Ausbildung der ZMK eine höhere Siedetemperatur als bei gleich schweren, eher kugeligen Molekülen.

Beispiel:
Ordnung der Pentaninsomere nach zunehmender Siedetemperatur
Da bei Alkanen nur vdW-Wechselwirkungen vorkommen, kann gleich nach Punkt 2 beurteilt werden. Die niedrigste Siedetemperatur wird damit Dimethylpropan besitzen. Die nächst höhere 2-Methylbutan und die höchste das n-Pentan. Grund: Zunehmende lineare Molekülkonfiguration.

Molekülmodelle – Konformation

Die σ-Bindung zwischen zwei C-Atomen eines Ethanmoleküls ist rotationssymmetrisch. Das bedeutet, man kann in Gedanken (oder an einem Molekülmodell) die eine Methylgruppe festhalten und die andere drehen. Je nach Stand der beiden Methylgruppen zueinander unterscheidet man **rotationsisomere Formen**, sogenannte **Konformere**, die in der **Sägebock-Schreibweise** oder der **Newman-Projektion** (vgl. Abb. 11.3) dargestellt werden können. Anhand der Orientierung der Methylgruppen kann man zwei Extremsituationen unterscheiden.

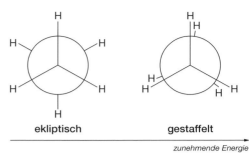

Abb. 11.3 Newman-Projektion beim Ethan

- Stehen beide Methylgruppen genau entgegengesetzt gruppiert, d. h. um 180° zueinander gedreht (vgl. Abb. 11.3 links), spricht man von der **gestaffelten Form**. Sie ist energieärmer, weil die Wasserstoffatome weiter voneinander entfernt sind.
- Sind beide Methylgruppen gleich orientiert, spricht man von der **ekliptischen Form**. Hier sind sich die Substituenten etwas näher, die gegenseitige Abstoßung und damit der Energiegehalt ist folglich etwas größer.

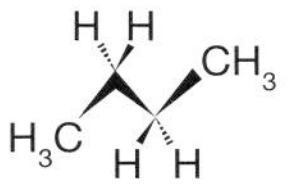

Abb. 11.4 Zick-Zack-Konformation des Butans

Da die gestaffelte Form als energieärmere Form bevorzugt wird, bilden längere Moleküle eine sogenannte **Zick-Zack-Konformation** aus (vgl. Abb. 11.4).

11.1.2 Cycloalkane

Cycloalkane entstehen aus n-Alkanen, indem jeweils am Kettenende ein H-Atom entfernt wird und die Enden über eine neue C-C-Bindung miteinander verbunden werden. Der Name entsteht aus der entsprechenden Stammsilbe ergänzt durch die **Vorsilbe Cyclo-**. Auch Cycloalkane bilden eine homologe Reihe, deren **allgemeine Summenformel** C_nH_{2n} ist. Die Abb. 11.5 zeigt in vereinfachter Schreibweise Cyclopropan, Cyclopentan und Cyclohexan. Jede Ecke der vereinfachten Schreibweise entspricht einer CH_2-Gruppe.

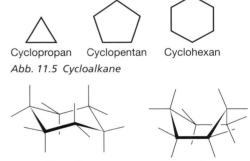

Cyclopropan   Cyclopentan   Cyclohexan

Abb. 11.5 Cycloalkane

Sesselform   Wannenform

Abb. 11.6 Konformere des Cyclohexans

Das wichtigste Cycloalkan ist das Cyclohexan. Hier stimmen die Bindungswinkel annähernd mit dem Tetraederwinkel überein. Der Ring ist spannungsfrei, jedoch nicht planar (eben). Durch Rotation um die σ-Bindungen entstehen beim Cyclohexan zwei isomere Formen (Konformere): die energieärmere **Sessel-** und die energiereichere **Wannenform** (vgl. Abb. 11.6). Der Energieunterschied beträgt etwa 25 kJ/mol. Bei der Sesselform sind die Atome am weitesten voneinander entfernt, was die Energieersparnis erklärt.

11.1.3 Reaktionen der Alkane

Homolytischer und heterolytischer Bindungsbruch

Wie erläutert, sind Alkane sehr reaktionsträge. Sie reagieren nur unter drastischen Bedingungen, wobei die Bindungen meist homolytisch gespalten werden.

a) Homolytische Bindungsspaltung

Bei der homolytischen Bindungsspaltung bleibt nach Spaltung der kovalenten Bindung vom bindenden Elektronenpaar je ein Elektron bei den beiden Partnern. Es entstehen Atome (oder Moleküle) mit ungepaarten Elektronen, sogenannte Radikale (vgl. S. 35). Die homolytische Spaltung entspricht also quasi dem Umkehrprozess der Bildung einer Elektronenpaarbindung (vgl. S. 31). Die homolytische Spaltung findet man bei unpolaren Bindungen. $A-B \rightarrow A\bullet + B\bullet$

> **Beispiel:**
> $Cl_2 \rightarrow 2\ Cl\bullet$

b) Heterolytische Bindungsspaltung

Bei der heterolytischen Spaltung einer Elektronenpaarbindung verbleiben beide Elektronen des bindenden Elektronenpaars beim elektronegativeren Bindungspartner. Der weniger elektronegative Partner geht leer aus. Es entstehen Ionen. $A-B \rightarrow A^+ + B^-$ wobei gilt: $EN(B) > EN(A)$

> **Beispiel:**
> $HCl \rightarrow H^+ + Cl^-$

> Homolytische Spaltung einer Bindung führt zur Bildung von Radikalen.
> Heterolytische Spaltung einer Bindung führt zur Bildung von Ionen.

Radikalische Substitution

Normalerweise sind Alkane und Halogene nebeneinander existent. Wird das Gemisch aber erhitzt oder belichtet (UV-Licht), findet eine teils heftige Reaktion statt. Bei dieser Reaktion werden Wasserstoffatome am Alkan durch Halogenatome ersetzt. Es entstehen **Halogenalkane**. So eine „Ersetzungsreaktion" nennt man eine **Substitution**, die genaue Beschreibung des Reaktionsablaufs in voneinander getrennten Einzelschritten **Rektionsmechanismus**.

> Der Reaktionsmechanismus beschreibt den genauen Ablauf der Reaktion auf Teilchenebene.

Am Beispiel der Reaktion zwischen Ethan und Brom soll der Reaktionsmechanismus für die Halogenierung der Alkane veranschaulicht werden (vgl. Abb. 11.7).

> **Beispiel:**
> (1) Unter Einwirkung von Hitze oder UV-Licht werden einige Brommoleküle homolytisch gespalten. Es entstehen Bromradikale (**Startreaktion**): $Br-Br \rightarrow 2\ Br\bullet$
>
> (2) Ein Bromradikal greift nun das Ethanmolekül an und entreißt ihm ein Wasserstoffatom. Es entsteht Bromwasserstoff HBr, der anhand

seiner sauren Reaktion mit einem befeuchteten Universalindikatorpapier nachgewiesen werden kann: Das Indikatorpapier färbt sich rot.

$$H_3C-CH_3 + Br\bullet \rightarrow H_3C\text{-}CH_2\bullet + HBr$$

(3) Das entrissene Wasserstoffatom hinterlässt am Ethan ein radikalisches C-Atom. Dieses C-Atom reagiert nun mit einem weiteren Brommolekül und sorgt für dessen homolytische Spaltung. Es entsteht Bromethan und ein weiteres Bromradikal. Eine **Kettenreaktion** wird unterhalten.

$$H_3C\text{-}CH_2\bullet + Br_2 \rightarrow H_3C\text{-}CH_2Br + Br\bullet$$

Lässt man die Reaktion mehrmals ablaufen, werden immer mehr Wasserstoffatome durch Bromatome ersetzt (substituiert).

(4) Durch die Rückgewinnung eines Radikals in Schritt (2) bzw. (3) wird eine Kettenreaktion unterhalten. Der Abbruch der Kette kann durch drei Reaktionen erfolgen, bei denen zwei Radikale miteinander reagieren (**Rekombination**):
(R steht für den Alkylrest)

$$R\bullet + Br\bullet \rightarrow R-Br$$
$$R\bullet + R\bullet \rightarrow R-R$$
$$Br\bullet + Br\bullet \rightarrow Br_2$$

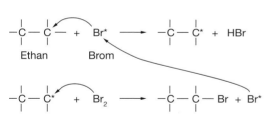

* = ungepaartes Elektron

Abb. 11.7 Reaktionsmechanismus der radikalischen Substitution

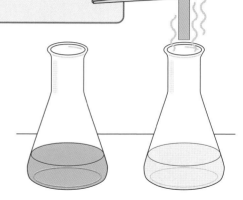

Abb.11.8 Radikalische Substitution

Reaktionsmechanismen

Da es in der organischen Chemie mehrere **Reaktionsmechanismen** gibt, muss jeder Reaktionsmechanismus benannt werden. Der Name setzt sich aus zwei Anteilen zusammen: dem Reaktionstyp und der Angriffsart.

Unter der **Angriffsart** versteht man den ersten Reaktionsschritt zwischen zwei Teilchen. Per definitionem greift immer das kleinere Teilchen das größere an – man beachte den Mut des Bromradikals. In unserem Fall greift das Bromradikal das Ethanmolekül an. Da es sich beim angreifenden Teilchen um ein Radikal handelt, spricht man von einem **radikalischen Angriff**. Der gesamte Reaktionsmechanismus wird deshalb als **radikalische Substitution S_R** bezeichnet.

> Alkane reagieren nach dem Reaktionsmechanismus der radikalischen Substitution S_R.

11.1.4 Halogenalkane (Alkylhalogenide)

Halogenierte Alkane gehören zur großen Gruppe der Halogenkohlenwasserstoffe. Diese kommen in der Natur nicht vor, finden aber große Verwendung als
- Lösungsmittel für Fette (z. B. Tetrachlormethan),
- Narkosemittel (z. B. Halothan, Sevofluran),
- Kühlmittel (z. B. Frigen),
- Löschmittel (z. B. Bromtrifluormethan),
- Treibgas (z. B. CF_3CHF_2) und
- Insektizide (z. B. DDT).

Lange Zeit hatte man die leicht flüchtigen **Fluorchlorkohlenwasserstoffe** (**FCKW**) als die idealen Kühl- und Treibmittel angesehen, da sie extrem reaktionsträge und praktisch ungiftig sind. Besonders aber die FCKWs werden für die Zerstörung der Ozonschicht verantwortlich gemacht. Ozon (O_3) bildet sich unter Einwirkung der Sonnenstrahlung in 20-50 km Höhe aus O_2 und umgibt die Erde als schützende Hülle (Ozonschicht), die den Anteil an schädlicher und krebserregender UV-Strahlung in unserer Atmosphäre verringert. In die Atmosphäre gelangte FCKW-Moleküle werden durch die UV-Strahlung gespalten. Es entstehen **Chlorradikale**. Diese Radikale reagieren nun mit den Ozonmolekülen und zerstören diese. Ein Chlorradikal kann bis zu 100.000 Ozonmoleküle zerstören, bis es selbst wieder gebunden und damit inaktiviert wird. Eine verringerte Ozonschicht kann die UV-Strahlung nur noch mangelhaft abhalten. Eine erhöhte UV-Belastung kann nun wiederum die Rate von Hautkrebserkrankungen erhöhen. Alternativen zu FCKWs sind Alkangemische (z. B. Propan und Butan) oder Tetrafluorethan als Treibgase. Als Kühlmittel werden ebenfalls Propan, Butan oder Pentan sowie Ammoniak oder Kohlenstoffdioxid eingesetzt.

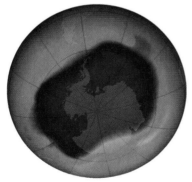

Abb. 11.9 Ozonloch über der Antarktis

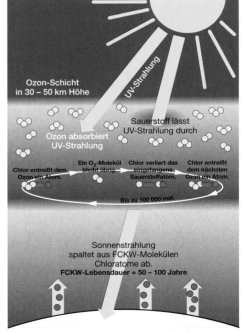

Abb. 11.10 Der Abbau der Ozonschicht

Tab. 11.3 Halogenalkane: Eigenschaften und Anwendung

Halogenkohlenwasserstoff	Eigenschaften	Anwendung
Monochlorethan (Ethylchlorid), C_2H_5Cl	siedet bei 12 °C, hohe Verdunstungskälte, stechender Geruch	früher Anwendung als Kältespray zur örtlichen Betäubung
Trichlormethan (Chloroform), $CHCl_3$	süßlich riechende Flüssigkeit, betäubend, fettlösend, giftig und wahrscheinlich krebserregend	früher Lösungsmittel für Fette und Narkosemittel
Dichlormethan (Methylenchlorid), CH_2Cl_2	farblose Flüssigkeit, möglicherweise krebserregend	Abbeizmittel für Lacke, Entfettungsmittel, Kältemittel in Kühlaggregaten
Dichlordifluormethan (Frigen), CCl_2F_2	geruchloses, ungiftiges und unbrennbares Gas	Kältemittel in Kühlgeräten, früher Treibgas in Spraydosen
Bromtrifluormethan (Halon), $CBrF_3$	ungiftiges, unbrennbares Gas	Feuerlöschmittel
Halothan, $F_3C-CBrClH$ Sevofluran, $H(CF_3)_2C-O-CH_2F$ Enfluran, $F_2C-O-CF_2-CClFH$ Desfluran, $F_3C-CFH-O-CF_2H$	klare, süßlich riechende Flüssigkeit, geruchsarme, unbrennbare Gase	Narkosegase
Halogenkohlenwasserstoff	Eigenschaften	Anwendung
Tetrachlormethan (Tetrachlorkohlenstoff), CCl_4	farblose, stark lichtbrechende, süßlich riechende Flüssigkeit, giftig	früher als Feuerlöschmittel und als Reinigungs-, Lösungs- und Verdünnungsmittel
DDT (Dichlordiphenyltrichlorethan)	gehört zur Gruppe der chlorierten Biphenyle, extrem lange Halbwertszeit (HWZ)	Insektizid, auf den Mensch kaum akut toxisch, allerdings Anreicherung in der Nahrungskette durch extrem lange HWZ

11.2 Ungesättigte Kohlenwasserstoffe – Alkene und Alkine

Enthält ein Kohlenwasserstoff Mehrfachbindungen (C-C-Doppel- und Dreifachbindungen), so spricht man von einem ungesättigten Kohlenwasserstoff. Kohlenwasserstoffe mit Doppelbindungen nennt man **Alkene** (oder **Olefine**) und Kohlenwasserstoffe mit Dreifachbindungen **Alkine**.

11.2.1 Nomenklatur der Alkene und Alkine

Die **Benennung der Alkene** erfolgt aus dem entsprechenden Wortstamm (z. B. Eth-) und der **Endung -en** (z. B. Eth-en). Kommen in einem Molekül mehrere Doppelbindungen vor, wird dies durch griechische Zahlwörter angegeben. Die Position der Doppelbindung wird durch eine Ziffer gekennzeichnet.

> **Beispiel:**
> 2,4-Hexa**die**n. Die Doppelbindungen befinden sich hier zwischen dem 2. und 3. bzw. zwischen dem 4. und 5. C-Atom.

Alkine werden entsprechend benannt, nur dass sie die **Endung -in** erhalten (z. B. Ethin). Alle anderen Regeln, die wir bereits bei den Alkanen aufgestellt haben, gelten natürlich auch hier.

11.2.2 Geometrie der Alkene

Zur Doppelbindung vgl. Kapitel 10.2.2

Die C-C-Doppelbindung der Alkane entsteht aus einer σ-Bindung und einer π-Bindung. Die σ-Bindung entsteht durch Überlappung von zwei sp²-Hybridorbitalen und die π-Bindung durch Überlappung der beiden nicht-hybridisierten p-Orbitale. Die π-Bindung verläuft ober- und unterhalb der σ-Bindung, während die sp²-Hybridorbitale eine Ebene bilden (vgl. Abb. 11.11)

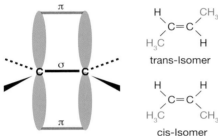

Durch die π-Orbitale ist die freie Drehbarkeit an der σ-Bindung aufgehoben und man erhält eine neue Isomerie, die **cis-trans-Isomerie** (vgl. Abb. 11.11). Liegen beim Buten beide Methylgruppen auf der gleichen Seite, spricht man vom **cis-Isomer**. Liegen die beiden Methylgruppen auf sich gegenüberliegenden Seiten, dann spricht man vom **trans-Isomer**. Das trans-Isomer ist energetisch bevorzugt, da die Substituenten in dieser Stellung weiter voneinander entfernt sind.

trans-Isomer

cis-Isomer

Abb. 11.11 cis-trans-Isomerie

11.2.3 Reaktionen der Alkene

Additionsreaktion

Die besondere Reaktivität der Alkene erklärt sich durch deren Doppelbindung. An die Doppelbindung können andere Atome angelagert, sprich addiert werden. Die Doppelbindung bricht dabei unter Bildung von zwei σ-Bindungen auf. Ungesättigte Verbindungen werden dadurch zu gesättigten Verbindungen.

Addition von Brom an Ethen

Eine rotbraune Bromlösung entfärbt sich bei Reaktion mit Alkenen. Diese Reaktion dient als Nachweisreaktion für Alkene. Was passiert dabei im Einzelnen (vgl. Abb. 11.12)?

Unter einem π-Komplex versteht man eine lockere Bindung zwischen den an der π-Bindung beteiligten p-Orbitalen und den Orbitalen des Brommoleküls.

(1) Bildung eines π-Komplexes zwischen Brom- und der Doppelbindung des Ethenmoleküls.

(2) Heterolytische Spaltung des Brommoleküls.
Durch den Einfluss der hohen Elektronendichte an der Doppelbindung wird das Brommolekül zunächst polarisiert. Da sich gleiche Ladungen abstoßen, ist das der Doppelbindung nähere Bromatom positiv und das fernere Bromatom negativ polarisiert. Schließlich kommt es zur heterolytischen Spaltung des Brommoleküls.
$Br_2 \rightarrow Br^+ + Br^-$

(3) Elektrophiler Angriff eines Br^+.
Aus der heterolytischen Spaltung resultieren ein positiv und ein negativ geladenes Brom-Ion. Das Br^+-Ion hat einen relativen Elektronenmangel und greift deshalb bevorzugt an negativ polarisierten Stellen an. Man spricht deshalb von einem Elektrophil. Dieses Br^+ wird nun an die Doppelbindung unter Bildung eines Bromonium-Ions addiert.

(4) Nucleophiler Angriff des Br^-.
Das übrige Br^- greift nun den positiv geladenen Komplex nucleophil an und wird ebenfalls addiert. Es entsteht ein stabiles, farbloses **Dibromid**.

- phil – gr. liebend
- elektrophil – gr. „elektronenliebend", elektronenanziehend
- Elektrophile – positiv geladene oder polarisierte Stoffe, die an negativ polarisierten oder geladenen Atomen angreifen.

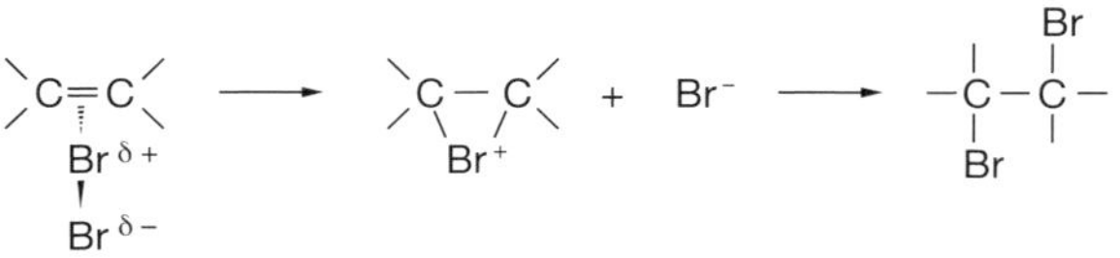

π-Komplex   Bromomium-Ion   1,2-Dibromethan
Abb. 11.12 Elektrophile Addition

Den Reaktionsmechanismus bezeichnet man als **elektrophile Addition A_E**, weil der erste Angriff durch ein Elektrophil erfolgt. Insgesamt werden zusätzliche Atome in die Verbindung eingefügt ($\rightarrow$ Addition).

> Alkene reagieren nach dem Reaktionsmechanismus der elektrophilen Addition A_E.

Bei der A_E werden beide Atome des Halogenmoleküls bei der Addition an das Alken verbraucht. Bei der **radikalischen Substitution** entsteht aus einem Atom Halogen ein Halogenwasserstoffmolekül.
Außer Halogenen können auch andere Moleküle an die Doppelbindung addiert werden (vgl. Tab. 11.4). Speziell die Addition von Wasserstoff bezeichnet man als **Hydrierung**. Die Addition von Wasser wird **Hydratisierung** genannt. Hierbei entsteht im Reaktionsverlauf ein positiv geladenes **Carbenium-Ion** (vgl. Abb. 11.13). Endprodukt ist ein Alkohol.

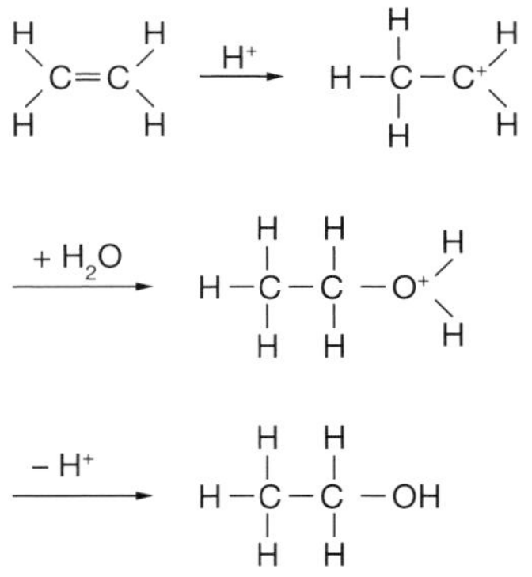

Abb. 11.13 Hydratisierung

Tab. 11.4 Addition an Doppelbindungen

Alken	Reagenz		Produkt	entstandene Substanzklasse
$H_2C{=}CH_2$	+ H_2	→	$H_3C{-}CH_3$ Ethan	Alkan **(Hydrierung)**
$H_2C{=}CH_2$	+ Br_2	→	$H_2BrC{-}CBrH_2$ 1,2-Dibromethan	Di-Halogenalkan
$H_2C{=}CH_2$	+ HX X – Halogen	→	$H_3C{-}CH_2X$	Halogenalkan
$H_2C{=}CH_2$	+ H_2O	→	$H_3C{-}CH_2OH$ Ethanol	Alkohol **(Hydratisierung)**

Elimination

Die besprochenen Additionsreaktionen lassen sich im Prinzip alle umkehren. Man erhält so durch Abspaltung von Substituenten aus gesättigten Verbindungen ungesättigte Verbindungen. Eine Reaktion, bei der Substituenten entfernt werden, nennt man **Elimination**. Speziell bei der Elimination von Wasserstoff spricht man von **Dehydrierung**. Als **Dehydratisierung** bezeichnet man die Elimination von Wasser. Die Abbildung 11.14 zeigt die Dehydrierung von Butan und die Dehydratisierung von 2-Butanol.

> Substitution: Ersetzen von Substituenten an Einfachbindungen.
> Addition: Hinzufügen von Substituenten an Mehrfachbindungen.
> Elimination: Entfernen von Substituenten.

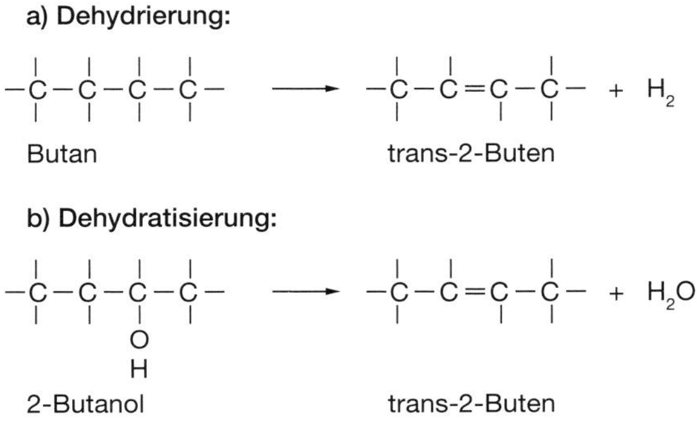

a) Dehydrierung:

$$-\overset{|}{\underset{|}{C}}-\overset{|}{\underset{|}{C}}-\overset{|}{\underset{|}{C}}-\overset{|}{\underset{|}{C}}- \quad\longrightarrow\quad -\overset{|}{\underset{|}{C}}-\overset{|}{C}=\overset{|}{C}-\overset{|}{\underset{|}{C}}- \ + \ H_2$$

Butan · · · · · · · · · · · trans-2-Buten

b) Dehydratisierung:

$$-\overset{|}{\underset{|}{C}}-\overset{|}{\underset{\underset{H}{O}}{C}}-\overset{|}{\underset{|}{C}}-\overset{|}{\underset{|}{C}}- \quad\longrightarrow\quad -\overset{|}{\underset{|}{C}}-\overset{|}{C}=\overset{|}{C}-\overset{|}{\underset{|}{C}}- \ + \ H_2O$$

2-Butanol · · · · · · · · · · · trans-2-Buten

Abb. 11.14 Eliminationsreaktionen

11.2.4 Diene und Polyene

Natürlich können in einem Molekül mehrere Doppelbindungen vorkommen. Je nach Anordnung der Doppelbindungen kann man drei Fälle unterscheiden (vgl. Abb. 11.15).

● **Isolierte Doppelbindungen**
Sind Doppelbindungen durch zwei oder mehrere Einfachbindungen voneinander getrennt, spricht man von isolierten Doppelbindungen.

● **Konjugierte Doppelbindungen**
Von konjugierten Doppelbindungen spricht man, wenn sich in einer Kohlenstoffkette Einfach- und Doppelbindungen abwechseln. Häufig wird auch der Begriff der **Alteration** verwendet. Das Besondere an konjugierten Doppelbindungen ist, dass jedes C-Atom sp²-hybridisiert ist. Damit bildet sich unter- und oberhalb der σ-Bindungen ein das gesamte Molekül überstreckendes π-Elektronensystem aus. Man spricht dann auch von einem **delokalisierten π-Elektronensystem**. Elektronen können sich über das gesamte π-Elektronensystem ausbreiten. Verbindungen mit konjugierten Doppelbindungen sind deshalb energieärmer als Verbindungen mit isolierten Doppelbindungen.

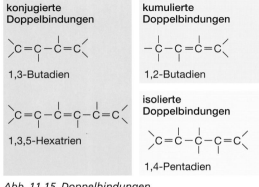

Abb. 11.15 Doppelbindungen

- **Kumulierte Doppelbindungen**
  Folgt eine Doppelbindung der anderen, spricht man von kumulierten Doppelbindungen.

Polymerisation

Di- und Polyene werden als Ausgangssubstanzen für **Polymerisationsreaktionen** verwendet. Bei einer Polymerisation verbinden sich mehrere gleichartige Moleküle mit Doppelbindung (**Monomere**) zu langen Molekülketten (**Polymeren**). Bekannt sind solche Polymere als **Kunststoffe**. Je nach verwendetem Monomer erhält man Polymere mit unterschiedlichen anwendungstechnischen Eigenschaften. So entsteht aus Ethen das Polyethylen (PE), das zu Plastikbeuteln, Eimern und Folien verarbeitet werden kann. Andere Kunststoffe sind das Polypropylen (PP, aus Propen), das Polyvinylchlorid (PVC), das Teflon und das Polymethylmethacrylat (PMMA), vgl. Abb. 11.16 und Tabelle 11.5.

Tab. 11.5 Kunststoffe und ihre Verwendung

Kunststoff	Verwendung
Polyethylen (PE)	Plastiktüten, Eimer, Folien
Polypropylen (PP)	Dichtungen, Rohre
Polyvinylchlorid (PVC)	Bodenbeläge, Schläuche, Rohre, Folien
Polytetrafluorethen (PTFE, Teflon)	Pfannenbeschichtungen, Dichtungen
Polyacrylnitril (PAN)	Textilfasern
Polystyrol (PS)	Joghurtbecher, Isoliermaterial („Styropor")
Polymethylmethacrylat (PMMA)	optische Linsen, Lichtkuppeln („Plexiglas")

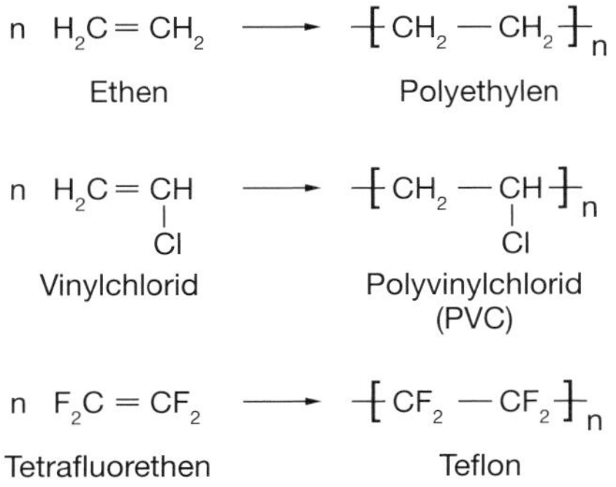

$$n \ H_2C = CH_2 \longrightarrow {-}[CH_2 - CH_2]_n$$

Ethen   Polyethylen

$$n \ H_2C = CH \ \underset{Cl}{|} \longrightarrow {-}[CH_2 - \underset{Cl}{CH}]_n$$

Vinylchlorid   Polyvinylchlorid
                          (PVC)

$$n \ F_2C = CF_2 \longrightarrow {-}[CF_2 - CF_2]_n$$

Tetrafluorethen   Teflon

Abb. 11.16 Polymerisationsprodukte

11.3 Aromatische Kohlenwasserstoffe

11.3.1 Geschichte des Benzols

Die angenehm riechende Flüssigkeit wurde 1825 von Michael Faraday (1791–1867) entdeckt und später von Justus Freiherr von Liebig (1803–1873) als „Benzol" bezeichnet. Bereits 10 Jahre später konnten Faraday und Mitscherlich durch Untersuchungen die Summenformel von Benzol bestimmen: C_6H_6.

Doch die Anordnung der Atome blieb noch lange Zeit ein Rätsel. Insgesamt sind mehr als 200 Strukturformeln für eine Verbindung mit der Summenformel C_6H_6 denkbar.

Erst 1865 gelang es dem deutschen Chemiker Friedrich August Kekulé von Stradonitz (1829–1896) die richtige Formel zu finden: Benzol besteht aus einem 6-gliedrigen Ring mit alternierenden Doppelbindungen. Die Ringformel wurde damals einhellig akzeptiert. Doch erst 1893 konnten Wissenschaftler durch ein Rastertunnel-Elektronenmikroskop die Strukturformel bestätigen.

11.3.2 Eigenschaften des Benzols

Benzen (Benzol) – Stoffinformation:
Schmelzpunkt: 5,5 °C
Siedepunkt: 80,1 °C
Dichte bei Raumtemperatur: 0,88
Benzoldämpfe sind explosiv und die Flüssigkeit leicht brennbar.
Reines Benzol brennt aufgrund des hohen Kohlenstoffgehaltes mit rußender Flamme.

Benzol – der internationale IUPAC-Name lautet **Benzen** – ist eine farblose Flüssigkeit, die in der Natur im Erdöl vorkommt. Als erstes Ringmolekül wurde es auch in interstellarer Materie nachgewiesen.

Trotz seiner **Giftigkeit** wird Benzol als Lösungs- oder Extraktionsmittel eingesetzt. Es lässt sich nicht mit Wasser, aber in jedem Verhältnis mit anderen organischen Lösungsmitteln mischen. Außerdem ist es ein ausgezeichnetes Lösungsmittel für bestimmte Elemente, wie z. B. Schwefel, Phosphor und Jod, sowie Gummi, Fette, Wachse und Harze und die meisten einfachen organischen Stoffe.

Zusammen mit Toluol und Xylol (**BTX-Aromaten** = **B**enzol-**T**oluol-**X**ylol) zählt Benzol zu den Schlüsselverbindungen in der Aromatenchemie und ist dort Ausgangsstoff für zahlreiche Verbindungen in der Farb- und Kunststoffindustrie, z. B. Anilin, Synthesekautschuk, waschaktive Substanzen und Phenol. Benzol ist **karzinogen** (krebserregend) und giftig, wenn es in großen Mengen inhaliert wird oder auf die Haut gerät. Es schädigt vor allem das Knochenmark und löst Leukämien aus. Deshalb wird es als Benzinzusatz nicht mehr verwendet. Heute wird an seiner Stelle beispielsweise tertiär-Butylmethylether (auch Methyl-tertiär-Butylether, MTBE) als Antiklopfmittel verwendet.

11.3.3 Molekülbau und Mesomerie des Benzols

Alle sechs C-Atome des Benzols sind sp^2-hybridisiert und liegen in einer Ebene. Die nicht an der Hybridisierung beteiligten p-Orbitale stehen ober- und unterhalb, also senkrecht, zur Ringebene. Wie bei der normalen Doppelbindung überlappen sich die nicht hybridisierten p-Orbitale und bilden die sogenannten π-Bindungen aus. Im Benzol überlappen sich alle sechs p-Orbitale und bilden so ober- und unterhalb der Ringebene kreisförmige π-Orbitale (vgl. Abb. 11.16). In diesen ringförmigen Orbitalen können die Elektronen von einem C-Atom zum nächsten „flitzen", d. h. sie sind keinem C-Atom mehr zuzuordnen. Man spricht dann von einem **delokalisierten** π-**Elektronensystem** oder von einem **aromatischen Charakter**. Das Molekül erhält dadurch einen energieärmeren Zustand.

• **aromatisch** (wohlriechend) – Verbindung mit delokalisiertem π-Elektronensystem
• **aliphatisch** (fettartig) – Verbindung ohne delokalisiertes π-Elektronensystem. Kettenförmige Moleküle kommen v. a. in natürlichen Fetten vor.

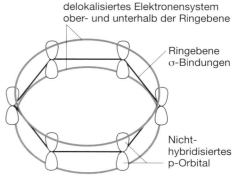

delokalisiertes Elektronensystem ober- und unterhalb der Ringebene

Ringebene
σ-Bindungen

Nicht-hybridisiertes p-Orbital

Abb. 11.17 Delokalisiertes π-Elektronensystem des Benzols

Verbindungen mit delokalisiertem π-Elektronensystem besitzen aromatischen Charakter.

Man grenzt sie von Verbindungen ohne π-Elektronensystem, den aliphatischen Verbindungen, ab.

Hückel-Regel: Ein energiearmes Molekül mit aromatischem Charakter entsteht immer dann, wenn sich $(4 \cdot n + 2)$ π-Elektronen auf alle Ringatome verteilen können.

n = Anzahl der Ringsysteme, z.B. bei Benzol (n = 1) sind es sechs Elektronen.

Die Delokalisierung der π-Elektronen im Benzol bewirkt, dass es keine echten Doppel- oder Einfachbindungen mehr gibt. Die Bindungslänge der C−C-Bindung im Benzol liegt mit 0,139 nm zwischen der Länge der normalen C=C-Bindung (0,133 nm) und der normalen C−C-Bindung (0,154 nm). Da alle C−C-Bindungen gleich lang sind, entsteht ein symmetrischer Sechsring.

Die besondere Eigenschaft der delokalisierten π-Elektronen sollte nun auch in der Strukturformel des Benzols Ausdruck finden. Die Strukturformeln mit den alternierenden Doppelbindungen entsprechen nicht der Wirklichkeit, denn die Elektronen sind ja an keinen festen Platz gebunden (vgl. Abb. 11.18).

Durch einfaches „Umklappen" der Elektronen (gebogene Pfeile) entstehen zwei mögliche, mesomere Strukturformeln. In einem Augenblick von Millisekunden kann die Elektronenverteilung so aussehen wie links dargestellt, im nächsten Augenblick so wie rechts. Die beiden Strukturformeln zeigen nur zwei Extremfälle der Elektronenverteilung und werden deshalb auch Grenzformeln genannt. Die tatsächliche Elektronenverteilung liegt irgendwo zwischen dem, was die beiden Formeln ausdrücken. Man zeichnet deshalb häufig anstelle von platzierten Elektronen einen Kreis, der das delokalisierte π-Elektronensystem darstellen soll, in den Benzolring ein.

Man nennt diese Eigenschaft von Molekülen mit delokalisierten Elektronen, ihre Elektronenverteilung zu ändern, **Mesomerie** oder **Resonanz**. Strukturformeln, die die möglichen Elektronenverteilungen ausdrücken sollen, werden als **mesomere Grenzformeln** oder **Resonanzstrukturen** bezeichnet. Der wahre Zustand des Moleküls liegt aber immer irgendwo zwischen all diesen möglichen Strukturen.

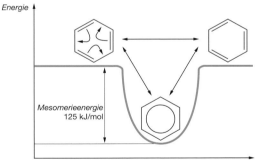

Abb. 11.18 Mesomerie des Benzols

Mesomerie oder Resonanz beschreibt die Eigenschaft von Molekülen mit delokalisiertem π-Elektronensystem, ihre Elektronenverteilung zu verändern. Die möglichen Strukturen werden durch mesomere Grenzformeln oder Resonanzstrukturen beschrieben. Der wahre Zustand des Moleküls liegt irgendwo dazwischen.

Die Abbildung 11.18 zeigt die möglichen Grenzstrukturen des Benzols. Der **Mesomeriepfeil** ($\leftrightarrow$) zwischen den Strukturformeln drückt aus, dass der wahre Zustand des Moleküls irgendwo zwischen diesen beiden Grenzfällen liegt. Weiter zeigt die Abbildung, dass die Energie der Grenzstrukturen höher ist als die der wirklichen Elektronenverteilung. Man nennt diesen Energieunterschied **Mesomerieenergie** oder **Resonanzenergie**. Beim Benzol beträgt sie 125 kJ/mol.

11.3.4 Reaktionen des Benzols

Es scheint zunächst überraschend, doch trotz ihrer Doppelbindungen reagieren Aromaten (resp. Benzol) nicht in einer Addition, sondern in einer **elektrophilen Substitution S$_E$**. Es wird lediglich ein Wasserstoffatom ersetzt, der aromatische Charakter des Rings bleibt erhalten.

> Die typische Reaktion der Aromaten ist die elektrophile Subtitution S$_E$.

Elektrophile Substitution

Am Beispiel der Bromierung von Benzol unter Anwesenheit von Eisen soll hier der Reaktionsmechanismus aufgezeigt werden, der erklärt, weshalb bei Aromaten eine Substitution und keine Addition stattfindet.

> **Beispiel:**
> (1) Reaktion von Eisen mit Brom. Eisen(III)-bromid ist der eigentliche Katalysator.
> $2 \text{ Fe} + 3 \text{ Br}_2 \rightarrow 2 \text{ FeBr}_3$
>
> (2) Bildung eines Elektrophils (Br$^+$) durch heterolytische Spaltung des Brommoleküls in Anwesenheit von Eisen(III)-bromid.
> $\text{Br}-\text{Br} + \text{FeBr}_3 \rightarrow \text{Br}^+ + \text{FeBr}_4^-$
>
> (3) Elektrophiler Angriff des Br$^+$ auf das π-Elektronensystem des Benzols und Ausbildung einer σ-Bindung mit einem Ring-C-Atom. Die positive Ladung wird durch das delokalisierte π-Elektronensystem stabilisiert.
>
>
> (4) Abspaltung eines Protons und Rückbildung eines stabilen Benzolrings. Die Rückbildung des Benzolrings mit seinem kompletten delokalisierten π-Elektronensystem bringt einen größeren Energiegewinn als die Addition eines Br$^-$. Deshalb wird das zweite Brom-Ion nicht addiert.
>
>
> (5) Bildung von Bromwasserstoff und Rückgewinnung des Katalysators.
> $\text{H}^+ + \text{FeBr}_4^- \rightarrow \text{HBr} + \text{FeBr}_3$
>
> Auf diese Weise können ganz unterschiedliche funktionelle Gruppen an das Benzol herangebracht werden. So entsteht in der Reaktion mit Salpetersäure (HNO$_3$) Nitrobenzol (C$_6$H$_5$NO$_2$) und mit Schwefeltrioxid (SO$_3$) die Benzolsulfonsäure (C$_6$H$_5$SO$_3$H).

Derivate des Benzols

Die folgende Abbildung 11.19 zeigt wichtige vom Benzol abgeleitete Moleküle (Derivate).

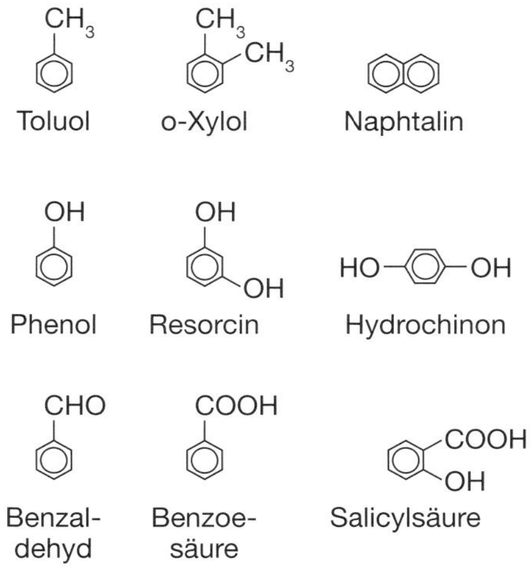

Toluol   o-Xylol   Naphtalin

Phenol   Resorcin   Hydrochinon

Benzal-   Benzoe-   Salicylsäure
dehyd   säure

Abb. 11.19 Derivate des Benzols

Übungsaufgaben

1 Zeichnen Sie mindestens 10 Strukturisomere von C_8H_{18} und benennen Sie diese mit systematischem Namen.

2 Zeichnen Sie alle möglichen Isomere des Hexans C_6H_{14} und ordnen Sie die Moleküle nach zunehmender Siedetemperatur.

3 Schreiben Sie die Strukturformel für folgende Stoffe:
   a) 2-Methylpropan
   b) 2,4-Dimethyl-3,5-diethyldecan
   c) 3-Ethyl-2,2,5-trimethylnonan
   d) 2,3-Dimethylbutan
   e) 2-Methyl-5-propyloctan.
   f) 2-Methyl-2-phenylbutan

4 Bauen Sie mithilfe eines Molekülbaukastens alle möglichen Moleküle mit der Summenformel C_7H_{16} und schreiben Sie die Molekülformeln auf.

5 Ein Alkan hat ein Gewicht von 100 g/mol. Um welche Moleküle kann es sich handeln. Schreiben Sie fünf mögliche Isomere auf und benennen Sie diese mit systematischem Namen.

6 Welche Struktur hat der Kohlenwasserstoff 2,2,4-Trimethylpentan (Isooctan), der als Standard für die „Klopffestigkeit" des Benzins dient (reines Isooctan hat die Octanzahl 100)?

7 Siedet Isooctan höher oder tiefer als n-Octan? Begründen Sie.

8 Warum bilden n-Alkane gestreckte Ketten mit Zick-Zack-Konformation?

9 Was versteht man unter der Sessel- bzw. Wannenform? Bei welchen Molekülen kommen diese Isomere vor? Wie nennt man diese Art der Isomere?

10 Zeichnen Sie die Strukturformeln der in den Tabellen 11.3 aufgeführten Halogenalkane.

11 Zeichnen Sie mindestens 5 Isomere zur Summenformeln $C_3H_2Br_2F_2Cl_2$ und benennen Sie diese.

12 a) Was ist ein Radikal und wie kann es aus einem Molekül entstehen?
   b) Welche Strukturformel besitzt das Methylradikal?

13 Welche isomeren Monochlorderivate des 2-Methylbutans sind möglich? Kennzeichnen Sie primäre, sekundäre und tertiäre Kohlenstoffatome.

14 Hexan reagiert mit Brom.
   a) Formulieren Sie den Reaktionsmechanismus und benennen Sie ihn.
   b) Ein benässtes Universalindikatorpapier färbt sich rot, wenn man es über das Reaktionsgemisch hält. Erklären Sie weshalb.
   c) Zeichnen Sie 5 mögliche Isomere, die nach zweimaligem Durchlaufen der Reaktionskette entstehen können.
   d) Vergleichen Sie die Reaktivität von Hexan mit der seiner Isomere 2,2-Dimethylbutan und 3-Methylpentan.

15 Bei der radikalischen Substitution von Alkanen läuft eine Kettenreaktion ab.
   a) Erläutern Sie den Ablauf der Startreaktion.
   b) Welche Reaktionen führen zum Kettenabbruch?

16 FCKWs wurden früher als Treibmittel in Sprühdosen eingesetzt.
   a) Erläutern Sie, weshalb FCKWs für diesen Einsatz eigentlich gut geeignet sind.
   b) In Sprühdosen wurden FCKWs nun durch Propan oder Butan ersetzt. Welche Gefahr besteht deshalb im Umgang mit Sprühdosen?
   c) Beschreiben Sie die Umweltproblematik, die zum Verbot von FCKWs geführt hat.
   d) Nennen Sie Alternativen zur Verwendung von FCKWs.

17 a) Beschreiben Sie, was man unter der cis-trans-Isomerie versteht und geben Sie ein Beispiel dazu.
   b) Warum taucht diese Form der Isomerie bei Alkanen nicht auf?

18 Zeichnen Sie die Strukturformel folgender Stoffe:
   2,3-Butadien, 1-Propen, 2,3-Dimethyl-1,4-hexadien, 2,2-Dimethyl-trans-3-penten, Monochlorethen, Tetrafluorethen, Ethin, Phenylethen.

19 Beschreiben Sie den Unterschied zwischen einer konjugierten, einer kumulierten und einer isolierten Doppelbindung und nennen Sie jeweils ein Beispiel.

20 1,3-Pentadien reagiert mit Brom. Formulieren Sie den Reaktionsmechanismus.

21 Ein ungesättigter Kohlenwasserstoff mit einer Doppelbindung addiert Wasser. Das Reaktionsprodukt hat ein Gewicht von 60 u.
   a) Um welchen einfach ungesättigten Kohlenwasserstoff handelt es sich? Zeichnen Sie seine Strukturformel und benennen Sie ihn.
   b) Formulieren Sie die Reaktionsgleichung für die Addition von Wasser.
   c) Kann aus diesem Kohlenwasserstoff ein Polymer gebildet werden? Erklären Sie mithilfe von Strukturformeln.

22 Formulieren Sie den Reaktionsmechanismus der säurekatalysierten Wasseraddition an Propen. Welcher Stoffklasse gehört das Reaktionsprodukt an.

23 Ein Alken hat ein Gewicht von 68 u (= g/mol). Bei der Reaktion mit Brom werden pro mol Alken zwei mol Brom (Br_2) addiert. Zeichnen Sie mögliche Strukturformeln des Alkens und benennen Sie diese.

24 Was versteht man unter einer Mesomerie?

25 Prüfen Sie, ob bei folgenden Stoffen eine Mesomerie vorliegen kann: Cyclohexen, Cyclopentadien, 1,3,5-Hexatrien, 1,3,5-Cyclohexatrien.

26 Welche Voraussetzungen müssen erfüllt sein, damit ein Kohlenwasserstoff mesomeriestabilisiert ist?

27 Worin unterscheidet sich die Reaktion von Brom mit Cyclohexen von der mit Benzol?

28 Hydroxybenzol bildet eine Mesomerie aus, an der auch die Hydroxylgruppe beteiligt ist. Schreiben Sie die möglichen mesomeren Grenzformeln auf.

Die funktionelle Gruppe der **Alkohole** ist die **Hydroxylgruppe** (OH-Gruppe). Sie ist polar und bedingt viele charakteristische Eigenschaften der Alkohole.

$$-\overset{\delta-}{\underset{H^{\delta+}}{O}}$$

12.1 Nomenklatur und Klassifizierung

12.1.1 Kettenförmige Alkohole

Die **Benennung** der Alkohole erfolgt nach einfachen Regeln: Der Name setzt sich aus einer **Stammsilbe** für die Anzahl der C-Atome plus der **Endung -ol** zusammen. Ein Alkohol mit drei C-Atomen und einer OH-Gruppe heißt demnach Propanol, einer mit fünf C-Atomen und einer OH-Gruppe Pentanol usw. Die Nummerierung der C-Atome erfolgt so, dass das C-Atom mit der OH-Gruppe die kleinste Zahl erhält, z.B. 2-Pentanol und nicht 4-Pentanol.
Besitzt ein Alkohol mehr als eine Hydroxylgruppe, so wird vor die Endung -ol eine griechische Zahlsilbe (di-, tri-, usw.) gesetzt. Ein Alkohol mit drei C-Atomen und zwei Hydroxylgruppen heißt dann z.B. 1,2-Propan**di**ol, einer mit drei C-Atomen und drei Hydroxylgruppen Propan**tri**ol (Glycerin).

Wenn man im alltäglichen Leben von „Alkohol" spricht, meint man nahezu immer den Trinkalkohol, das Ethanol. Im chemischen Sinne versteht man unter „Alkohol" alle Verbindungen, die eine OH-Gruppe besitzen.

Tab. 12.1 Homologe Reihe der Alkohole

Alkohol	Summenformel	Sdt. in °C	Flp. in °C	Eigenschaften
Allgemeine Summenformel	$C_nH_{2n+1}OH$			
Methanol (Carbinol)	CH_3OH	+64,7	+11	Ist stark giftig, kann zum Erblinden führen. Ist im Vorlauf enthalten.
Ethanol	C_2H_5OH	+78,3	+13	Der normale Trinkalkohol. Auch er ist in großen Mengen **nicht ungiftig**!
1-Propanol	C_3H_7OH	+97,4	+15	Sind beide in qualitativ schlechten alkoholischen Getränken als sog. **Fuselöle** enthalten und erzeugen Kopfschmerzen.
1-Butanol	C_4H_9OH	+117,2	+30	
Pentanol (Amylalkohol)	$C_5H_{11}OH$	+138	+48	
Ethandiol (Glykol)	$\begin{array}{c}-\overset{\mid}{\underset{\mid}{C}}-OH\\-\overset{\mid}{\underset{\mid}{C}}-OH\end{array}$	+198		Frostschutzmittel im Autokühler
Propantriol (Glycerin)	$\begin{array}{c}-\overset{\mid}{\underset{\mid}{C}}-OH\\-\overset{\mid}{\underset{\mid}{C}}-OH\\-\overset{\mid}{\underset{\mid}{C}}-OH\end{array}$	+290		Abführmittel Grundbestandteil der Triglyceride

Sdt. – Siedetemperatur
Flp. – Flammpunkt

Methanol

Methanol (Methylalkohol) CH_3OH wurde früher bei der trockenen Destillation des Holzes gewonnen (daher sein alter Name **Holzgeist**). Heute gewinnt man Methanol durch katalytische Hydrierung von Kohlenstoffmonoxid (CO) unter Druck.

$CO + 2\,H_2 - [350–400\,°C,\ ZnO/CrO_3] \rightarrow CH_3OH$

Methanol wirkt wie alle kettenförmigen Alkohole narkotisierend. Er ist im Gegensatz zu Ethanol aber **sehr toxisch** (giftig), da im Organismus aus Methanol die Methansäure (Ameisensäure) entsteht, die nur langsam abgebaut werden kann und zur Übersäuerung (Acidose) des Organismus führt. Zeichen einer **Methanolvergiftung** sind Sehstörungen und Erblinden, bis hin zum Tod. Besonders in ärmeren Länder, wo Alkohol häufig schwarz gebrannt wird, sind Menschen von einer solchen Vergiftung betroffen.
Verwendung findet Methanol in der chemischen Industrie als Lösungsmittel. Es ist eine farblose, leicht brennbare Flüssigkeit und wird zunehmend als Ersatz für Treibstoff in Kfz eingesetzt.

Ethanol

Ethanol (Weingeist, Ethylalkohol) C_2H_5OH ist der normale **Trinkalkohol**. Er ist weniger toxisch als Methanol, weil er im Körper schnell abgebaut werden kann. Trotzdem ist Ethanol nicht ungefährlich. Seine berauschende Wirkung ist hinreichend bekannt, ebenso seine Suchtgefahr. Eine Folgeerscheinung seines Missbrauchs ist die irreversible Schädigung der Leber. Ethanol selbst ist sehr billig, als Getränk aber wird er mit einer hohen Steuer belegt (z.B. Bier-, Wein-, Branntweinsteuer).

Herstellung von Ethylalkohol

Trinkalkohol kann auf zwei Wegen hergestellt werden:
(1) Bei der **alkoholischen Gärung** wird Glucose unter Abwesenheit von Luftsauerstoff mithilfe von Hefepilzen in Ethanol und Kohlenstoffdioxid umgesetzt (vergoren). Dieser Prozess ist den Menschen seit Jahrhunderten bekannt: $C_6H_{12}O_6 \rightarrow 2\,C_2H_5OH + 2\,CO_2$.
Auf diese Weise lässt sich kein 100 %iger Alkohol gewinnen, weil die Hefen durch die steigende Alkoholkonzentration selbst abgetötet werden. Mit der alkoholischen Gärung erreicht man maximal eine Konzentration von 15 Vol-%. Will man einen höheren Alkoholgehalt erzielen, muss die Gärlösung destilliert („gebrannt") werden (vgl. S. 53).

(2) In der Industrie wird Ethanol durch **Addition von Wasser** an Ethen in Gegenwart von konzentrierter Schwefelsäure hergestellt.
$H_2C{=}CH_2 + H_2O - [H^+] \rightarrow H_3C{-}CH_2OH$

• Hydrierung – Addition von Wasserstoff an eine Doppelbindung.
Spiritus ist vergälltes Ethanol, d.h. das Ethanol wurde durch Zusatz von verschiedenen, schwer abtrennbaren Stoffen (z.B. Methanol, Pyridin, Kohlenwasserstoffe) genussuntauglich gemacht. Damit unterliegt Spiritus nicht der Versteuerung, obwohl rein chemisch der gleiche Stoff enthalten ist wie z.B. im Bier oder Wein.

12.1.2 Zyklische und aromatische Alkohole

Neben kettenförmigen Grundgerüsten, können auch zyklische oder aromatische Strukturen eine oder mehrere Hydroxylgruppen tragen. So erhält man z. B. das **Cyclohexanol** oder den einfachsten aromatischen Alkohol, das **Phenol**. Komplizierter gebaute Alkohole sind das Naphthol oder das Cholesterol (vgl. Abb. 12.1).

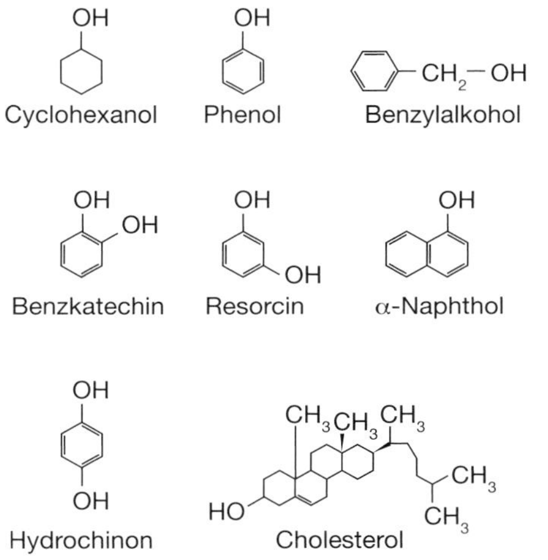

12.1.3 Klassifizierung

Alkohole können aufgrund zweier Merkmale klassifiziert werden (vgl. Tabelle 12.2):

(1) Nach der Anzahl der Hydroxylgruppen.
Dies bezeichnet man als die Wertigkeit eines Alkohols. Einen Alkohol mit zwei Hydroxylgruppen nennt man einen zweiwertigen Alkohol (z. B. 1,2-Ethandiol, Glykol).

Cyclohexanol   Phenol   Benzylalkohol

Benzkatechin   Resorcin α-Naphthol

Hydrochinon   Cholesterol

Abb. 12.1 Cyclische und aromatische Alkohole

Verbindungen mit mehr als einer OH-Gruppe am gleichen C-Atom sind instabil. Sie zerfallen unter Abgabe von Wasser in das entsprechende Aldehyd = Erlenmeyer-Regel (vgl. Abb. 12.2).

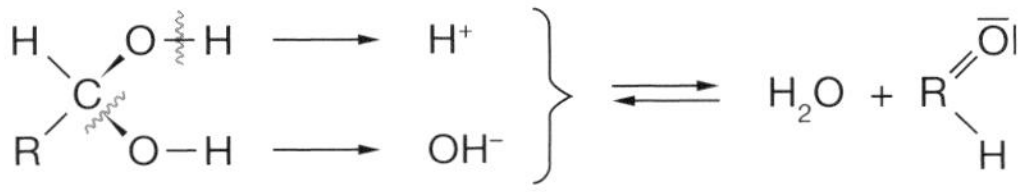

Abb. 12.2 Erlenmeyer-Regel

(2) Nach der Stellung der Hydroxylgruppen.
Besitzt das C-Atom, welches die OH-Gruppe trägt nur ein weiteres C-Atom, dann spricht man von einem primären Alkohol. Trägt das C-Atom zwei bzw. drei weitere C-Atome, spricht man von sekundären bzw. tertiären Alkoholen.

Tab. 12.2 Klassifizierung von Alkoholen

Anzahl der Hydroxylgruppen → Wertigkeit	Stellung der Hydroxylgruppen → Hinweis für die Reaktionsmöglichkeit
Einwertiger Alkohol: 1-Propanol $HO-C-C-C-OH$	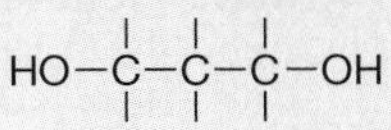 Primärer Alkohol: 1-Butanol $-C-C-C-C-$, OH 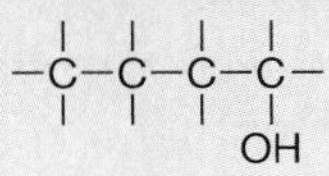
Zweiwertiger Alkohol: 1,3-Propandiol $HO-C-C-C-OH$	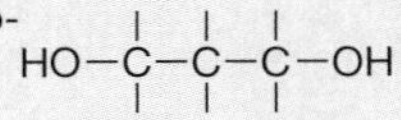 Sekundärer Alkohol: 2-Butanol $-C-C-C-C-$, OH 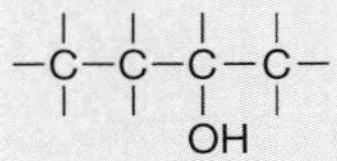
Dreiwertiger Alkohol: Propantriol (Glycerin) $-C-C-C-$, OH OH OH	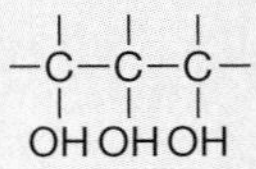 Tertiärer Alkohol: 2-Methyl-2-propanol CH_3 , $-C-C-C-$, OH 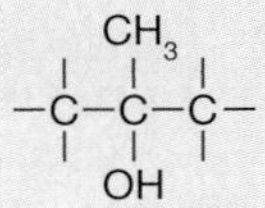

12.2 Physikalische Eigenschaften

Aufgrund der Polarität der OH-Gruppe unterscheiden sich die Alkohole in ihren physikalischen Eigenschaften deutlich von den Kohlenwasserstoffen. Alkohole ähneln eher dem Wasser.

12.2.1 Siedetemperatur

Alkylrest – Kohlenstoffskelett

Die Siedetemperatur von Alkoholen liegt aufgrund möglicher **H-Brücken** höher als bei Alkanen vergleichbarer Molmasse, aber meist niedriger als die von Wasser, weil die sperrige Kohlenstoffkette die Ausbildung von H-Brücken im Vergleich zum Wasser behindert (vgl. Tabelle 12.3). Außerdem kann Wasser pro Molekül zwei H-Brücken ausbilden. Mit steigender Länge der C-Kette überwiegt der Einfluss des Alkylrestes. Die Siedetemperatur nimmt mit jeder zusätzlichen CH_2-Gruppe um ca. 20 °C zu, da die Molekülmassen und damit die vdW-Kräfte zunehmen.

Tab. 12.3 Vergleich von Siedetemperaturen

	Ethan	Methanol	Propan	Ethanol	Wasser
Summenformel	C_2H_6	CH_3OH	C_3H_8	C_2H_5OH	H_2O
Molmasse	30 g/mol	32 g/mol	44 g/mol	46 g/mol	18 g/mol
Sdt.	−89 °C	65 °C	−42 °C	+78 °C	+100 °C
ZMK	unpolar, nur vdW-Kräfte	polare und unpolare Anteile, zusätzlich H-Brücken	unpolar, nur vdW-Kräfte	polare und unpolare Anteile, zusätzlich H-Brücken	polar, H-Brücken

Primäre Alkohole haben **immer höhere Siedetemperaturen** als sekundäre und tertiäre Alkohole mit gleicher Kettenlänge, da die Ausbildung von geordneten Strukturen durch die ungünstige Stellung der OH-Gruppe erschwert wird. Die ausgebildeten H-Brücken und vdW-Kräfte sind deshalb bei sekundären und tertiären Alkoholen schwächer.
Mit zunehmender Anzahl von Hydroxylgruppen im Molekül steigt die Siedetemperatur an. Grund dafür sind die größere Anzahl möglicher H-Brücken.

> Die Siedetemperatur von Alkoholen …
> … nimmt mit der Kettenlänge zu.
> … ist bei primären Alkoholen immer höher als bei sekundären oder tertiären.
> … nimmt mit der Anzahl der Hydroxylgruppen zu.

12.2.2 Löslichkeit

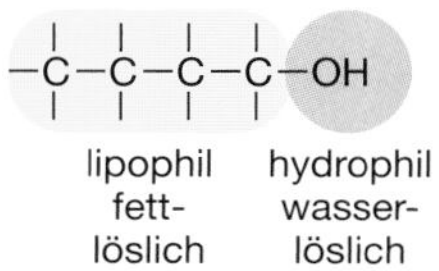

lipophil fettlöslich — hydrophil wasserlöslich

Abb. 12.3 Schema der Alkohole

Alkohole besitzen einen hydrophilen und einen lipophilen Molekülanteil (vgl. Abb. 12.3). Den hydrophilen, polaren Anteil bildet die Hydroxylgruppe; den lipophilen, apolaren Anteil die Kohlenstoffkette. Mit zunehmender Länge der Kohlenstoffkette nimmt die Löslichkeit in Wasser aufgrund des Überwiegens des apolaren Molekülteils ab, die Löslichkeit in lipophilen Lösungsmitteln (z. B. Hexan) zu. So ist Methanol in lipophilen Lösungsmitteln unlöslich; Ethanol dagegen sowohl in Wasser als auch in Hexan löslich.

Löslichkeit innerhalb der homologen Reihe der Alkohole:
C_1 bis C_3 – vollständig wasserlöslich, unlöslich in lipophilen Lösungsmitteln,
C_4 bis C_5 – nur noch begrenzt wasserlöslich,
ab C_6 – nicht mehr wasserlöslich, dafür gut löslich in lipophilen Lösungsmitteln.

12.3 Reaktionen der Alkohole

12.3.1 Alkohole sind Ampholyte

Alkohole als Basen

Wie das Wasser kann auch die OH-Gruppe von Alkoholen ein zusätzliches Proton binden. Es entsteht dadurch ein Oxonium-Ion, an welches ein weiteres positives Molekül angelagert werden kann. Bei der Reaktion von starken anorganischen Säuren mit Alkoholen erfolgt so eine Substitution. Reaktionsmechanismus ist die **nucleophile Substitution S_N**.

Beispiel:
Reaktion von Ethanol mit Salzsäure (vgl. Abb. 12.4)

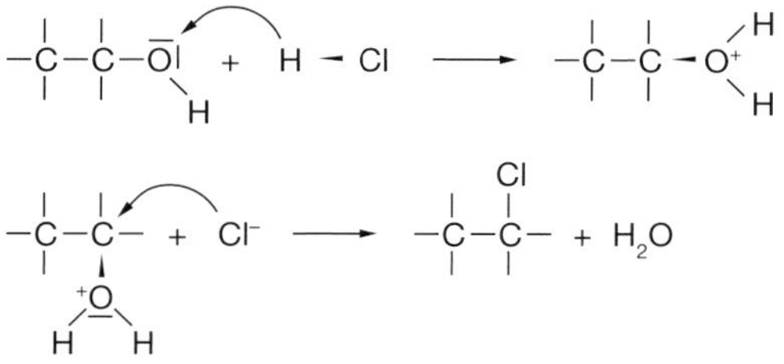

Abb. 12.4 Nucleophile Substitution bei Alkoholen

Alkohole reagieren mit anorganischen Säuren (z.B. HCl) in einer nucleophilen Substitution S_N.

Alkohole als Säuren

Umgekehrt kann von der Hydroxylgruppe theoretisch ein Proton abgespalten werden. Diese Reaktion findet aber in wässriger Lösung nicht statt, da die Acidität von beispielsweise Methanol ($K_S = 10^{-16}$, pK_S 16) niedriger ist als die von Wasser ($K_S = 10^{-14}$, pK_S 14).
Alkoholat-Ionen erhält man aber bei der Reaktion von Alkalimetallen mit Alkoholen. Abgespaltene Protonen werden dann vom Alkalimetall zu Wasserstoff reduziert, der als Gas entweicht. Zurück bleibt ein Salz, das Alkoholat.

• Acidität – Bedeutung und Herleitung der Säurestärke, vgl. S. 96.
• Delokalisiertes π-Elektronensystem – vgl. S. 136.

> **Beispiel:**
> Reaktion von Ethanol mit Natrium
> (1) $2 H_3C-CH_2-OH \rightarrow 2 H_3C-CH_2-O^- + 2 H^+ \uparrow$ | Protolyse
> (2) $2 H^+ + 2 Na \rightarrow H_2 + 2 Na^+$ | Redoxreaktion
> (3) $2 H_3C-CH_2-OH + 2 Na \rightarrow 2 H_3C-CH_2ONa + H_2$
> Natriumethanolat

Alkoholat-Ionen selbst sind starke Basen.
$H_3C-CH_2ONa + H_2O \rightarrow H_3C-CH_2-OH + Na^+ + OH^-$

Der induktive Effekt

Im Gegensatz zu den meisten kettenförmigen und zyklischen Alkoholen, gibt der aromatische Alkohol **Phenol** (Hydroxybenzol) sein Proton viel leichter ab ($K_S = 10^{-10}$, pK_S 10). Phenol ist damit als schwache Säure einzustufen. Der Grund dafür ist im delokalisierten π-Elektronensystem zu suchen, welches einen negativen induktiven Effekt auf die OH-Gruppe ausübt.

• **Delokalisiertes π-Elektronensystem** – vgl. S. 136
• **Mesomerie** – vgl. S. 137.

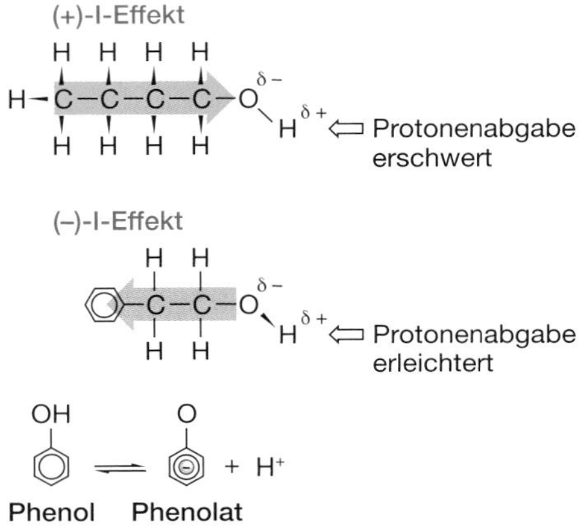

Abb. 12.5 Induktiver Effekt bei Alkoholen

> Unter dem induktiven Effekt versteht man die Wirkung, die ein Atom oder eine Atomgruppierung auf die Polarität mehrerer (auch entfernter liegende) Atombindungen in einem Molekül ausübt.

Der Benzol-Ring mit seinem komplett delokalisierten π-Elektronensystem stellt ein beliebter Aufenthaltsort für Elektronen dar und wirkt deshalb **elektronenziehend**. Man spricht vom **negativen induktiven Effekt** oder **(−)-I-Effekt**. Durch die elektronenziehende Wirkung wird die Polarität der OH-Bindung zum Sauerstoff hin verstärkt. Die Abgabe eines Protons ist dadurch erleichtert (vgl. Abb. 12.5). Hinzu kommt, dass der Zustand des Phenolat-Ions mesomeriestabilisiert, und damit energieärmer ist (vgl. Abb. 12.6).

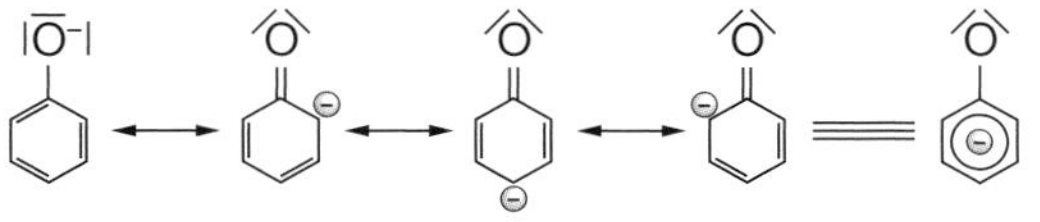

Abb. 12.6 Mesomerie des Phenolats

Die Kohlenwasserstoffskelette der kettenförmigen und zyklischen Alkohole wirken **elektronenschiebend**. Die bis jetzt als unpolar betrachtete C-H-Bindung ist strenggenommen nicht vollkommen unpolar. Zwischen dem C-Atom (EN ~ 2,5) und dem H-Atom (EN ~ 2,1) herrscht ein $_\Delta$EN von 0,4 zugunsten des C-Atoms. Das heißt, dass an jeder C-H-Bindung die Elektronen mehr zum C-Atom hin verschoben sind. Das führt zu einem Elektronenschub bis hin zum Sauerstoffatom, der mit einer EN von 3,5 „kräftig zieht". Durch diesen **elektronenschiebenden, sogenannten positiven induktiven Effekt** oder **(+)-I-Effekt,** wird die Polarität der OH-Bindung vermindert und die Abgabe des Protons erschwert (vgl. Abb. 12.5).

> Einen (+)-I-Effekt, d.h. eine elektronenschiebende Wirkung, besitzen z.B. $-CH_3$, $-CH_2^-$ und das $-O^-$.
> Einen (−)-I-Effekt, d.h. elektronenziehende Wirkung, besitzen z.B. $-OH$, $-C=O$, $C=C$ Halogene, $-NO_2$ und das Phenyl.

12.3.2 Oxidation von Alkoholen

Bei der Oxidation muss eine partielle von einer vollständigen Oxidation unterschieden werden. Unter der **vollständigen Oxidation** versteht man das Verbrennen des Alkohols, also die Reaktion mit (Luft-)Sauerstoff. Bei der **partiellen Oxidation** wird lediglich die OH-Gruppe oxidiert. Die partielle Oxidation erreicht man mit heißem Kupfer(II)-oxid oder Dichromat.

Oxidation – vgl. S. 105

Vollständige Oxidation

Niedere Alkohole sind leicht brennbar (auch bis zu 50 % Wasseranteil). Man verwendet sie zum Flambieren, als Anzünder und als Treibstoffersatz. Höhere Alkohole brennen nach dem Schmelzen ebenfalls.

> **Beispiel:**
> Verbrennen von Ethanol
> $C_2H_5OH + O_2 \rightarrow 2\ CO_2 + 3\ H_2O$

Partielle Oxidation mit Kupfer(II)-oxid

Zur partiellen Oxidation eines Alkohols wird zunächst ein Stück Kupferblech in die Bunsenbrennerflamme gehalten, bis an seiner Oberfläche schwarzes Kupfer(II)-oxid entsteht. Das noch heiße Blech hält man in den Dampf des entsprechenden Alkohols: Das schwarze Oxid verschwindet. Der Alkohol hat das Kupferoxid zum Kupfer reduziert.

Partielle Oxidation von 1-Propanol

| 1-Propanol (Alkohol) | Kupfer(II)-oxid | Propanal (Aldehyd) | Kuper + Wasser |

→ Bei der Oxidation eines **primären Alkohols** entsteht ein **Aldehyd**.

Das entstandene Reaktionsprodukt Propanal kann mit Kupferoxid noch ein weiteres Mal oxidiert werden:

$$
\underset{\text{H}}{\overset{+I}{-C-C-C}} \overset{O}{\nearrow} \quad + \text{CuO} \quad \longrightarrow \quad -C-C-\overset{+III}{C}\overset{O}{\underset{OH}{\nearrow}} \quad \overset{0}{+\ \text{Cu}}
$$

Propanal (Aldehyd)	Kupfer(II)-oxid	Propansäure (Carbonsäure)	Kupfer

→ Die Oxidation eines **Aldehyds** führt zur **Carbonsäure**.

Partielle Oxidation von 2-Propanol

$$
\overset{0}{-C-C-C-} \underset{OH}{} \quad \overset{+II}{+\ \text{CuO}} \quad \longrightarrow \quad -C-\overset{+II}{C}-C- \underset{O}{\overset{\parallel}{}} \quad \overset{0}{+\ \text{Cu} + H_2O}
$$

2-Propanol (Alkohol)	Kupfer(II)-oxid	Propanon (Keton)	Kupfer + Wasser

→ Bei der Oxidation eines **sekundären Alkohols** entsteht ein **Keton**.

Partielle Oxidation von 2-Methyl-2-propanol

$$
\overset{OH_3}{-C-C-C-} \underset{OH}{} \quad \overset{+II}{+\ \text{CuO}} \quad \longrightarrow \quad
$$

Tertiäre Alkohole lassen sich nicht partiell oxidieren.

2-Methyl-2-Propanol (Alkohol)	Kupfer(II)-oxid

→ Tertiäre Alkohole lassen sich **nicht partiell oxidieren**.

Die Oxidation eines ...
... primären Alkohols führt zum Aldehyd.
... sekundären Alkohols führt zum Keton.
... Aldehyds führt zur Carbonsäure.
Tertiäre Alkohole lassen sich nicht partiell oxidieren.

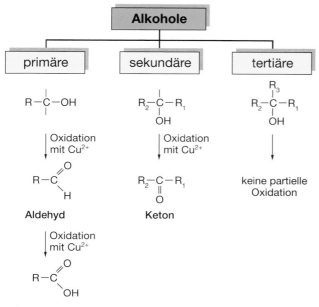

Abb. 12.7 *Übersicht über Alkohole und ihre Oxidationsprodukte*

Partielle Oxidation mit Dichromat

Neben Kupfer(II)-oxid können auch Dichromat-Ionen $Cr_2O_7^{2-}$ zur partiellen Oxidation von Alkoholen verwendet werden. Die Lösung von Kaliumdichromat ist orangefarben. Durch Zugabe von Alkoholen werden die Dichromat-Ionen in schwefelsaurer Lösung zu grünen Chrom(III)-Ionen reduziert.

Reaktionsgleichung:

$$\overset{-I}{3\ H_3C}-\overset{+VI}{CH_2}-OH + Cr_2O_7^{2-} + 8\ H+ \rightarrow \overset{+I}{3\ CH_3}-\overset{+III}{CHO} + 2\ Cr^{3+} + 7\ H_2O$$

Dieser Farbumschlag wurde früher in den Alkotest-Röhrchen verwendet. Ein Glasröhrchen war mit Kaliumdichromat gefüllt. Der Verdächtigte wurde gebeten über ein Mundstück hinein zu blasen. Je nach Atemalkoholkonzentration war der Farbumschlag unterschiedlich stark.

12.3.3 Kondensation

Alkohole können auch mit sich selbst reagieren. Erhitzt man Ethanol unter Zugabe von einigen Tropfen konzentrierter Schwefelsäure, verbinden sich immer zwei Ethanolmoleküle unter Abspaltung eines Wassermoleküls. Aufgrund der Freisetzung von Wasser spricht man auch von einer **Kondensationsreaktion**. Das Wasser wird von der konzentrierten Schwefelsäure gebunden, deren Protonen gleichzeitig als Katalysator der Reaktion fungieren (vgl. Abb. 12.8).

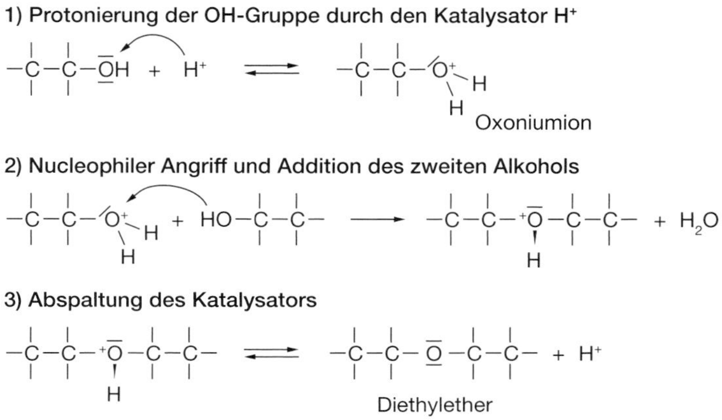

1) Protonierung der OH-Gruppe durch den Katalysator H⁺

2) Nucleophiler Angriff und Addition des zweiten Alkohols

3) Abspaltung des Katalysators

Abb. 12.8 *Etherkondensation*

Ether gehören nicht mehr zum Lehrplan für Ernährungswissenschaftliche Gymnasien und werden deshalb nicht ausführlich behandelt.

Der Reaktionsmechanismus ist eine **nucleophile Substitution S$_N$**. Die entstandenen Reaktionsprodukte gehören zu den **Ethern**.

> Reaktionen, bei denen Wasser freigesetzt wird, heißen Kondensationsreaktionen.

Übungsaufgaben

1 Zeichnen Sie die Strukturformel folgender Verbindungen.
  a) 1-Propanol, 2-Propanol, 2-Methyl-2-propanol
  b) 1-Butanol, 2-Butanol, 1,3-Butandiol, 1,4-Butandiol
  c) 1-Buten-2-ol
  d) primäres Hexanol
  e) 2-Methyl-2-penten-1,4-diol
  f) 6-Ethyl-5-propyl-3,8-nonadiin-1-ol
2 Zeichnen Sie alle möglichen Isomere des Pentanols.
3 Zeichnen Sie die Strukturformeln …
  a) … eines primären Alkohols mit möglichst kurzer C-Kette.
  b) … eines sekundären Alkohols mit möglichst kurzer C-Kette.
  c) … eines tertiären Alkohols mit möglichst kurzer C-Kette.
  d) … eines Alkohols mit sekundärer und tertiärer OH-Gruppe und möglichst kurzer C-Kette.
  e) … eines möglichst kurzkettigen Alkohols mit primärer und sekundärer OH-Gruppe.
4 Die Alkohole aus Aufgabe 3 reagieren jeweils einmal mit heißem Kupfer(II)-oxid. Formulieren Sie die Reaktionsgleichungen.
5 Die Tabelle vergleicht Siedetemperaturen je zweier Stoffe miteinander.
  a) Zeichnen Sie die Strukturformeln der genannten Stoffe.
  b) Erklären Sie die unterschiedlichen Siedetemperaturen.

Stoff	Masse g/mol	Sdt. °C
Methanol	32	65
Ethan	30	−89
Ethanol	46	78
Propan	44	−45
Phenol (Hydroxybenzol)	94	182
Toluol (Methylbenzol)	92	111

6 Formulieren Sie die Umsetzung von Ethanol mit Natrium.
7 Formulieren Sie die Verbrennungsgleichung für folgende Alkohole: 1-Butanol, Ethanol, 2,3-Butandiol.
8 Propanon soll aus einem entsprechenden ungesättigten Kohlenwasserstoff synthetisiert werden. Formulieren Sie hierzu die entsprechenden Reaktionsgleichungen.
9 Propanol reagiert mit Salzsäure. Formulieren Sie den Reaktionsmechanismus.
10 Definieren Sie folgende Begriffe und geben Sie jeweils ein Beispiel.
  a) Addition   d) Hydrolyse
  b) Substitution   e) nucleophil
  c) Kondensation   f) elektrophil

11 Phenol hat einen deutlich niedrigeren pK_S-Wert als Ethanol. Der pK_S von Ethanol ist wiederum geringer als der von Propanol. Erklären Sie die Unterschiede.

12 Gegeben seien die Stoffe Benzkatechin, 1-Propanol, 2-Propanol und Ethanol. Ordnen Sie die Stoffe nach zunehmendem Säurecharakter und begründen Sie.

13 Folgende Stoffe werden maximal partiell mit Kupfer(II)-oxid oxidiert: 1-Butanol, 1,3-Butandiol und 2-Methyl-2-butanol. Formulieren Sie die Reaktionsgleichungen und benennen Sie die Endprodukte.

14 Formulieren Sie die Reaktionsgleichung für die Reaktion von Dichromat-Ionen mit 2-Propanol in saurer Lösung.

15 Wasser und Alkohole reagieren sehr heftig mit Alkalimetallen.
   a) Formulieren Sie die Reaktionsgleichung für die Reaktion von Natrium mit Wasser bzw. Methanol.
   b) Die Reaktion verläuft in Methanol weniger heftig als in Wasser. Erklären Sie den Unterschied.

Unter den Carbonylverbindungen werden alle Stoffe zusammengefasst deren gemeinsames Strukturmerkmal die Carbonylgruppe ($-C=O$-Gruppierung) ist. Zu ihr gehören die Aldehyde und Ketone, also Oxidationsprodukte der Alkohole.

13.1 Geometrie und Eigenschaften der Carbonylgruppe

- **Hybridisierung** des Kohlenstoffs – vgl. S. 118.
- **Funktionelle Gruppe** – Eine für eine Stoffklasse charakteristische Atomgruppierung.

Carbonylverbindungen sind in der Organischen Chemie und der Biochemie von großer Bedeutung. Das C-Atom der Carbonylgruppe ist **sp²-hybridisiert** und alle Bindungspartner liegen in einer Ebene. Der Bindungswinkel am C-Atom der Carbonylgruppe beträgt 120°. Die $C=O$-Bindung ist im Gegensatz zur $C=C$-Doppelbindung stark polarisiert: Das Kohlenstoffatom trägt eine positive ($\delta+$), das Sauerstoffatom eine negative ($\delta-$) Teilladung.

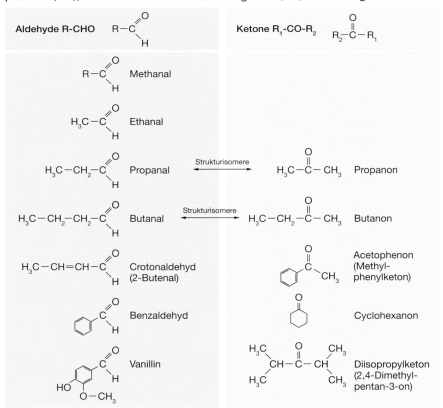

Abb. 13.1 Überblick über Aldehyde und Ketone

13.2 Nomenklatur

Neben der alkoholischen Gruppe müssen nun auch die Aldehyd- bzw. Keto-gruppe im Molekülnamen berücksichtigt werden. Dazu existieren folgende Nomenklaturregeln.

- Die höchst oxidierte Gruppe (d. h. die funktionelle Gruppe, deren C-Atom die höchste Oxidationszahl besitzt, vgl. Tab. 13.1) bestimmt den **Stamm-namen**.

> **Beispiel:**
> 4-Hydroxy-3-methyl-2-butanon

- **Ausnahme**: Die Aldehydgruppe hat Vorrang vor der Ketogruppe!

> **Beispiel:**
> 3-Keto-butanal

- Die C-Kette wird so durchnummeriert, dass die höchst oxidierte Gruppe die kleinste Nummer erhält.

> **Beispiel:**
> 4-Ethyl-5,6-dihydroxy-hexanal

Tab. 13.1 Oxidationszahlen funktioneller Gruppen (bezogen auf das C-Atom)

Alkohole		Oxidationspro-dukte	
primärer Alkohol	$-I$ (Methanol: $-II$)	Aldehyd	$+I$ (Methanal: 0)
sekundärer Alkohol	0	Keton	$+II$
tertiärer Alkohol	$+I$	Carbonsäure	$+III$ (Methansäure: $+II$)

• Bestimmung der **Oxidationszahl** – vgl. S. 116.

Die Tabelle 13.2 fasst noch einmal alle bis jetzt benutzen Stoffklassen und deren Vor- bzw. Stammsilben zusammen. Die Stoffklassen sind in aufsteigen-der Reihenfolge geordnet. Bei mehreren, verschiedenen funktionellen Grup-pen in einem Molekül bestimmt die funktionelle Gruppe mit der höchsten Priorität den Stammnamen. Die anderen funktionellen Gruppen werden als Vorsilben dem Stammnamen vorangestellt.

Tab. 13.2 Prä- und Suffixe

Stoffklasse	funktionelle Gruppe	Vorsilben	Stammsilben	Beispiel
Ether	$R-O-R$	-oxy-	-ether	2-Methoxyphenyl Ethylmethylether
Halogen-alkan	Halogen-atom	z. B. Chlor-	z. B. -chlorid	Ethylchlorid Dichlorethan
Alkohol	$-OH$	-hydroxy-	-ol	2-Hydroxypropansäure 2-Propanol

Stoffklasse	funktionelle Gruppe	Vorsilben	Stammsilben	Beispiel
Acetal	$R-O-$ $C-O-R$	-dialkoxy-	-acetal	2,2-Diethoxypropan Propandiethylacetal
Keton	$R_1R_2-C=O$	-oxo-/-keto-	-on	2-Ketopropansäure Propanon
Aldehyd	$-CHO$	-oxo-/ -formyl-	-al	Pentandial 2-Formylbenzoesäure
Säure	$-COOH$		-säure	Pentandisäure Ethansäure

> Reihenfolge der funktionellen Gruppen nach aufsteigender Priorität bei der Namensgebung. Die am weitesten rechts stehende funktionelle Gruppe bestimmt den Stammnamen:
> **C=C (-en), C≡C (-in), −OH (-hydroxy), −C=O (-keto), −CHO (-aldehyd), −COOH (-säure)**

13.3 Physikalische Eigenschaften der Aldehyde und Ketone

13.3.1 Siedetemperatur

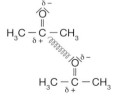

Die Siedetemperatur von Aldehyden und Ketonen liegt niedriger als bei entsprechenden Alkoholen, aber höher als bei Kohlenwasserstoffen mit ähnlicher molarer Masse (vgl. Tab. 13.3). Der Grund liegt darin, dass bei Aldehyden und Ketonen kein positiv polarisierter Wasserstoff vorliegt und so keine H-Brücken ausgebildet werden können. Es sind nur vdW- und Dipol-Dipol-Wechselwirkungen möglich (vgl Abb. 13.2).

Abb. 13.2 Dipol-Dipol-Wechselwirkung bei Carbonylverbindungen

Tab. 13.3 Vergleich von Siedetemperaturen

Stoff	Propan	n-Propanol	Propanal	Propanon
Siedetemperatur in °C	−44	97	49	56
Intermolekulare Kraft	VdW-Wechselwirkung	**Wasserstoffbrücken**	Dipol-Dipol-Wechselwirkung	

13.3.2 Löslichkeit

Formaldehyd (Methanal) $H_2C=O$ Stoffinformation: Siedetemperatur: −19 °C Schmelztemperatur: −117 °C

Kurzkettige Aldehyde und Ketone sind wasserlöslich, z.B. Ethanal und Aceton. Längerkettige Aldehyde und Ketone sind wasserunlöslich, weil der apolare Molekülteil überwiegt.
Aceton ist auch in unpolaren Lösungsmitteln löslich und eignet sich z.B. zum Entfernen von Fettflecken aus der Kleidung und als Lösungsmittel für Harze und Lacke.

13.4 Chemische Eigenschaften der Aldehyde und Ketone

13.4.1 Nachweisreaktionen für Aldehyde

Fehling-Reaktion

Eine der wichtigsten Nachweisreaktionen auf Aldehyde ist die Fehling-Reaktion. Um diese Nachweisreaktion durchführen zu können, benötigt man zwei Lösungen, die der Haltbarkeit wegen getrennt aufbewahrt werden.

- Fehling-I-Lösung
  Sie enthält Kupfer(II)-sulfat ($CuSO_4$). Aufgrund eines Aquokomplexes, den die Cu^{2+}-Ionen mit Wasser bilden, ist die Lösung blau.
- Fehling-II-Lösung
  Die zweite Lösung ist eine alkalische Lösung von Kalium-Natriumtartrat. Das Tartrat wird benötigt, damit später, wenn beide Lösungen gemischt werden, die Kupfer-Ionen nicht durch die OH^--Ionen als schwerlösliches **Kupfer(II)-hydroxid** $Cu(OH)_2$ ausgefällt werden. Die Kupfer-Ionen stehen dann nicht mehr für die Reaktion zur Verfügung.
  Die Tartrationen bilden aber mit den Kupfer-Ionen einen löslichen Komplex und verhindern so deren Ausfällung. Damit stehen die Kupfer-Ionen weiterhin zur Reaktion zur Verfügung.

$$Na^+ \; {}^-OOC-\overset{|}{\underset{|}{C}}-\overset{|}{\underset{|}{C}}-COO^- \; K^+$$

Kalium-Natriumtartrat

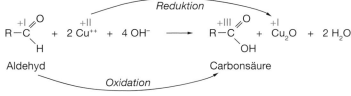

Abb. 13.4 Fehling-Reaktion

Zur Durchführung der Fehling-Probe mischt man in einem Reagenzglas zunächst gleiche Mengen von beiden Lösungen. Es entsteht der tiefblaue Bis(tatrato)cuprat-Komplex $[Cu(C_4H_4O_6)_2]^{2-}$, also der oben beschriebene Komplex aus Kupfer- und Tartrationen. Dann gibt man den Aldehyd zu und erhitzt vorsichtig. Der Nachweis ist erbracht, wenn im Reagenzglas ein orange-roter Niederschlag aus Kupfer(I)-oxid (Cu_2O) sichtbar wird.

Abb. 13.5 Reagenzgläser bei der Fehling-Reaktion

Aldehyde können leicht zur entsprechenden Carbonsäure oxidiert werden. Als Oxidationsmittel dient in dieser Nachweisreaktion das Cu^{2+}-Ion. Dieses wird dabei zum Cu^+ reduziert.
Ketone reagieren in der Fehling-Reaktion **nicht**, da sie ohne Aufspaltung der Kohlenstoffkette nicht weiter oxidiert werden können.

1867 von dem deutschen Chemiker August Wilhelm von Hofmann entdeckt Farbloses Gas mit durchdringendem, stechendem Geruch. Wässrige Lösung wird als Formalin bezeichnet.
Methanal polymerisiert leicht und wird deshalb zur Herstellung bestimmter Kunststoffe und Kunstharze verwendet. Weitere Anwendungsfelder sind z. B. in der Textil-, Leder- und Papierindustrie, als Desinfektions- oder Konservierungsmittel z. B. für anatomische Präparate. Früher wurde Formalin auch in der Holzindustrie beispielsweise in Spanplatten eingesetzt. Heute steht Formaldehyd im Verdacht krebserregend zu sein.

- **Hermann Fehling** wurde am 9. Juni 1811 in Lübeck geboren und starb am 1. Juli 1885 in Stuttgart, wo er bis zu einem Schlaganfall 1883 an der Technischen Hochschule (heute: Universität Stuttgart) beschäftigt war. Er widmete sich v. a. der technischen Chemie, beschäftigte sich u. a. mit Mineralwässern, dem Salinenwesen, der Brotbereitung und Gerbmaterialien. Im Rahmen

Silberspiegelprobe (Tollens-Probe)

Auch die Silberspiegelprobe nutzt die reduzierende Wirkung von Aldehyden aus. Als Oxidationsmittel werden hier aber nicht Kupfer-Ionen, sondern wie der Name unschwer vermuten lässt, Silber-Ionen verwendet.

Das Reagenz besteht aus **ammoniakalischer Silbernitrat-Lösung (Tollens-Reagenz)**, einer Mischung aus Ammoniak-Lösung (NH_3/NH_4OH) und Silbernitrat-Lösung ($AgNO_3$). Die Ammoniakmoleküle bilden mit den Silber-Ionen einen Silberdiaminkomplex $[Ag(NH_3)_2]^+$ und verhindern wieder deren Ausfällung bei gleichzeitigem Vorhandensein von Hydroxid-Ionen (OH^-).

der analytischen Chemie prägte er den Aldehydnachweis: die nach ihm benannte Fehling-Probe.

• **Tartrat** ist das Salz der Weinsäure (2,3-Dihydroxibutandisäure)

• Bildung von Kupfer(II)-hydroxid: $Cu^{2+} + 2\ OH^- \rightarrow Cu(OH)_2 \downarrow$

• **Bernhard C. G. Tollens** wurde am 30. Juli 1841 in Hamburg geboren und starb am 31. Januar 1918 in Göttingen. Sein wissenschaftlicher Leitgedanke war es, die grundlegenden Zusammenhänge zwischen der Chemie und der Landwirtschaft aufzudecken. Er studierte in Göttingen und lehrte dort bis zum Jahr 1911. Ausfällung von Silber-Ionen: $Ag^+ + OH^- \rightarrow AgOH \downarrow$

• Die schiffsche Probe wurde nach Hugo Schiff (geb. 26. April 1834 in Frankfurt, gest. 8. September 1915 in Florenz) benannt.

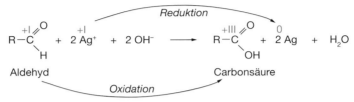

Abb. 13.6 Reaktionsgleichung der Silberspiegelprobe

Das Reagenz wird zu einer Lösung des Aldehyds zugegeben und langsam im Wasserbad erwärmt. Bei sauber gespülten Reagenzgläsern schlägt sich das bei der Reaktion entstehende Silber an der Reagenzglaswand ab und bildet einen wunderschönen silbernen Belag – eben wie ein Silberspiegel.

Abb. 13.7 Reagenzgläser bei der Silberspiegelprobe

Schiffsche Probe

Bei der schiffschen Probe handelt es sich um eine Farbreaktion. Als Reagenz dient die farblose **fuchsinschwefelige Säure**. Wird sie zur Lösung eines Aldehyds zugegeben, bildet sich ein kompliziert gebauter Komplex der nunmehr rot ist. Dieser Farbumschlag dient als Nachweis.

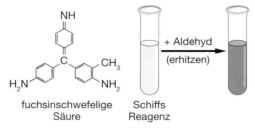

Abb. 13.8 Fuchsinschwefelige Säure

13.4.2 Additionsreaktionen der Carbonylgruppe

Das C-Atom der Carbonylgruppe ist positiv polarisiert und eignet sich deshalb besonders gut zur Addition von Nucleophilen (z. B. Wasser). Der bevorzugte Reaktionsmechanismus ist daher die **nucleophile Addition A_N**. Das sp^2-hybridisierte C-Atom geht dann in einen sp^3-hybridisierten Zustand über.

Addition von Wasser

Bei der Addition von Wasser an die Carbonylgruppe entstehen sogenannte **Hydrate** (z. B. Ethanalhydrat), die zwei OH-Gruppen am gleichen C-Atom besitzen. Solche Verbindungen sind instabil und zerfallen sofort wieder in ihre Ausgangsstoffe (Erlenmeyer-Regel).

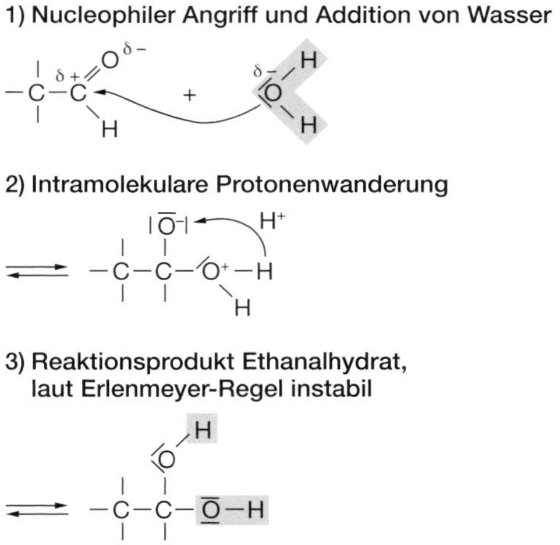

1) Nucleophiler Angriff und Addition von Wasser

2) Intramolekulare Protonenwanderung

3) Reaktionsprodukt Ethanalhydrat, laut Erlenmeyer-Regel instabil

Abb. 13.9 Addition von Wasser an Carbonylverbindungen

Addition von Alkoholen

Durch Addition eines Alkohols an die Carbonylgruppe eines Aldehyds, entsteht ein **Halbacetal**, bei der Addition eines Alkohols an ein Keton entsprechend ein **Halbketal**. Die **funktionelle Gruppe** der Halbacetale bzw. Halbketale ist die $-O-C-OH$-Gruppierung.

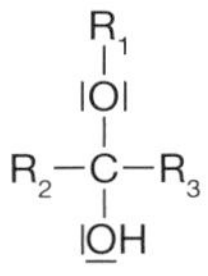

Halbketal

Ein Halbacetal (bzw. Halbketal) kann mit einem weiteren Alkoholmolekül zu einem **(Voll)-acetal** (bzw. **-ketal**) reagieren. Reaktionsmechanismus ist die **nucleophile Substitution S_N**. Die funktionelle Gruppe der Acetale (bzw. Ketale) ist die $-C-O-C-O-C$-Gruppierung.

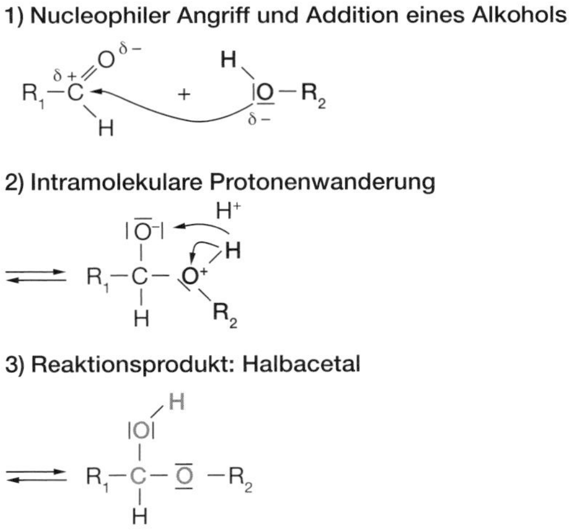

1) Nucleophiler Angriff und Addition eines Alkohols

2) Intramolekulare Protonenwanderung

3) Reaktionsprodukt: Halbacetal

Abb. 13.10 Addition von Alkoholen an die Carbonylgruppe

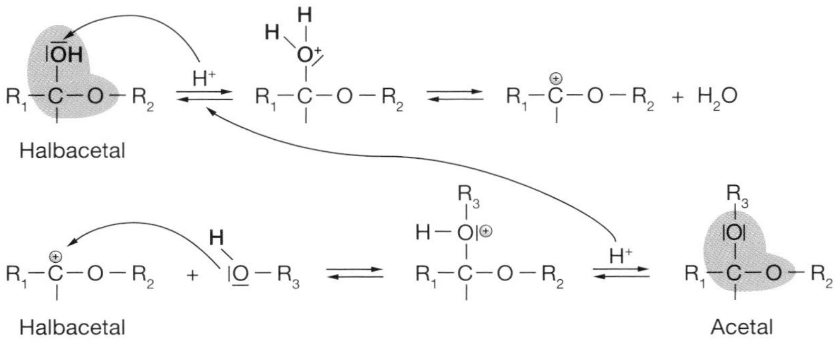

Abb. 13.11 Acetalbildung durch nucleophile Substitution

> Aldehyd/Keton + Wasser → Hydrat
> Aldehyd/Keton + Alkohol → Halbacetal/Halbketal
> Halbacetal/Halbketal + Alkohol → Acetal/Ketal + Wasser

Die **nucleophile Addition** am C-Atom der Carbonylgruppe erfolgt umso leichter, je größer die positive Teilladung ($\delta+$) an diesem C-Atom ist. Gruppen mit positivem induktiven Effekt (plus-I-Effekt) verringern, Gruppen mit negativem induktivem Effekt (minus-I-Effekt) verstärken die positive Teilladung. Die Reaktivität der C=O-Gruppe nimmt deshalb über folgende Reihe von links nach rechts ab:

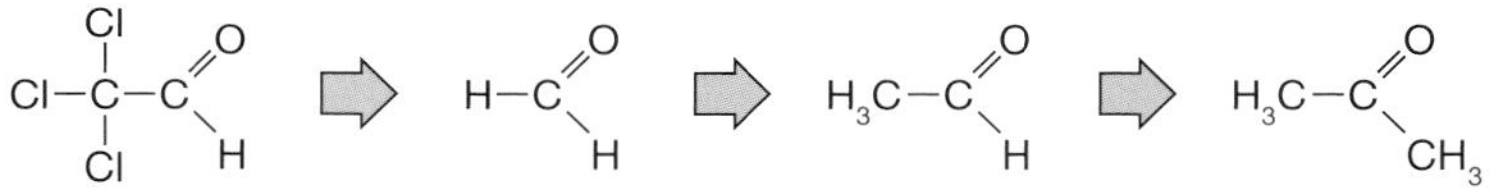

• induktiver Effekt – vgl. S. 146
• Katalysatoren – vgl. S. 77
• Amine – vgl. S. 176

Protonen katalysieren die Addition an die Carbonylgruppe, indem sie das Sauerstoffatom protonieren und so indirekt am C-Atom für eine echte positive Ladung sorgen (vgl. Abb. 13.12). Dadurch wird der Angriff des Nucleophils erleichtert.

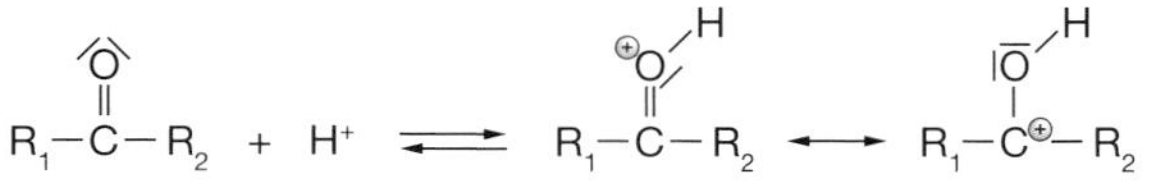

Abb. 13.12 Protonierung der Carbonylgruppe

Addition von primären Aminen

Ammoniak oder Amine sind ebenfalls gute Nucleophile und eignen sich zur Addition an die Carbonylgruppe. Das Kondensationsprodukt aus einem Aldehyd (bzw. Keton) und einem primären Amin bezeichnet man als **schiffsche Base** oder **Azomethin** (vgl Abb. 13.13). Diese Reaktion wird zum Nachweis und zur Charakterisierung von Aldehyden und Ketonen verwendet. Je nach verwendetem Amin tragen die Kondensationsprodukte unterschiedliche Namen.

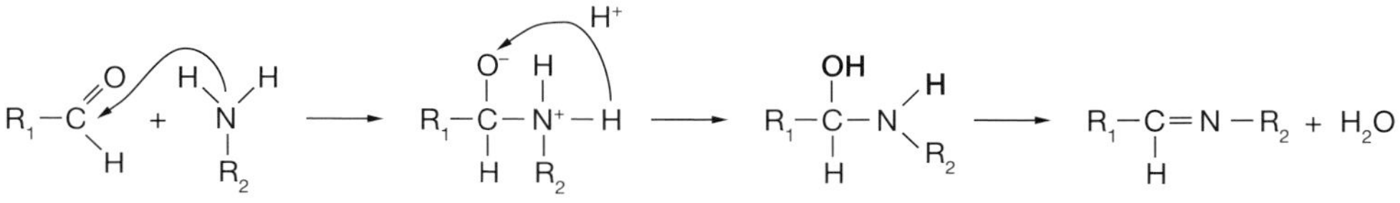

Abb. 13.13 Addition von Aminen an die Carbonylgruppe

Schiff'sche-Base
Azomethin

13.4.3 Keto-Enol-Tautomerie

Ketone können sich durch **intramolekulare Protonenwanderung** in ungesättigte Alkohole, sogenannte Enole umlagern, was man als **Tautomerie** bezeichnet. Das Gleichgewicht, das zwischen beiden Formen entsteht, nennt man **tautomeres Gleichgewicht**.

> Eine Tautomerie beschreibt ein Gleichgewicht zwischen zwei Strukturisomeren, die durch intramolekulare Protonenwanderung ineinander umwandelbar sind.

Betrachtet man z. B. das Aceton (Propanon), so kann durch den starken Elektronenzug des Carbonylsauerstoffatoms von einer der benachbarten Methylgruppen ein Wasserstoffatom als Proton abgespalten werden (vgl. Abb. 13.14). Man spricht deshalb auch von **aciden Wasserstoffatomen**. Acide Wasserstoffatome finden sich nur an C-Atomen, die der Carbonylgruppe direkt benachbart sind. Diese C-Atome werden auch als α-C-Atome bezeichnet. Weiter entfernte Wasserstoffatome können nicht abgespalten werden, weshalb man sie als **anacide Wasserstoffatome** bezeichnet.

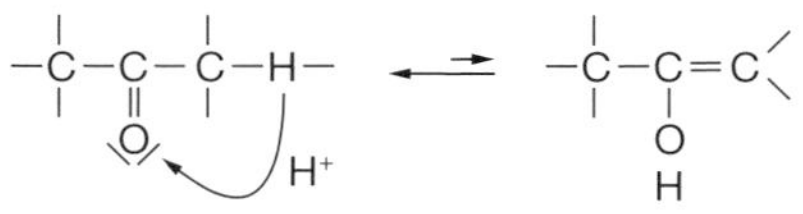

Propanon (Aceton)
Ketoform
99,998 %

Propen-2-ol
Enolform
0,002 %

Abb. 13.14 Keton-Enol-Tautomerie beim Propanon

Das freie Proton lagert sich am Sauerstoffatom an. Dabei entsteht ein ungesättigter Alkohol, das Propen-2-ol. Der ungesättigte Charakter wird durch die Silbe „-en", der alkoholische Charakter durch die Silbe „-ol" gekennzeichnet. So entsteht der Begriff **Enol**. Die Tautomerie nennt man entsprechend **Keto-Enol-Tautomerie**. Das Gleichgewicht liegt dabei meist auf der Seite des stabileren Ketons ($\Delta H \sim +46$ kJ/mol). Trotzdem ist die Enolform durch Entfärbung von Bromwasser nachweisbar.

Für alle, die es etwas genauer wissen wollen: Die Keto-Enol-Tautomerie verläuft über einen Zwischenschritt, bei dem ein **mesomeriestabilisiertes Anion** gebildet wird. Mesomeriestabilisierte Verbindungen sind energetisch bevorzugt, weshalb die Protonenabgabe in α-Stellung erleichtert erfolgt.

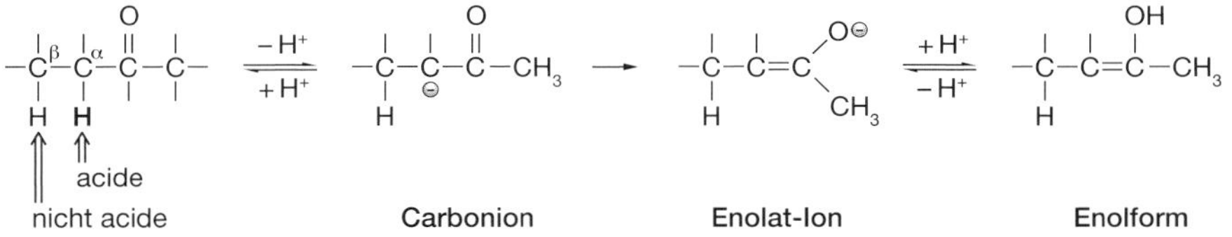

nicht acide · Carbonion · Enolat-Ion · Enolform

Abb. 13.15 Keto-Enol-Tautomerier mit Zwischenschritt

Übungsaufgaben

1 Zeichnen Sie die Strukturformeln folgender Verbindungen:
 a) 3-Methylbutanon
 b) 3-Methyl-3-butenon
 c) 3-Chlor-butanal
 d) 5,5,5-Trichlor-2,3-dihydroxy-2-pentenal
 e) Butindial
 f) (1,3)-Dihydroxypropanon

2 Benennen Sie die in der Abbildung gezeigten Verbindungen.

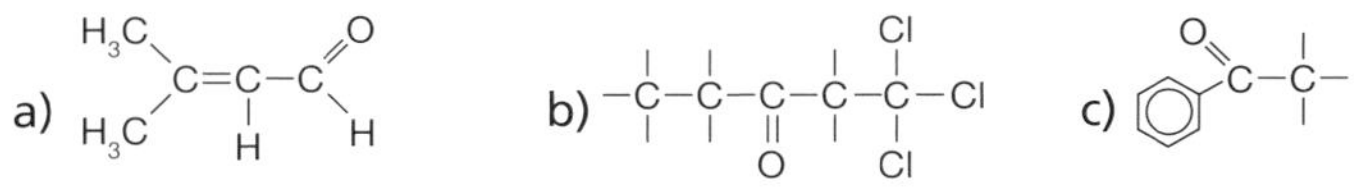

d) 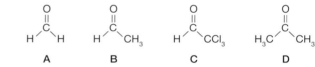 e) HO—C—C—C=C—C

3 Gegeben sei die Summenformel $C_4H_{10}O$.
   a) Zeichnen Sie alle möglichen Strukturisomere, benennen Sie diese und geben Sie deren Stoffklasse an.
   b) Ordnen Sie die Stoffe nach zunehmender Siedetemperatur und begründen Sie.
4 Erklären Sie den Begriff der Keto-Enol-Tautomerie am Beispiel von Butanon.
5 Aceton (Propanon) kann eine Bromlösung entfärben. Erklären Sie dies mithilfe einer Reaktionsgleichung.
6 Nebenstehende Abbildung zeigt das Acetylaceton.
   a) Formulieren Sie das tautomere Gleichgewicht.
   b) In der Enolform kann eine durch eine Wasserstoffbrücke stabilisierte 6-gliedrige Ringstruktur entstehen. Zeichnen Sie deren Strukturformel.

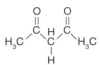

7 Welcher Reaktionsmechanismus herrscht bei Verbindungen mit Carbonylgruppen vor? Begründen Sie und formulieren Sie dazu ein Beispiel.
8 Aceton reagiert mit zwei Molekülen Methanol. Formulieren Sie den Reaktionsmechanismus und benennen Sie das Reaktionsprodukt.
9 Formulieren Sie für folgende Reaktionen die Reaktionsgleichungen.
   a) Keton + Wasser
   b) Keton + Alkohol
   c) Halbketal + Alkohol
10 Zur Herstellung eines Acetals stehen Ihnen 1-Propanol und ein Oxidationsmittel (z. B. Kupfer(II)-oxid zur Verfügung). Nennen Sie eine geeignete Reaktionsfolge und stellen Sie die Reaktionsgleichungen dazu auf.
11 Die Abbildung zeigt vier Carbonylverbindungen.
   a) Benennen Sie die Verbindungen mit systematischem Namen.

O	O	O	O
C	C	C	C
H H	H CH₃	H CCl₃	H₃C CH₃
A	B	C	D

   b) Unter geeigneten Bedingungen können diese Stoffe Wasser addieren. Zeigen Sie den Reaktionsmechanismus an einem Beispiel.
   c) Die Wasseraddition kann durch Protonenzugabe katalysiert werden. Erklären Sie.
   d) Die Addition von Wasser an die gezeigten Stoffe verläuft unterschiedlich leicht. Ordnen Sie die Stoffe begründet nach zunehmender Reaktionsfreudigkeit.
12 Propanal, Propenal und Propanon sollen im Labor chemisch untersucht werden.
   a) Zeichnen Sie die Strukturformel der drei Verbindungen.
   b) Stellen Sie eine geeignete Versuchsreihe vor, mit der diese drei Verbindungen sicher unterschieden werden können.
   c) Formulieren Sie die Reaktionsgleichungen für stattfindende Reaktionen.
13 Ammoniak wird an Carbonylverbindungen addiert.
   a) Erklären Sie, warum die Reaktion im leicht sauren Bereich schneller verläuft.
   b) Bei sehr hohen H_3O^+-Konzentrationen nimmt die Reaktionsgeschwindigkeit wieder ab. Erklären Sie weshalb.
14 Alkene können unter Katalyse mit Schwefelsäure Wasser anlagern. Alkanale reagieren mit Wasser bereits ohne Katalysator.
   a) Erklären Sie dieses unterschiedliche Verhalten.
   b) Die Carbonylgruppen von Ethanal, Methanal und Propanon zeigen unterschiedliche Reaktivität gegenüber der nucleophilen Addition. Ordnen Sie die Verbindungen in der Reihenfolge zunehmender Reaktivität und begründen Sie die Reihenfolge.

14 Carbonsäuren

Durch die maximal mögliche partielle Oxidation von primären alkoholischen OH-Gruppen erhält man über das Aldehyd als Zwischenstufe die entsprechende Carbonsäure (vgl. Abb. 14.1).

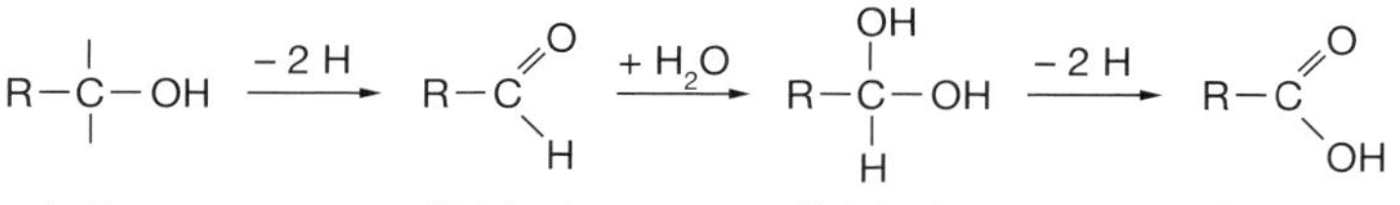

$$R-\overset{\displaystyle |}{\underset{\displaystyle |}{C}}-OH \xrightarrow{-2\,H} R-C\overset{\displaystyle O}{\underset{\displaystyle H}{\diagup}} \xrightarrow{+\,H_2O} R-\overset{\displaystyle OH}{\underset{\displaystyle H}{\overset{\displaystyle |}{\underset{\displaystyle |}{C}}}}-OH \xrightarrow{-2\,H} R-C\overset{\displaystyle O}{\underset{\displaystyle OH}{\diagup}}$$

primärer   Aldehyd   Aldehyd-   Carbon-
Alkohol   hydrat   säure

Abb. 14.1 Entstehung einer Carbonsäure aus einem Alkohol

Die funktionelle Gruppe der Carbonsäuren ist die **Carboxyl-Gruppe COOH** (vgl. Abb. 14.2).

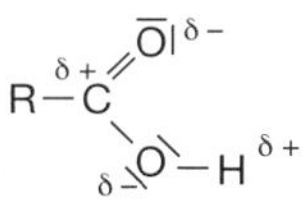

$$R-\overset{\delta+}{C}\overset{\overline{\underline{O}}|^{\delta-}}{\underset{\underset{\delta-}{\overline{\underline{O}}}-H^{\delta+}}{}}$$

$$C_nH_{2n+1}COOH$$

Abb. 14.2 Struktur der Carboxylgruppe

14.1 Struktur und Nomenklatur

Als **funktionelle Gruppe** enthalten die Carbonsäuren die saure **Carboxylgruppe COOH**. Der Name leitet sich von Carbonyl-hydroxyl-Gruppe ab. Die allgemeine Summen- und Strukturformel der Carbonsäuren zeigt Abb. 14.2. Die Nummerierung der C-Atome erfolgt so, dass das C-Atom der Carboxylgruppe die Nummer 1 erhält. Das C-Atom 2 wird auch mit α, C-Atom 3 mit β usw. bezeichnet. Das letzte C-Atom erhält die Bezeichnung ω (omega).
Nach der **Anzahl der Carboxylgruppen** unterscheidet man Mono-, Di-, Tri- usw. -carbonsäuren. Die einfachste **Monocarbonsäure** ist die Methansäure oder Ameisensäure, die im Sekret einiger Ameisen und in der Brennnessel vorkommt. Essigsäure (Ethansäure), Propionsäure (Propansäure) und Buttersäure (Butansäure) setzen die Reihe fort. Die einfachste **Dicarbonsäure** ist die Ethandisäure oder Oxalsäure. Langkettige Carbonsäuren nennt man auch **Fettsäuren** (vgl. Teil 2).
Die einfachsten **aromatischen Carbonsäuren** (vgl. Abb. 14.4) sind die Benzoesäure, die Phthalsäure (sprich: „ftalsäure") und die Salicylsäure, die verestert mit Essigsäure als Acetylsalicylsäure (ASS) im Aspirin vorkommt.

Wie die Beispiele zeigen, besitzen praktisch alle Carbonsäuren Trivialnamen, die leider auch noch sehr viel häufiger verwendet werden als die systematischen Namen (vgl. Tab. 14.1). Daneben können außer der Carboxylgruppe noch weitere funktionelle Gruppen wie Doppelbindungen oder Hydroxylgruppen in einem Molekül vorkommen.

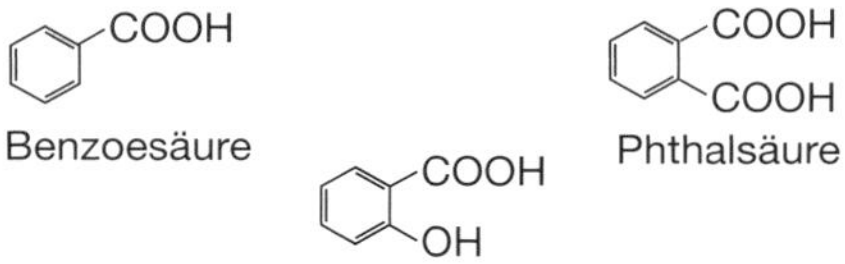

Benzoesäure

Salicylsäure

Phthalsäure

Abb. 14.4 Aromatische Carbonsäuren

• Alkohole – vgl. S. 141 ff.
• Aldehyde – vgl. S. 152 ff.

Essigsäuregärung
Essigsäurebakterien setzten spezifisch Ethanol zu Ethansäure (Essigsäure) um (enzymatische Oxidation). Man spricht auch von der **Säuregärung**, um sie von der alkoholischen Gärung abzugrenzen. Der in der Küche verwendete Essig enthält 5-6 % Essigsäure und entsteht durch bakterielle Vergärung von Wein und Branntwein. Die auch verwendete Essigessenz wird synthetisch hergestellt und enthält 25 % Säure. Sie kann nur verdünnt verwendet werden.

Abb. 14.3 Verschiedene Essigsorten

Tab. 3.1 Wichtige Carbonsäuren

Monocarbonsäuren		Di- und Tricarbonsäuren	
Methansäure Ameisensäure	HCOOH	Ethandisäure Oxalsäure	HOOC−COOH
Ethansäure Essigsäure	CH_3COOH	Propandisäure Malonsäure	HOOC−CH_2−COOH
Propansäure Propionsäure	C_2H_5COOH	Butandisäure Bernsteinsäure	HOOC−$(CH_2)_2$− COOH
Butansäure Buttersäure	C_3H_7COOH	Pentandisäure Glutarsäure	HOOC−$(CH_2)_3$− COOH
Pentansäure	C_4H_9COOH	2-Hydroxypropansäure Milchsäure	COOH | −C−OH | CH_3
Hexansäure	$C_5H_{11}COOH$	Ketopropansäure Brenztraubensäure	COOH | C=OH | CH_3
		2,3-Dihydroxybutandisäure Weinsäure	COOH | −C−OH | HO−C− | COOH
Hexadecansäure Palmitinsäure	$C_{15}H_{31}COOH$	2-Ketobutandisäure Oxalessigsäure	COOH | −C=O | −C− | COOH
Octadecansäure Stearinsäure	$C_{17}H_{35}COOH$	2-Hydroxy-1,2,3-propantri- säure Citronensäure	| −C−COOH | HO−C−COOH | −C−COOH |

14.2 Eigenschaften der Carbonsäuren

14.2.1 Physikalische Eigenschaften

Schmelz- und Siedetemperatur

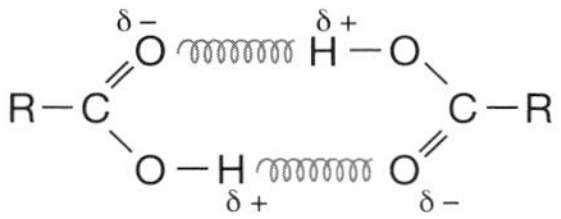

Abb. 14.5 Dimerisierung bei Carbonsäuren

Die niederen Carbonsäuren (bis C_{10}) sind bei Raumtemperatur flüssig und besitzen einen charakteristischen Geruch: Der Geruch von Essig ist bekannt; Butansäure riecht nach ranziger Butter.
Kurzkettige Monocarbonsäuren (C_1 bis C_3) bilden durch Wasserstoffbrücken zwischen zwei Carboxyl-

gruppen sogenannte **Dimere** (vgl Abb. 14.5). Bei langkettigen Monocarbonsäuren (ab C_4) wird die Ausbildung von Dimeren durch den Kohlenwasserstoffrest behindert. Es kommt daher kurzfristig zu einem Abfall der Schmelz- und Siedetemperatur (beachten Sie die unterschiedlichen Schmelztemperaturen von Propansäure und Butansäure in Tabelle 14.2). Mit zunehmender Länge der Kohlenstoffkette nehmen Schmelz- und Siedetemperatur aufgrund steigender Van-der-Waals-Wechselwirkung wieder zu.

Dicarbonsäuren besitzen höhere Schmelz- und Siedepunkte als gleich große Monocarbonsäuren, da es über die polaren Carboxylgruppen zur Vernetzung der Moleküle kommen kann.

Tab. 14.2 Schmelztemperaturen von Carbonsäuren

Monocarbonsäure	Schmelz temperatur	Dicarbonsäure	Schmelztemperatur
Ameisensäure (C_1)	8 °C		
Essigsäure (C_2)	16,5 °C	Oxalsäure (C_2)	101,5 °C
Propionsäure (C_3)	22 °C	Malonsäure (C_3)	137,1 °C
Butansäure (C_4)	−6 °C (!)		

Löslichkeit

Schematisch kann man sich eine Carbonsäure aufgebaut denken aus …
● … einem hydrophilen Teil, der Carboxylgruppe und
● … einem lipophilen Teil, der Kohlenwasserstoffkette.

Das Vorkommen von beiden Moleküleigenschaften in einem Molekül nennt man **amphiphil**. Niedere Carbonsäuren (bis C_4) sind aufgrund der Polarität der Carboxylgruppe in Wasser löslich. Mit zunehmender Kettenlänge (ab C_5) sinkt die Wasserlöslichkeit rapide ab, während die Löslichkeit in unpolaren (lipophilen) Lösungsmitteln zunimmt. Entscheidend für die Löslichkeit ist also die Kettenlänge.

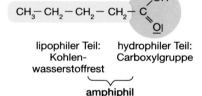

lipophiler Teil: Kohlenwasserstoffrest

hydrophiler Teil: Carboxylgruppe

amphiphil

Abb. 14.6 Schemat. Aufbau der Carbonsäuren

14.2.2 Chemische Eigenschaften

Säurestärke

Carbonsäuren reagieren im Gegensatz zu Alkoholen deutlich sauer. Dies liegt ursächlich im direkt benachbarten Carbonyl-Sauerstoffatom, welches die Polarität der OH-Bindung durch Elektronenzug (minus-I-Effekt) verstärkt. So kann von der Hydroxylgruppe leicht ein Proton abgespalten werden. In der wässrigen Lösung stellt sich folgendes Dissoziationsgleichgewicht ein:

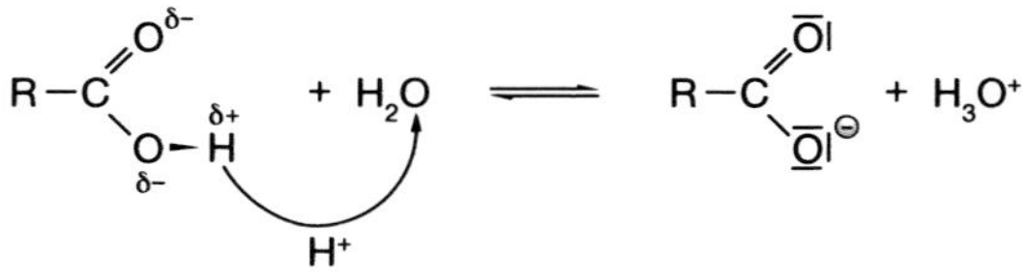

Induktiver Effekt –
vgl. S. 146

Das benachbarte Carbonyl-Sauerstoffatom ist aber nur der eine Grund, weshalb die Carboxylgruppe sauer reagiert. Der zweite Grund ist, dass nach Abspaltung eines Protons ein mesomeriestabilisiertes Ion, das **Carboxylat-Ion** entsteht. Die negative Ladung ist dabei auf beide Sauerstoffatome verteilt, was einen energiearmen Zustand darstellt.

Herleitung und Bedeutung des pK_S-Wertes – vgl. S. 96

Wie bei den anorganischen Säuren kann auch für die organischen Carbonsäuren der pK_S-Wert für das folgende Gleichgewicht bestimmt werden.

$$R-COOH + H_2O \rightleftharpoons R-COO^- + H_3O^+$$

Die organischen Carbonsäuren sind aber im Vergleich zu den anorganischen Säuren meist schwächere Säuren, wie Tabelle 14.3 zeigt.

Tab. 14.3 pK_S-Werte von Carbonsäuren im Vergleich zu anorganischen Säuren

Anorganische Säuren		Carbonsäuren	
Salzsäure		Ameisensäure	3,74
Salpetersäure	vollständige Protolyse	Essigsäure	4,76
Schwefelsäure		Propionsäure	4,9
Phosphorsäure	1,96	Oxalsäure	1,42

Die Säurestärke (Acidität) einer Carbonsäure hängt von verschiedenen Faktoren ab:

Art des Alkylrestes

Mit zunehmender Länge der C-Kette nimmt aufgrund des elektronenschiebenden Effektes (plus-I-Effekt) die Polarität der OH-Gruppe und damit die Acidität ab.

Beispiel:
Methansäure	C_1	pK_S 3,77
Ethansäure	C_2	pK_S 4,76
Propansäure	C_3	pK_S 4,88
2,2-Dimethylpropansäure	C_5	pK_S 5,05

Mit zunehmender Länge der Kohlenstoffkette nehmen die pK_S-Werte zu und damit die Stärke der Säure ab.

Elektronegativität der Substituenten

Elektronenziehende Substituenten mit minus-I-Effekt (z. B. Cl, C=O) in Nachbarschaft zur Carboxylgruppe verstärken die Polarität der OH-Gruppe und erleichtern die Abspaltung eines Protons. Diese Wirkung ist umso stärker, je größer die Elektronegativität des Substituenten ist.

Beispiel:
Ethansäure		pK_S 4,76
Fluorethansäure	EN(F) = 4	pK_S 2,66

Chlorethansäure	EN(Cl) = 3,0	pK$_S$ 2,81
Bromethansäure	EN(Br) = 2,8	pK$_S$ 2,87
Jodethansäure	EN(J) = 2,4	pK$_S$ 3,12

Anzahl der Substituenten

Die Acidität nimmt mit der Anzahl an Substituenten mit minus-I-Effekt zu.

Beispiel:

Ethansäure	kein Substituent	pK$_S$ 4,76
Chlorethansäure	ein Substituent	pK$_S$ 2,81
Dichlorethansäure	zwei Substituenten	pK$_S$ 1,29
Trichlorethansäure	drei Substituenten	pK$_S$ 0,70

Entfernung der Substituenten von der Carboxylgruppe

Je weiter elektronenziehende Substituenten von der Carboxylgruppe entfernt sind, desto schwächer wird deren Einfluss auf die OH-Bindung. Die Acidität sinkt, bleibt aber meist höher als bei der nicht-substituierten Carbonsäure.

Beispiel:

Butansäure	kein Substituent	pK$_S$ 4,82
2-Chlorbutansäure	Abstand: 1 C-Atom	pK$_S$ 2,84
3-Chlorbutansäure	Abstand: 2 C-Atome	pK$_S$ 4,06
4-Chlorbutansäure	Abstand: 3 C-Atome	pK$_S$ 4,52

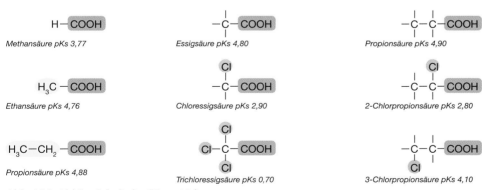

1) ...der Kettenlänge

Methansäure pKs 3,77
Ethansäure pKs 4,76
Propionsäure pKs 4,88

2) ...der Anzahl der Substituenten

Essigsäure pKs 4,80
Chloressigsäure pKs 2,90
Trichloressigsäure pKs 0,70

3) ...der Entfernung der Substituenten

Propionsäure pKs 4,90
2-Chlorpropionsäure pKs 2,80
3-Chlorpropionsäure pKs 4,10

Abb. 14.7 Abhängigkeit der Säurestärke von …

Zahl und Entfernung der Carboxylgruppen

In **Dicarbonsäuren** wirkt die zweite Carboxylgruppe elektronenziehend und erleichtert so die Abspaltung des ersten Protons. Das zweite Proton einer Dicarbonsäure wird hingegen, behindert durch die erste negative Ladung, nicht so leicht abgegeben. Mit zunehmender Kettenlänge nimmt die Acidität für das erste Proton ab, d. h. mit zunehmender Kettenlänge wird der Unterschied zwischen den pK_S-Werten kleiner, bleibt aber bestehen.

Tab. 14.4 pK_S-Werte von Dicarbonsäuren

Säure	pK_{S1}	pK_{S2}	ΔpK_S
Oxalsäure (C_2)	1,2	4,2	3
Malonsäure (C_3)	2,8	5,7	2,9
Bernsteinsäure (C_4)	4,2	5,6	1,4

> Elektronenziehende Substituenten steigern die Acidität und senken den pK_S-Wert.
> Dieser Effekt ist umso stärker, je näher sie der Carboxylgruppe sind und je größer deren Anzahl und deren Elektronegativität ist.

Salzbildung

Wie bei den anorganischen Säuren entsteht bei der Reaktion einer Carbonsäure mit einer Base ein Salz.

$R-COOH + NaOH \rightleftharpoons R-COO^-Na^+ + H_2O$

Salze von Carbonsäuren sind aufgrund der extremen Hydrophilie des Carboxylat-Ions gut wasserlöslich. So können auch schlecht wasserlösliche Carbonsäuren löslich gemacht werden.

physiologisch – körpereigen

Auch in den Zellen liegen aufgrund des physiologischen pH-Wertes Carbonsäuren nicht als Säuren, sondern als Anionen vor. Vielfach werden deshalb die **Anionen-Namen** der Säuren verwendet. Der Name des Anions setzt sich zusammen aus der entsprechenden Vorsilbe plus der **Endung „-oat"**, z. B. Ethan-oat. Leider sind auch hier Trivialnamen im Umlauf, die z. T. in keinem erkennbaren Zusammenhang zu den Namen der Säure stehen (vgl. Tab. 14.5).

Tab. 14.5 Salze der Carbonsäuren

Säure	Systematischer Name	Trivialname
Ameisensäure	Methanoat	Formiat
Essigsäure	Ethanoat	Acetat
Propionsäure	Propanoat	Propionat
Buttersäure	Butanoat	Butyrat
Palmitinsäure	Hexadecanoat	Palmitat
Stearinsäure	Octadecanoat	Stearat
Oxalsäure	Diethanoat	Oxalat
Malonsäure	Dipropanoat	Malonat
Bernsteinsäure	Dibutanoat	Succinat
Glutarsäure	Dipentanoat	Glutarat
Benzoesäure	Benzoat	
Phthalsäure		Phthalat

Keto-Enol-Tautomerie und Decarboxylierung

Ketocarbonsäuren (z.B. Brenztraubensäure = Ketopropansäure) zeigen besondere Eigenschaften und sind deshalb in der Biochemie von besonderer Bedeutung.

Ketocarbonsäuren können eine **Keto-Enol-Tautomerie** zeigen (vgl. Abb. 14.8). Die Enol-Form ist dabei energiereicher. Phosphoenol-Carbonsäuren (z.B. Phosphoenolpyruvat) sind energiereiche Verbindungen, deren Spaltung bei Stoffwechselvorgängen viel Energie liefert.

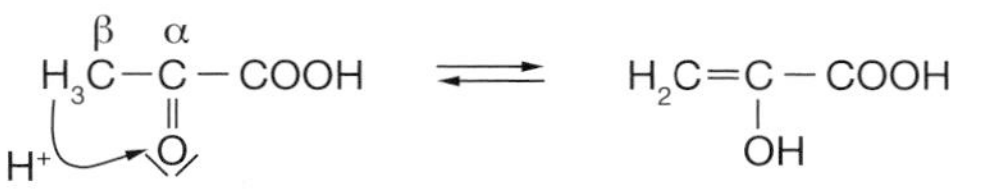

α-Ketopropansäure
Brenztraubensäure

2-Hydroxypropensäure
Enolbrenztraubensäure

Abb. 14.8 Keto-Enol-Tautomerie bei Ketocarbonsäuren

β-**Ketocarbonsäuren** können spontan aus der Carboxylgruppe CO_2 abspalten. Diese Reaktion nennt man **Decarboxylierung**. Aus der Carbonsäure entstehen so Ketone. An vielen Stellen im Stoffwechsel wird von dieser Reaktion gebrauch gemacht.

β-Ketobuttersäure   Aceton

Abb. 14.9 Decarboxylierung

Auch α-**Ketocarbonsäuren** können decarboxyliert werden, wobei Aldehyde entstehen, die im Stoffwechsel nachfolgend wieder zu einer um ein C-Atom kürzeren Carbonsäure „aufoxidiert" werden können. Diesen Vorgang bezeichnet man als **oxidative Decarboxylierung**.

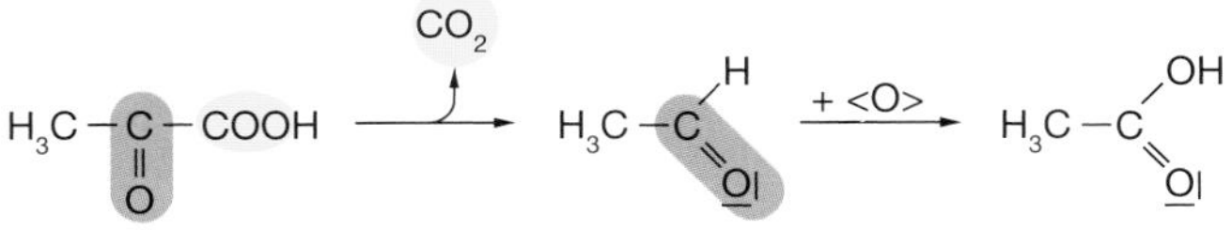

Brenztraubensäure   Ethanal   Ethansäure

Abb. 14.10 Oxidative Decarboxylierung von Brenztraubensäure

• Keto-Enol-Tautomerie – Umlagerung eines Stoffs durch intramolekulare Protonenwanderung, vgl. S. 159.
• Decarboxylierung – Abspaltung von Kohlenstoffdioxid (CO_2)
Derivat – Abkömmling

14.3 Ester

Die wichtigsten Derivate der Carbonsäuren sind die Ester. Sie entstehen bei der Reaktion von Carbonsäuren mit Alkoholen (vgl. Abb. 14.11).

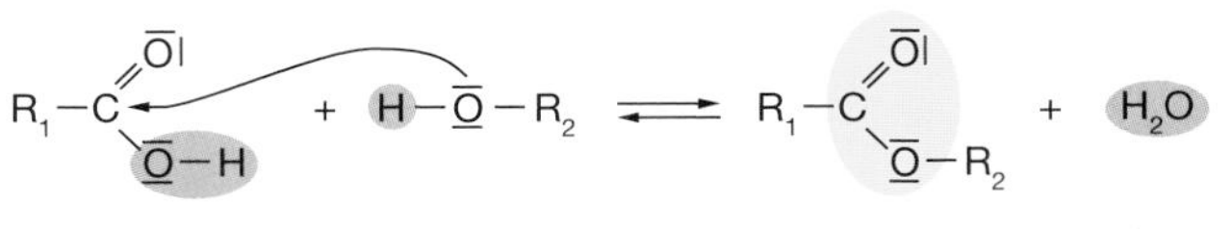

Carbonsäure   Alkohol   Ester   Wasser

Abb. 14.11 Esterkondensation

Die Esterbildung ist eine typische Gleichgewichtsreaktion, die im Allgemeinen nur sehr langsam abläuft. Um die Gleichgewichtseinstellung zu beschleunigen, verwendet man starke Säuren (z.B. Schwefelsäure H_2SO_4) als Katalysatoren und erhitzt das Reaktionsgemisch. Die Lage des Gleichgewichts wird dadurch nicht beeinflusst. Das Massenwirkungsgesetz für die Esterbildung lautet:

$$K = \frac{[\text{Ester}] \cdot [\text{Wasser}]}{[\text{Säure}] \cdot [\text{Alkohol}]}$$

Nach dem Prinzip von Le Chatelier lässt sich die Esterausbeute erhöhen, wenn das bei der Reaktion gebildete Wasser gebunden oder abdestilliert wird.

• Massenwirkungsgesetz (MWG) – vgl. S. 81
• Prinzip von Le Chatelier und Braun – vgl. S. 84

Ebenso kann ein großer Überschuss eines der beiden Ausgangsstoffe den Umsatz erhöhen. Ein Überschuss an Alkohol ermöglicht die weitgehende Umsetzung der vorgelegten Säure und umgekehrt.

14.3.1 Esterbildung

Der Reaktionsmechanismus der Esterbildung ist eine **nucleophile Substitution** S_N. Die einzelnen Reaktionsschritte sind (vgl. Abb. 14.12):

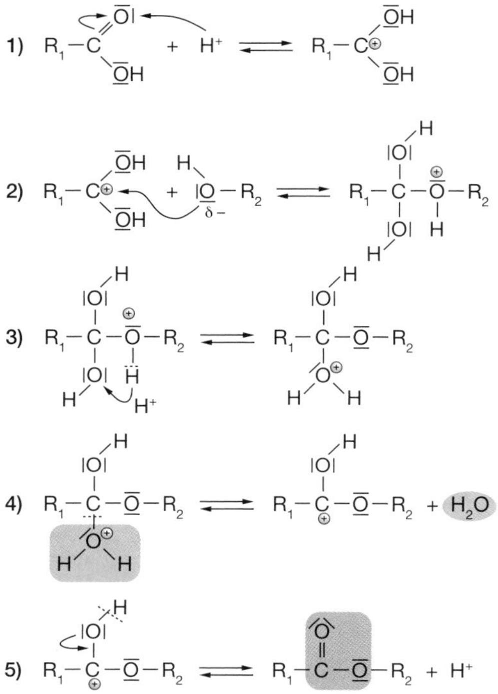

(1) Anlagerung eines Protons an das Carbonyl-O-Atom und Umlagerung zu einem Carbenium-Ion (C^+).

(2) Nucleophiler Angriff des Alkohols und dessen Addition an das positive C-Atom.

(3) Intramolekulare Protonenwanderung von der alkoholischen Hydroxylgruppe zur Hydroxylgruppe der ehemaligen Carboxylgruppe.

(4) Abspaltung von Wasser.

(5) Abspaltung eines Protons und damit Rückgewinnung des Katalysators.

Abb. 14.12 Reaktionsmechanismus der Esterbildung, nucleophile Substitution

Aufgrund der Freisetzung von Wasser aus der Carboxylgruppe, spricht man auch von der **Esterkondensation**. Alle Reaktionsschritte sind **reversibel**. Durch den Katalysator (Proton) werden Hin- und Rückreaktion gleichermaßen gefördert.

> Reaktionsmechanismus der Esterkondensation ist die nucleophile Substitution S_N.

Die Reaktionsschritte zeigen, dass unerwarteterweise die OH-Gruppe aus der Säure und das Wasserstoffatom aus dem Alkohol stammt. Dies ist nun recht verwunderlich, da man von einer Säure eigentlich erwartet, dass sie nur ihr Proton abgibt. Die Esterkondensation hat also nichts mit einer Protolyse zu tun (vgl. Tab. 14.6).

Der Reaktionsablauf konnte mithilfe der sogenannten **Isotopenmarkierung** bewiesen werden. Dazu wurde das Sauerstoffatom der Hydroxylgruppe der Säure mit schwerem Sauerstoff ^{18}O (normal: ^{16}O) markiert. Nach der Reaktion wurde das entstandene Wasser untersucht: Es enthielt den schweren Sauerstoff. Das Sauerstoffatom musste also aus der Säure kommen.

$$R_1-CO^{18}OH + HO-R_2 \rightleftharpoons R_1-CO-O-R_2 + H_2{}^{18}O$$

Tab. 14.6 Gegenüberstellung von Protolyse und Veresterung

Protolyse	Veresterung
Bsp.: $NaOH + HCl \rightleftharpoons NaCl + H_2O$	$R_1{-}COOH + HO{-}R_2 \rightleftharpoons R_1{-}CO{-}O{-}R_2 + H_2O$
Einseitig ablaufende Protolyse	Gleichgewichtsreaktion (S_N)
ohne Katalysator	mit Katalysator
Reaktion zwischen Ionen	Reaktion zwischen Molekülen
große Reaktionsgeschwindigkeit	kleine Reaktionsgeschwindigkeit

14.3.2 Esterspaltung

Die Esterspaltung wird auch als **Esterhydrolyse** bezeichnet. Man unterscheidet zwei Arten der Esterhydrolyse:

Saure Esterhydrolyse

Wird ein Ester mit einem Überschuss Wasser unter Anwesenheit von Protonen gekocht, so kommt es zu dessen Spaltung in Alkohol und Säure. Der Reaktionsmechanismus entspricht der Umkehr der Esterbildung nach der nucleophilen Substitution. Weil hier saure Valenzen (Protonen) als Katalysatoren wirken, spricht man auch von der **sauren Esterhydrolyse**.

Alkalische Esterspaltung

Bei der **alkalischen Esterhydrolyse** werden Ester durch Kochen mit Natrium- oder Kaliumhydroxid (NaOH, KOH) gespalten. Es entsteht wieder der freie Alkohol, im Gegensatz zur sauren Esterspaltung aber keine freie Säure sondern das Natrium- (bzw. Kalium-)salz der entsprechenden Säure (vgl. Abb. 14.13).

(1) Das Hydroxyd-Ion (OH^-) ist ein starkes Nucleophil und greift das Carbonyl-C-Atom an.

(2) Aus einem instabilen Zwischenprodukt wird ein Alkoholat-Ion freigesetzt.

(3) Als starke Base übernimmt das Alkoholat sofort ein Proton von der gebildeten Carboxylgruppe.

(4) Die Reaktionsprodukte, das Natriumsalz der Carbonsäure und der Alkohol, können nicht mehr miteinander reagieren, weil das Carboxylat-Ion negativ geladen ist und damit die Anlagerung eines Nucleophils, wie das des Alkohols, verhindert.

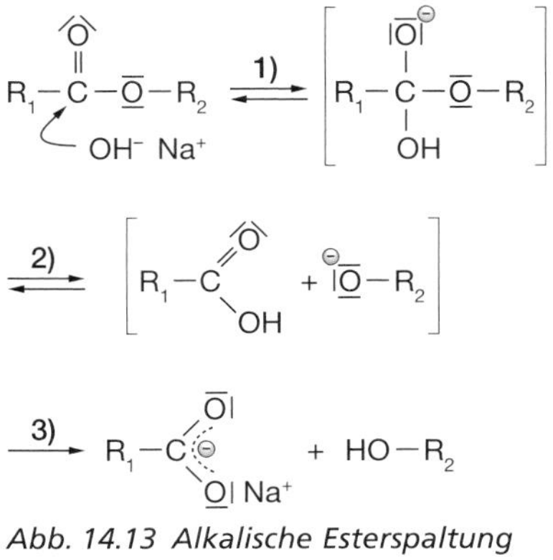

* **Kondensation** – Bildung einer Verbindung unter Freisetzung von Wasser (Gegenteil: Hydrolyse)
* **Hydrolyse** – Spaltung einer Verbindung unter Wasseranlagerung (Gegenteil: Kondensation)

Abb. 14.13 Alkalische Esterspaltung (Verseifung)

Wie der Reaktionsmechanismus zeigt, weist die alkalische Esterhydrolyse im Vergleich zur sauren einige entscheidende Unterschiede auf:

* Die alkalischen Valenzen (OH^-) wirken **nicht** als Katalysatoren, sondern werden als Reaktionspartner verbraucht. Für jede Estergruppe wird also mindestens ein Molekül Base (OH^-) benötigt.

Katalysator – vgl. S. 77

* Die Reaktion ist **irreversibel**, weil das entstehende Carboxylat-Ion mesomeriestabilisiert und damit besonders energiearm ist. Des Weiteren wird,

wie beschrieben, die Anlagerung eines Nucleophils durch die negative Ladung verhindert und eine Rückreaktion unmöglich gemacht.

> Die alkalische Esterspaltung ist irreversibel.

Beispiel:
Alkalische Spaltung von Bernsteinsäure-dimethylester

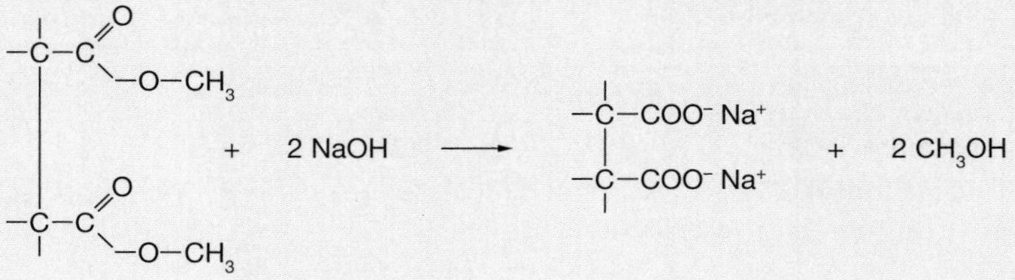

Bernsteinsäure-dimethylester   Natriumsuccinat   Methanol

Abb. 14.14 Alkalische Spaltung von Bernsteinsäure-dimethylester

Die alkalische Esterspaltung findet schon seit langem ihre Anwendung; nämlich zur **Herstellung von Seifen** aus Fetten. Früher gab es dazu den Beruf des „Seifensieders". In einem großen Gefäß wurden tierische Fette zusammen mit Natronlauge (NaOH) zum Sieden gebracht. Mit einem Überschuss an NaCl kristallisierten die Salze der langkettigen Carbonsäuren aus und konnten dann an der Oberfläche abgeschöpft werden. Die alkalische Esterspaltung trägt deshalb immer noch den Namen „**Verseifung**". Während Seifen, die aus Natriumsalzen bestehen, eher fest sind, sind Seifen aus Kaliumsalzen eher flüssig (Schmierseife).

> Seifen sind Salze langkettiger Carbonsäuren.

14.3.3 Eigenschaften der Ester

Wasserlöslichkeit

Kurzkettige Ester (z. B. Methansäuremethylester) sind noch gering wasserlöslich. Langkettige Ester sind praktisch nicht mehr wasserlöslich. In unpolaren Lösungsmitteln sind Ester dagegen gut löslich.

Siedetemperatur

Die Siedetemperatur der Ester liegt niedriger als bei Carbonsäuren und Alkoholen vergleichbarer Masse. Damit sind Ester bei Zimmertemperatur leicht flüchtige Verbindungen und können leicht aus einem Gemisch abdestilliert werden.

Geruch

Alle niederen, leicht flüchtigen Ester, haben einen ausgeprägten und für jede Verbindung charakteristischen aromatischen Geruch (vgl. Tab. 14.7).

Anwendung

Ester finden aufgrund ihrer Eigenschaften Verwendung als Lösungsmittel, Aromastoffe und Konservierungsmittel (vgl. Tab. 14.7).

Diese „aromatische" Eigenschaft ist nicht mit der Stoffklasse der Aromaten zu verwechseln. Beides hat nichts miteinander zu tun. Aromaten leiten sich vom Benzol ab und riechen eher unangenehm (vgl. S. 136).

Tab. 14.7 Ester und ihre Verwendung

Name	Formel	Verwendung
Ethansäuremethylester	$H_3C-CO-O-CH_3$	Lösungsmittel
Ethansäurebutylester	$H_3C-CO-O-(CH_2)_3-CH_3$	
Ethansäurepentylester	$H_3C-CO-O-(CH_2)_4-CH_3$	Aromastoff: Banane
Propansäurebutylester	$H_3C-CH_2-CO-O-(CH_2)_3-CH_3$	Aromastoff: Rum
Butansäuremethylester	$H_3C-(CH_2)_2-CO-O-CH_3$	Aromastoff: Ananas
Butansäureethylester	$H_3C-(CH_2)_2-CO-O-CH_2-CH_3$	Aromastoff: Pfirsich
Parahydroxybenzoesäure ethylester (PHB-Ester)		Konservierungsstoff
Hexadecansäuremyricylester „Bienenwachs"	$H_3C-(CH_2)_{14}-CO-O-(CH_2)_{29}-CH_3$	Wachs
Tristearinsäureglycerintriester		Triglycerid (Neutralfett)

14.3.4 Besondere Ester

Wachse und Triglyceride

Ester aus langkettigen einwertigen Alkoholen (16 bis 22 C-Atome) und langkettigen Monocarbonsäuren (14 bis 36 C-Atome) sind **Wachse**. Bienenwachs z. B. enthält überwiegend Säuren und Alkohole mit einer Kettenlänge von 26 und 28 C-Atomen.

> Wachse sind Ester langkettiger Fettsäuren mit langkettigen einwertigen Alkoholen.

Reagiert der dreiwertige Alkohol Glycerin (Propantriol) mit langkettigen Monocarbonsäuren (Fettsäuren) entstehen **Triglyceride**, die man als Fette

Lipide – vgl. Band 2.

kennt. Triglyceride (Fette) gehören zusammen mit den Wachsen zur Stoffklasse der Lipide.

Fette sind Verbindungen aus langkettigen Carbonsäuren und dem dreiwertigen Alkohol Glycerin.

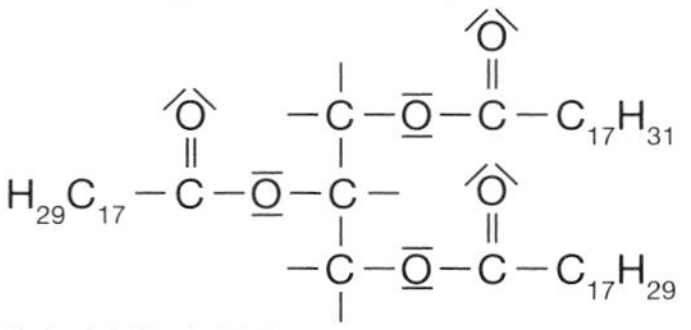

Wachse sind Verbindungen aus langkettigen Carbonsäuren und langkettigen einwertigen Alkoholen.

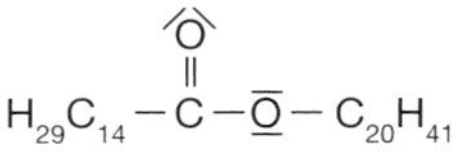

$$H_{29}C_{17} - C - \overline{O} - C -$$
$$-C - \overline{O} - C - C_{17}H_{31}$$
$$-C - \overline{O} - C - C_{17}H_{29}$$

$$H_{29}C_{14} - C - \overline{O} - C_{20}H_{41}$$

Beispiel für ein Fett:
Stearinsäure-Dilinolensäure-Glycerintriester

Beispiel für ein Wachs:
Butadecansäure-eicosanylester

Abb. 14.15 Wachse und Triglyceride im Vergleich

Lactone – Zyklische Ester

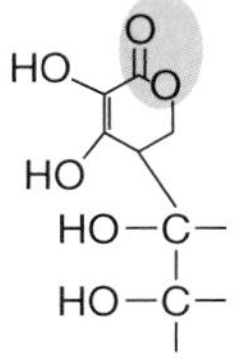

Vitamin C
Ascorbinsäure

Enthält ein einzelnes Molekül eine Hydroxyl- und eine Carboxylgruppe, so kann unter Abspaltung von Wasser ein **zyklischer Ester**, ein sogenanntes **Lacton** entstehen. Bevorzugt bilden sich dabei spannungsfreie 5- oder 6-gliedrige Ringe. Ein für den menschlichen Körper wichtiges Lacton ist das **Vitamin C** (Ascorbinsäure).

Beispiel:
Lactonbildung bei δ-Hydroxypentansäure

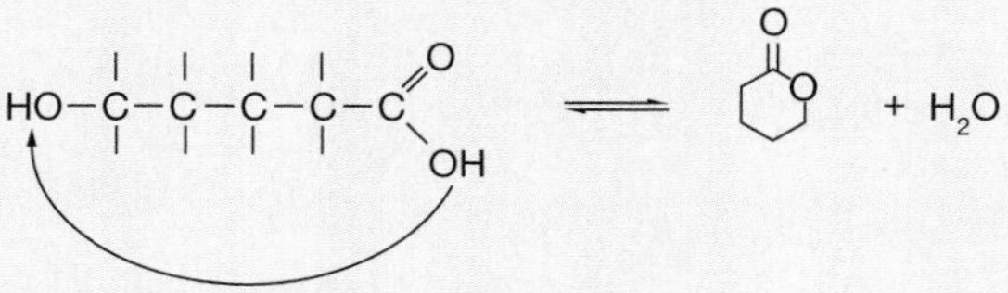

$$HO - C - C - C - C - C \overset{O}{\underset{OH}{\diagdown}} \rightleftharpoons \quad + \ H_2O$$

Abb. 14.16 Lactonbildung

Thioester

• **Thioalkohole** enthalten anstelle der OH-Gruppe eine SH-Gruppe.
• **Alkylrest** – Kohlenstoffskelett einer Verbindung

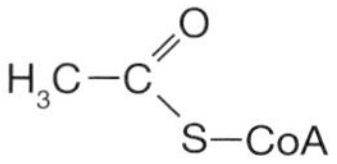

$$H_3C - C \overset{O}{\underset{S-CoA}{\diagdown}}$$

Acetyl-CoA

Reagiert anstelle eines Alkohols ein Thioalkohol mit einer Carbonsäure, so entsteht analog zum Ester ein Thioester.

Thioester sind energiereichere Verbindungen als normale Ester und werden im Stoffwechsel ausgenutzt, um Alkylreste von Carbonsäuren auf eine Hydroxyl- oder Aminogruppe zu übetragen. Der Träger von Acylgruppen im Stoffwechsel ist das **Coenzym A**. Das Coenzym A enthält eine endständige Thiolgruppe (SH), an die unter Energieverbrauch Acylgruppen angehängt werden können. Die funktionelle Gruppe entspricht dann einem Thioester. Die wichtigste dieser Verbindungen ist das **Acetyl-Coenzym-A**, kurz Acetyl-CoA, welches im Stoffwechsel eine Schlüsselrolle übernimmt.

14.3.5 Ester anorganischer Säuren

Von Bedeutung im Stoffwechsel sind auch Ester anorganischer Säuren, vor allem Ester der Phosphorsäure. Das Anhängen einer Phosphatgruppe an eine Verbindung macht diese energiereich und damit bereit für neue Reaktionen. Die Phosphatgruppe stammt dabei meist vom Energieträger **ATP** (Adenosintriphosphat).

Beispiel:
Phosphorylierung von Glucose zu Glucose-6-phosphat

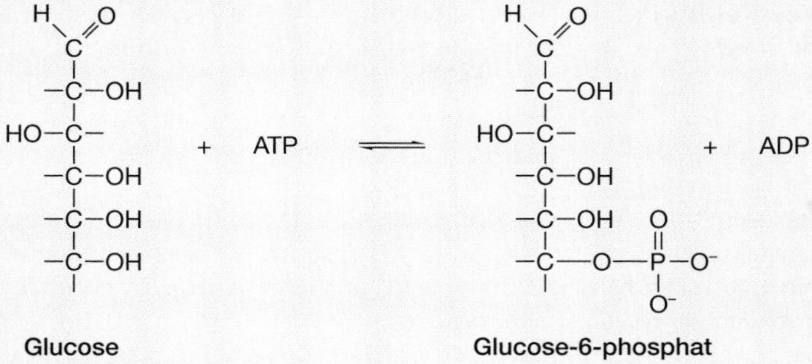

Glucose   +   ATP   ⇌   Glucose-6-phosphat   +   ADP

Abb. 14.17 Phosphorylierung

Bei der Bildung von Estern aus Alkoholen und **anorganischen Säuren** (z. B. Phosphorsäure) stammt die OH-Gruppe aus dem Alkohol und das Proton aus der anorganischen Säure

14.3.6 Andere Carbonsäure-Derivate

Neben den Estern gehören noch die Säurechloride, die Anhydride und die Amide zu den Carbonsäure-Derivaten. Im Stoffwechsel spielen sie keine Rolle und werden deshalb nur in einer Übersicht dargestellt (vgl. Tab. 14.8).

Tab. 14.8 Übersicht über Carbonsäure-Derivate

Derivat	Struktur	Eigenschaften
Carbonsäurechloride	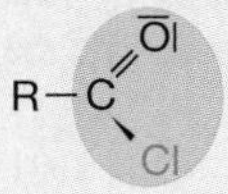	Stechender, zu Tränen reizender Geruch. Die reaktivsten Derivate sind sie Ausgangsstoffe für zahlreiche Synthesen. Sie entstehen durch Umsetzung von Carbonsäuren mit organischen Chlorierungsmitteln , z. B. Thionylchlorid, $SOCl_2$.
Carbonsäureanhydride	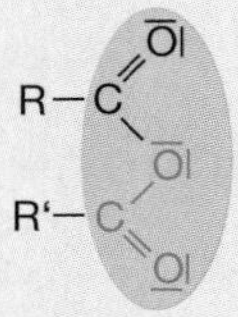	Sie entstehen bei der Kondensation zweier Carboxylgruppen. Bei Dicarbonsäuren können so durch intramolekulare Reaktion zyklische Verbindungen entstehen. Ihre Reaktivität ist geringer, als die der Säurechloride.
Carbonsäureamide	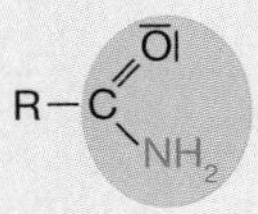	Sie entstehen nur aus der Reaktion eines Carbonsäurechlorids oder -anhydrids mit Ammoniak oder einem Amin. Amide reagieren im Gegensatz zu Ammoniak kaum basisch, weil die Amidgruppe mesomeriestabilisiert ist. Ringförmige Amide heißen **Lactame**.

Übungsaufgaben

1 Formulieren Sie die Reaktionsgleichung zur Herstellung folgender Säuren aus den entsprechenden Alkoholen. Verwenden Sie als Oxidationsmittel jeweils Cu^{2+}-Ionen.
   a) Propansäure
   b) 2-Hydroxybutansäure
   c) β-Ketopentansäure
   d) Dihydroxybutandisäure

2 Zeichnen Sie die Strukturformeln folgender Säuren: Oxalsäure (Ethandisäure), Malonsäure (Propandisäure), Bernsteinsäure (Butandisäure), Milchsäure (2-Hydroxypropansäure), Weinsäure (2,3-Dihydroxybutandisäure), Brenztraubensäure (Ketopropansäure), Oxalessigsäure (2-Ketobutandisäure).

3 Im Schullabor sollen verschiedene Stoffe indentifiziert werden. In verschiedenen, unbeschrifteten Reagenzgläsern befinden sich folgende Flüssigkeiten:
   A: 1-Penten   B: Propansäure   C: 1-Propanol
   D: Propanal   E: 2-Methyl-2-propanol
   a) Zeigen Sie eine Versuchsreihe, in der durch geeignete chemische Reaktionen obige Flüssigkeiten identifiziert werden können.
   b) Geben Sie die während den Versuchen zu erwartenden Beobachtungen an und werten Sie diese begründet aus. (Ausführliche Reaktionsgleichungen sind nicht erforderlich.)
   c) Formulieren Sie für die Nachweisreaktion von Propanal eine ausführliche Reaktionsgleichung, in der Sie den Reaktionstyp hervorheben.
   d) Welcher Reaktionsmechanismus liegt der Nachweisreaktion von 1-Penten zugrunde?
   e) Nachdem alle Flüssigkeiten identifiziert sind, lassen Sie Propansäure und 1-Propanol miteinander unter Säurezugabe und Erhitzen reagieren. Welche Reaktionsprodukte (2) entstehen bei dieser Reaktion? Welcher Stoffklasse gehören Sie an und wie lautet der Reaktionsmechanismus zu dieser Reaktion?

4 Ordnen Sie die folgenden Säuren begründet nach zunehmendem pK_S-Wert.
   a) Ethansäure
   b) Butansäure
   c) Trichlorethansäure
   d) Chlorethansäure
   e) Bromethansäure

5 Oxalsäure ist die einfachste Dicarbonsäure. Ihre Carboxylgruppen besitzen folgende pK_S-Werte: pK_{S1} 1,46/pK_{S2} 4,21.
   a) Ordnen Sie jedem pK_S-Wert die entsprechende Protolysegleichung zu.
   b) Erklären Sie die unterschiedlichen pK_S-Werte.
   c) Zeichnen Sie ein Titrationsdiagramm der Oxalsäure mit Natronlauge und kennzeichnen Sie markante Punkte.

6 Formulieren Sie ausführlich den Reaktionsmechanismus zur Reaktion zwischen Ethansäure und Methanol und benennen Sie den Reaktionsmechanismus.

7 In schwefelsaurer Lösung wird Ethandiol (Glykol) und Propansäure erhitzt. Schreiben Sie die Formeln möglicher Reaktionsprodukte.

8 Nach Zugabe von einigen Tropfen Schwefelsäure wird die Lösung von 4-Hydroxy-pentansäure erhitzt. Geben Sie die Reaktionsgleichung für ein offenkettiges und ein zyklisches Reaktionsprodukt an.

9 Ein mol Alkansäure und 1 mol Alkohol werden zur Reaktion gebracht. Im Gleichgewicht findet man im Reaktionsgemisch 2/3 mol Ester. Das Reaktionsgemisch habe ein Volumen von 1 Liter.
   Berechnen Sie die Gleichgewichtskonstante K für diese Reaktion.

10 Die Abbildung auf Seite 172 zeigt das Vitamin C. Formulieren Sie die Hydrolysegleichung für Vitamin C.

11 Der Wirkstoff des Aspirins ist die Acetylsalicylsäure (ASS). Reine ASS wird in einem mehrstufigen Experiment untersucht:

V_1: Eine Lösung von ASS wird mit verdünnter Natronlauge (NaOH) neutralisiert.

V_2: Die Lösung aus V_1 wird mit einem Überschuss an Natronlauge erhitzt.

V_3: Nach dem Abkühlen der Lösung aus V_2 wird angesäuert. Es entsteht u. a. Salicylsäure.

a) Formulieren Sie die Reaktionsgleichungen für die Versuche V_1, V_2 und V_3.

b) Erklären Sie den Reaktionsmechanismus für V_2 an Strukturformelausschnitten.

c) Bei V_1 werden zur Neutralisation 36 ml 0,1 molare Natronlauge verbraucht. Berechnen Sie, wieviel mg ASS in der Lösung enthalten sind.

Strukturformel von ASS

15 Amine – Organische Stickstoffverbindungen

• **Amide** – Derivate der Carbonsäuren, vgl. S. 161
• Aminosäuren – vgl. Band 2
• Stickstoff geht mit Sauerstoff eine Vielzahl möglicher Verbindungen ein (vgl. S. 107), weshalb man die Stickstoffoxide verallgemeinernd auch als NO_x bezeichnet.
• Salze der salpetrigen Säure (HNO_2) – **Nitrite**
• Salze der Salpetersäure (HNO_3) – **Nitrate**

Ammoniak (NH_3) – Stoffinformation:
Schmelztemperatur: −77,7 °C
Siedetemperatur: −33,4 °C
Farbloses, stechend riechendes Gas.
Gute Wasserlöslichkeit, unter Bildung von Ammonium- und Hydroxid-Ionen.
Verwendung als Ausgangsstoff zur Synthese von Düngemitteln, Sprengstoffen, Salpetersäure und Sulfonamiden, als FCKW-freies Kühlmittel.
• Die Basizität des Ammoniaks ist auch der Grund, weshalb beim Eiweißabbau entstandenes NH_3 weiter zu Harnstoff umgebaut werden muss. **Harnstoff** reagiert im Gegensatz zu Ammoniak nicht alkalisch und stört so

Organische Stickstoffverbindungen enthalten neben Kohlen- und Wasserstoff auch Stickstoff. Zu dieser Stoffklasse gehören die Amide, die Amine und die Aminosäuren. In Aminosäuren kann zusätzlich auch noch Schwefel vorkommen.
Zu den **anorganischen Stickstoffverbindungen** werden die Stickstoffoxide (NOx), die salpetrige Säure (HNO_2), die Salpetersäure (HNO_3) und deren Salze sowie das Ammoniak (NH_3) gezählt.

15.1 Amine – Derivate des Ammoniaks

15.1.1 Struktur und Klassifizierung

Amine sind Derivate (= Abkömmlinge) des anorganischen Moleküls **Ammoniak** (NH_3). Ammoniak besteht aus einem Stickstoffatom, an das drei Wasserstoffatome kovalent (d. h. über Elektronenpaarbindungen) gebunden sind. Ein Elektronenpaar des Stickstoffs wird nicht zur Bindung eines Wasserstoffatoms herangezogen und verbleibt als freies Elektronenpaar.

In wässriger Lösung kann an das freie Elektronenpaar ein Proton gebunden werden. Es entsteht das **Ammonium-Ion** (NH_4^+). Wässrige Lösungen von Ammoniak reagieren deshalb alkalisch und reizen Haut und Schleimhäute.

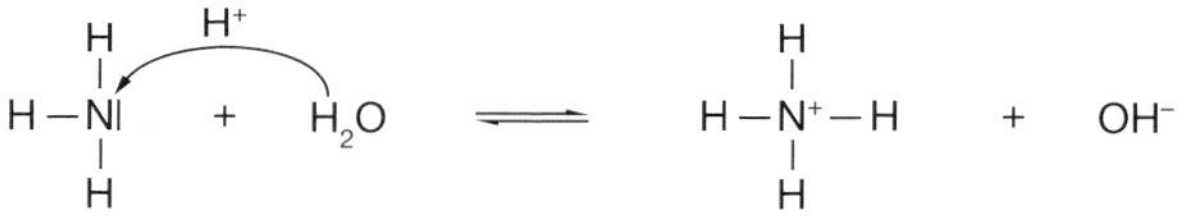

Ersetzt man im Ammoniak ein Wasserstoffatom durch einen Kohlenwasserstoffrest, so erhält man ein organisches Molekül, ein **Amin**. Durch Verlängerung der Kohlenwasserstoffkette erhält man eine **homologe Reihe** der Amine (vgl. Abb. 15.1).

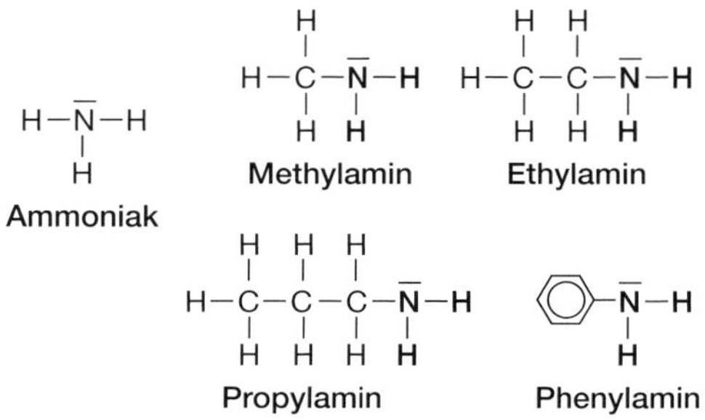

Abb. 15.1 Ammoniak und seine Derivate

Natürlich können auch weitere Wasserstoffatome des Ammoniaks durch organische Reste ersetzt werden. Je nach Anzahl der substituierten Wasserstoffatome unterscheidet man **primäre Amine** mit einem Kohlenwasserstoffrest**, sekundäre Amine** mit zwei und **tertiäre Amine** mit drei Kohlenwasserstoffresten (vgl. Abb. 15.2). **Quartäre Amine** leiten sich vom Ammonium-Ion ab und besitzen ein positiv geladenes Stickstoffatom.

Amine sind Derivate des Ammoniaks, bei denen die Wasserstoffatome teilweise oder vollständig durch organische Reste ersetzt wurden.
Nach Anzahl der substituierten Wasserstoffatome unterscheidet man primäre, sekundäre oder tertiäre Amine.
Quartäre Amine leiten sich vom Ammonium-Ion ab.

den Säure-Base-Haushalt des Körpers nicht.

• **Harnstoff** (CON_2H_4) – Stoffinformation:
Schmelztemperatur: 132,7 °C
Farbloser, kristalliner Stoff.
Er ist Endprodukt des Stickstoffabbaus aus dem Aminosäurestoffwechsel im Körper.

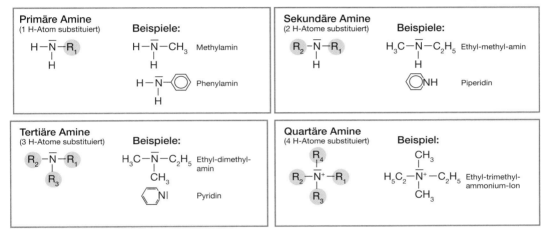

Abb. 15.2 Einteilung der Amine

15.1.2 Nomenklatur

Die **Nomenklatur** der Amine ist denkbar einfach. An die Endung des Kohlenwasserstoffrests (z. B. Methyl-) wird die **Endung -amin** angehängt. Ein Amin mit einem Rest von vier C-Atomen heißt dann Butylamin, eins mit sechs C-Atomen Hexylamin usw.
Mehrere verschiedene Kohlenwasserstoffreste werden in alphabetischer Reihenfolge vorangestellt, z. B. Ethylpropylamin. Gleiche Kohlenwasserstoffreste werden entsprechend zusammengefasst, z. B. Diethylamin.

Gelegentlich wird auch folgende Benennung gefunden: An die Vorsilbe „Amino-" wird der Name des Kohlenwasserstoffrests angehängt, also z. B. Aminoethan statt Ethylamin. Beide Benennungen haben ihre Richtigkeit.

15.2 Aromatische Amine

Aromatische Amine, z. B. Phenylamin (vgl. Abb. 15.2) enthalten als Substituenten einen Benzolring. Die farblosen, hydrophoben Flüssigkeiten oder Kristalle sind wichtige Zwischenprodukte für die Herstellung weiterer aromatischer Verbindungen in Farbstoffen und Pharmazeutika. Diamine und Aminophenole werden für die fotografische Entwicklung benötigt.

15.3 Chemische Eigenschaften der Amine

15.3.1 Salzbildung

Da Amine als Abkömmlinge des Ammoniaks aufgefasst werden können, bilden sie wie Ammoniak mit Säuren Salze. Lässt man z. B. Methylamin mit Salzsäure reagieren, entsteht Methylammoniumchlorid. Man spricht auch vom **Hydrochlorid** des Methylamins.

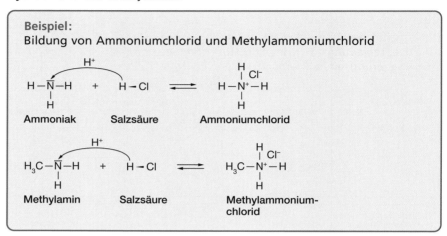

Die Salzbildung findet auch eine **küchentechnische Anwendung**: Der typische Fischgeruch, den frischer Seefisch verbreitet, wird durch Amine (überwiegend **Trimethylamin**) hervorgerufen. Aufgrund der geringen zwischenmolekularen Kräfte ist Trimethylamin bei Zimmertemperatur gasförmig und wird als „Fischgeruch" wahrgenommen. Wird der Fisch nun gesäuert (z. B. mit Citronensäure aus einer frischen Zitrone) entsteht das Methylammoniumsalz (mit Citronensäure das Trimethylammoniumcitrat). Das aus Ionen bestehende Salz ist bei Zimmertemperatur fest bzw. löst sich in der Flüssigkeit des Fisches. Es wird kein störender Fischgeruch mehr wahrgenommen.

15.3.2 Basizität

Wie Ammoniak selbst so können auch die Amine in wässriger Lösung am freien Elektronenpaar des Stickstoffs ein Proton binden und basisch reagieren. Untersucht man die Basizität verschiedener Amine und vergleicht sie mit Ammoniak, so stellt man fest, dass einfach substituierte Amine mit einem kettenförmigen Kohlenwasserstoffrest, wie etwa Methylamin, sehr viel stärker basisch reagieren als Ammoniak. Ist der Substituent dagegen ein Benzolring, wie beispielsweise beim Phenylamin, so sinkt die Basizität unter die von Ammoniak (vgl. Tab. 15.1). Offensichtlich hat der Substituent einen großen Einfluss auf die Basizität der Verbindung.

Tab. 15.1 pK_B von Ammoniak und Derivaten

Verbindung	Formel	pK_B
Dimethylamin	$(CH_3)_2-NH$	3,27
Methylamin	H_3C-NH_2	3,41
Trimethylamin	$(CH_3)_2-N$	4,19
Ammoniak	**NH_3**	**4,2**
Phenylamin	$C_6H_5-NH_2$	9,3

• Herleitung und Bedeutung des pK_B-Wertes – vgl. S. 97 Erinnerung: kleiner pK_B-Wert → starke Base!

Die Basizität des Ammoniak-Moleküls wird u. a. durch die negative Teilladung ($\delta-$) des Stickstoffatoms verursacht. Die Anlagerung eines Protons (H^+) an das freie Elektronenpaar des Stickstoffs erfolgt umso leichter, je größer diese negative Teilladung ist.

Wird ein Wasserstoffatom im Ammoniak durch einen Kohlenwasserstoffrest (z. B. einen Methylrest) ersetzt, so übt diese Gruppe einen **(+)-I-Effekt** auf das Stickstoffatom aus, d. h. der Methylrest schiebt Elektronen zum Stickstoffatom hin. Die negative Teilladung am Stickstoff wird damit verstärkt und die Anlagerung eines Protons ist gegenüber Ammoniak erleichtert (vgl. Abb. 15.3).

Besitzt ein Molekül zwei Kohlenwasserstoffreste (z. B. beim Dimethylamin) bewirkt ein von zwei Seiten wirkender (+)-I-Effekt eine noch leichtere Anlagerung eines Protons.

Dieser Theorie folgend müsste ein tertiäres Amin (z. B. Trimethylamin) eine noch stärke Basizität besitzen. Tatsächlich findet man aber bei tertiären Aminen eine schwächere Basizität. Dies hat sterische (= räumliche) Ursachen. Ein tertiäres Ammonium-Ion kann sich räumlich nur schlecht stabilisieren, weil sich die Kohlenwasserstoffreste gegenseitig behindern und dadurch die Bindungswinkel aufgeweitet werden. Die Bildung dieses Ammonium-Ions erfolgt deshalb nicht so einfach und die Basizität ist nicht so hoch wie erwartet.

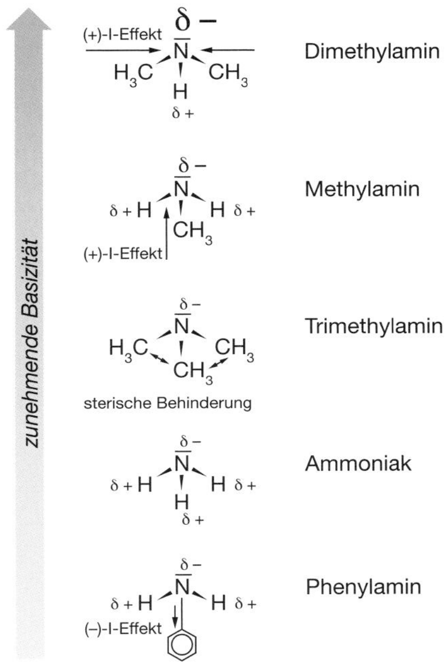

Abb. 15.3 Basizität von Ammoniak und seinen Derivaten

Die Basizität von **Phenylamin** (Anilin) liegt weit unter der von Ammoniak. Der Grund dafür liegt darin, dass das mesomeriestabilisierte System des Benzolrings der Aminogruppe das freie Elektronenpaar entzieht. Mesomere Grenzformeln (vgl. Abb. 15.4) zeigen, dass das freie Elektronenpaar des Stickstoffs nur noch teilweise am Stickstoff selbst vorkommt, sondern sich mit einer weitaus größeren Wahrscheinlichkeit innerhalb des Benzolrings aufhält. Der Benzolring übt auf das Stickstoffatom einen **(−)-I-Effekt** aus. Dadurch wird eine Anlagerung eines Protons an den Stickstoff erschwert und die Basizität sinkt.

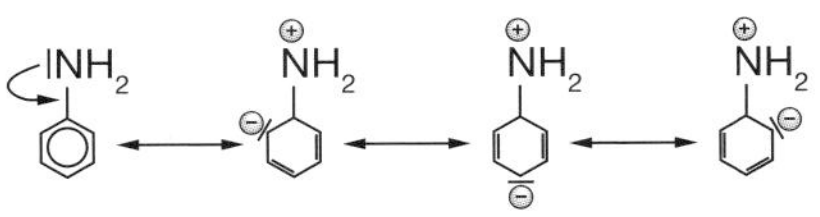

Abb. 15.4 Mesomerie beim Phenylamin (Anilin)

• **Zum induktiven Effekt** – vgl. S. 146 (+)-I-Effekt – elektronenschiebende Wirkung (−)-I-Effekt – elektronenziehende Wirkung

15.4 Biogene Amine

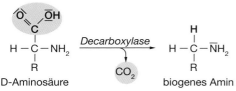

D-Aminosäure   biogenes Amin

Abb. 15.5 Decarboxylierung von Aminosäuren führt zu biogenen Aminen

Von großer Bedeutung für den Stoffwechsel sind die **biogenen Amine**. Dies sind Amine, die durch **Decarboxylierung** der COOH-Gruppe aus Aminosäuren entstehen (vgl. Abb. 15.5). Die Decarboxylierungsprodukte haben Bedeutung als Neurotransmitter, Bestandteil von Vitaminen und Coenzymen und als Hormone (vgl. Tab. 15.2).

Tab. 15.2 Vorkommen und Bedeutung biogener Amine

Aminosäure	Decarboxylierungs-produkt	Funktion
Asparaginsäure	β-Alanin	Bestandteil von Coenzym A und Pantothensäure
Cystein	Cysteamin	Bestandteil des Coenzym A
Dihydroxy-phenylalanin	Dopamin	Neurotransmitter, sein Mangel führt zum Morbus Parkinson
Glutaminsäure	γ-Aminobuttersäure (GABA)	inhibitorisch (hemmend) wirkender Neurotransmitter
Histidin	Histamin	Ein Mediatorstoff, der die typischen Entzündungszeichen bei einer allergischen Reaktion auslöst.
Hydroxy-Tryptophan	Serotonin	Neurotransmitter, sein Mangel kann Depressionen auslösen
Serin	Ethanolamin	Bestandteil der Phosphoglyceride der Biomembranen
Threonin	Aminopropanol	Bestandteil des Vitamin B_{12}
Tyrosin	Tyramin	löst als Transmitter die Uterus-Kontraktion aus, kommt in Cheddarkäse und Heringskonserven vor

Übungsaufgaben

1 Gegeben seien folgende Amine:
  A: Ethylamin   B: Dimethylamin   C: p-Hydroxyphenylamin   D: Trimethylamin
  a) Ordnen Sie die Moleküle begründet nach zunehmender Basizität.
  b) Formulieren Sie für einen Stoff A-D die Protolysegleichung und leiten Sie daran die Definition des pK_B-Wertes her.
  c) Genauer betrachtet besitzt p-Hydroxyphenylamin zwei pK_S-Werte. Schreiben Sie zwei Protolysegleichungen, aus denen dieser Sachverhalt deutlich wird.

2 Folgende Abbildung zeigt verschiedene Amine, die u. a. im Stoffwechsel eine Rolle spielen.

a)

$$-\overset{|}{\underset{|}{C}}-\overset{|}{\underset{|}{C}}-\overset{}{\underset{H}{N}}-\overset{|}{\underset{|}{C}}-$$

b)

Ph$-\overset{}{\underset{H}{N}}-CH_3$

c)

Ph$-N\overset{CH_3}{\underset{CH_3}{<}}$

d) N-Lost

$$\overset{-\overset{|}{\underset{|}{C}}-\overset{|}{\underset{|}{C}}-Cl}{\underset{-\overset{|}{\underset{|}{C}}-\overset{|}{\underset{|}{C}}-Cl}{H_3C-N|}}$$

e) Piperidin

f) Cholin

$$HO-CH_2-CH_2-\overset{CH_3}{\underset{CH_3}{\overset{|}{N^+}}}-CH_3$$

g) Dopamin

$$HO-\underset{HO}{\bigcirc}-CH_2-CH_2-\overline{N}H_2$$

h) Adrenalin

$$HO-\underset{HO}{\bigcirc}-CH_2-CH_2-\overline{N}H-CH_3$$

a) Ordnen Sie die gezeigten Verbindungen der Gruppe primäres, sekundäres, tertiäres oder quartäres Amin zu.

b) Benennen Sie die Verbindungen a)–c) systematisch.

c) Kennzeichnen und benennen Sie weitere funktionelle Gruppen, die in den Molekülen vorkommen.

d) Vergleichen Sie die Basizität von Verbindung a), b) und c) miteinander.

e) Dopamin besitzt mindestens zwei pK_S-Werte. Erläutern Sie weshalb (Reaktionsgleichungen).

3 Zeichnen Sie die Strukturformel von Phenylethylamin und Ethylamin und vergleichen Sie die Basizität der beiden Verbindungen. Begründen Sie.

4 Ethanolamin entsteht aus der Aminosäure Serin (2-Amino-3-hydroxy-propansäure) durch Decarboxylierung.

a) Formulieren Sie die Reaktionsgleichung für diese Reaktion.

b) Ethanolamin wird so weit wie möglich oxidiert. Formulieren Sie auch für diese Reaktion/en die Reaktionsgleichung/en. Was für eine Stoffklasse erhalten Sie als Reaktionsprodukt?

c) Die Aminosäure Cystein hat dieselbe Strukturformel wie Serin, nur ist die OH-Gruppe durch eine Thiolgruppe (SH-Gruppe) ersetzt. Schreiben Sie die Strukturformel von L-Cystein in der Fischer-Projektion.

d) Zwei Moleküle Cystein reagieren miteinander. Formulieren Sie die Strukturformeln von drei möglichen Reaktionsprodukten und benennen Sie die Stoffklasse der Reaktionsprodukte.

5 Aminoethan und 2-Aminoethanol sind biogene Amine, die durch Decarboxylierung aus Aminosäuren entstehen.

a) Geben Sie die Strukturformeln beider Amine an, vergleichen Sie die Basenstärke und begründen Sie.

b) Aus welchen Aminosäuren sind die beiden Amine entstanden? Benennen Sie die Aminosäuren (systematisch) und erstellen Sie eine Reaktionsgleichung.

c) Welche physikalischen Eigenschaften ändern sich durch die Decarboxylierung? Zwei Angaben mit Begründung.

6 Fischgeruch wird durch flüchtiges Trimethylamin verursacht, daher gibt man beim Zubereiten von Fischgerichten häufig Essig oder Zitronensaft zu.

a) Geben Sie die Reaktionsgleichung für die Reaktion von Trimethylamin mit Essigsäure (Ethansäure) an.

b) Begründen Sie die geringe Flüchtigkeit bzw. Geruchlosigkeit der entstehenden Verbindung.

7 Erstellen Sie die Strukturformeln folgender Verbindungen und ordnen Sie jeder Verbindung einen der pK_B-Werte zu.

Methylamin, Diethylamin, Dimethylamin – 3,3/3,2/3,0

Sachwortverzeichnis

Personenregister

Bildquellenverzeichnis

...ng für das Berufliche Gymnasium
...ng/Hauswirtschaft

..., Martin

Die neue Reihe ist konzipiert für das Berufliche Gymnasium mit den Fächern Ernährungslehre und Chemie. Beide Lehrbücher sind aufeinander abgestimmt und ergänzen sich gegenseitig. Es sind zahlreiche handlungsorientierte Aufgaben enthalten.

Ernährung und Stoffwechsel

für das Berufliche Gymnasium Ernährung/Hauswirtschaft

Bestell-Nr. **92370**

Chemie

für das Berufliche Gymnasium Ernährung/Hauswirtschaft

Bestell-Nr. **92371**

Bildungsverlag EINS

Bestellungen und Anfragen: 02241 3976-101
Inhaltliche Fragen: 02241 3976-102
Telefax: 02241 3976-191 · E-Mail: info@bv-1.de
www.bildungsverlag1.de